한주 이진상의 생애와 사상

인물사상총서
한주 이진상의 생애와 사상

지은이   홍원식
펴낸이   오정혜
펴낸곳   예문서원

편 집   송경아, 김병훈
인 쇄   상지사
제 책   상지사

초판 1쇄   2008년 6월 25일

주　　소   서울시 동대문구 용두2동 764-1 송현빌딩 302호
출판등록   1993. 1. 7 제6-0130호
전화번호   925-5913~4 · 929-2284 / 팩시밀리   929-2285
Homepage   http://www.yemoon.com
E-mail   yemoonsw@unitel.co.kr

ISBN 978-89-7646-240-4   93150

YEMOONSEOWON 764-1 Yongdu 2-Dong, Dongdaemun-Gu Seoul KOREA 130-824
Tel) 02-925-5914, 02-929-2284 Fax) 02-929-2285

값 15,000원

인물사상총서

한주 이진상의 생애와 사상

홍원식 지음

예문서원

책을 발간하며

　이제 한주선생과 인연을 맺은 지 십수 년쯤 되는 듯하다. 당시 경상북도가 주관한 '경상도 700년사'를 정리하는 작업 중 '유학사상' 부분에 지금은 고인이 되신 경북대 송휘칠 교수가 저자를 기획위원 겸 집필위원으로 끌어들이면서 한주선생과 인연을 맺게 된 것이다. 우리 기획위원들은 학파별로 한번 경상도 유학사상사를 정리해 보자는 큰 원칙은 정했지만 더 이상 생각이 진척되지 않았다. 그것은 다름 아니라 머리 속에는 퇴계와 남명으로만 꽉 채워져 있었기 때문이다. 뭔가 좀 다르게, 뭔가 좀 산뜻하게 정리해보고 싶었는데 또 퇴계와 남명이었던 것이다. 이때 저자가 좀 도발적인 제안을 한 것이 바로 한주학파를 포함시키자는 것이었다. 그리하여 결국 경상도 7백 년사의 유학사상 부분은 퇴계학파와 남명학파, 그리고 한주학파로 쓰이게 되었다.

　사실 당시 저자가 한주선생이나 한주학파에 대해 잘 알고 있었던 게 아니었다. 연구를 한 적도 없었다. 단지 단편적인 몇 개의 지식들, 가령 한주선생의 심즉리설과 리발일도설이 굉장히 독특하다는 것, 최초로 서양철학을 연구한 사람이 한주학파의 후예라는 것, 유림 출신의 대표적 독립운동가인 심산 김창숙 선생도 한주학파의 후예라는 것

정도였다. 뭔가 좀 달라 보였고 있을 법해 보여서 막연한 호감으로 한주학파를 제안했던 것이다. 결국 그때 지은 구업口業으로 집필도 본인에게 맡겨졌다. 솔직히 제대로 연구도 못하고 지면 채우기와 시간 맞추기에 급급했다.

    이때의 인연으로 저자는 몇 편의 글을 더 쓰게 되었다. 사실 저자가 처음 한주선생에 대해서 관심을 가질 때만 해도 거의 선행 연구가 없었던 터였다. 10여 년이 지난 지금, 이제는 상황이 좀 많이 달라졌다. 철학방면의 박사학위 논문도 3편이 나왔고, 저서도 한두 권 있으며, 연구 논문은 이삼십 편은 될 듯하다. 한국 성리학의 6대가 중 한 사람으로 거론되는 사람으로서는 늦은 감이 없지 않지만 그나마 다행스런 일이라 생각한다.

    인연의 끈은 질겨 이미 여러 전문가들이 있음에도 불구하고 이전에 지어 놓은 인연 탓에 결국 저자가 이 책마저 쓰게 되었다. 한주선생 집안에서 좀 쉽게 읽을 수 있는 평전류의 저술을 의뢰해 온 것이다. 마침 예문서원에서도 '인물사상' 총서를 마련하여 철학자 평전을 기획하고 있기에 집필을 승낙하고 말았다. 집안분들께 너무 많이 기다리게 해 죄송스런 마음 그지없다. 한주선생 행록 번역문을 싣게 승낙해 주신 이상하 선생님께 감사드린다. 예문서원에는 너무 촉박하게 원고를 주어 부끄러운 마음이 들 뿐이다. 모두에게 감사의 마음을 전한다.

  지금은 그동안 빚진 마음 툴툴 털고 가벼운 마음으로 여름이 더 깊어지기 전에 늘 찾던 한개마을로 해서 회연서원, 포천구곡, 만귀정을 돌아 무흘구곡이나 한번 돌아보고 싶은 마음뿐이다.

2008년 6월
북한산 자락 이휙서창에서
홍원식 적다

차례

책을 발간하며 ……5

머리말-조선 말 영남 유학의 분화와 한주학파의 등장 ……11
1. 낙동강 상류 지역의 정재·입재 학맥과 호파·병파의 분립 _ 12
2. 낙동강 하류 지역 성재학파의 등장 _ 16
3. 낙동강 중류 지역 한주학파의 등장 _ 20

제1부 생애와 저술

제1장 생애와 활동 ……27
1. 가계와 일생 _ 27
2. 학맥 연원과 퇴계학의 계승 _ 40
3. 사회 활동 _ 64
4. 산수 유람과 시 _ 78

제2장 저술 ……93
1. 저술 활동 _ 93
2. 주요 저술 _ 102

제2부 철학사상과 그 계승

제1장 철학사상 …… 123
1. 삼간법과 통간·활간의 강조 _ 123
2. 태극동정설과 리유체용설 _ 128
3. 심즉리설과 리발일도설 _ 134

제2장 한주학의 계승 …… 143
1. 강학 활동과 직전제자 _ 143
2. 곽종석과 한주학의 계승 _ 153
3. 이승희와 한주학의 계승 _ 165
4. 한주학파의 재전제자 _ 175

맺음말─한주학파의 역사적 위치와 의의 …… 186

부록

한주선생연보寒洲先生年譜 …… 191
한주선생행록寒洲先生行錄 …… 208
조운헌도재기祖雲憲陶齋記 …… 265
한주선생묘지명寒洲先生墓志銘 …… 271

참고문헌 …… 281

■■■ 머리말―조선 말 영남 유학의 분화와 한주학파의 등장

영남 지방은 북서로 소백산맥이 가로막고 가운데로 낙동강이 관통하는 지리적 조건으로 말미암아 강한 결집력을 보인다. 16세기 중엽 낙동강 상류 안동 지방에서 일어난 퇴계退溪 이황李滉(1501~1570)의 퇴계학도가 낙동강 수로를 따라 널리 퍼져 나갔다. 같은 시기 낙동강의 지류인 남강南江 유역 진주 지방을 중심으로 일어난 남명南冥 조식曺植의 남명학파가 인조반정仁祖反正으로 몰락하게 되자 퇴계학은 영남 지방 전역으로 확산된다. '영남좌도嶺南左道'에서 일어난 퇴계학은 '영남우도嶺南右道'에까지 그 권역을 넓혀 갔던 것이다. 19세기 중엽 개항을 맞을 즈음에도 그 형세는 마찬가지였다. 다만 퇴계학이 일어난 본거지인 안동을 중심으로 한 낙동강 상류 지역은 그 전통이 강하게 남아 있는 반면 중·하류 지역으로 내려갈수록 거리만큼 그 영향이 줄어들었을 뿐이었다.

이러한 가운데 근대로 접어드는 개항을 전후한 무렵 영남우도, 바로 낙동강 중·하류 지역에서는 몇몇 학파들이 등장하였다. 그 가운데서도 대표적인 것이 낙동강 중류 지역 성주에서 일어난 이진상李震相(1818~1886)의 한주학파寒洲學派와 낙동강 하류 지역 김해를 중심으로 활동한 허전許傳(1797~1886)의 성재학파省齋學派이다. 하지만 이진상은 스스로 퇴계학을 잇는다는 강한 도통의식道統意識을 가지고 있었으며, 허

전 역시 그의 학통을 성호星湖 이익李瀷(1681~1763)과 순암順庵 안정복安鼎福(1712~1791)에 대고 있어 그 학통을 거슬러 올라가면 이황에 닿는다. 결국 이 시기 영남 유학은 크게 보면 모두 퇴계학의 전통 속에 있었으며, 나누어 보면 이상의 셋과 기타 몇몇 군소 학파가 있었다. 이처럼 1694년 갑술환국甲戌換局 이후 중앙 정계로부터 멀어진 남인 계통이 주축인 영남 유학자들은 향촌을 근거로 학맥과 혼맥을 통해 강한 사족 지배질서를 유지하며 퇴계학을 중심으로 한 주자학을 이어 간 채 개항을 맞았던 것이다.

1. 낙동강 상류 지역의 정재·입재 학맥과 호파·병파의 분립

퇴계학의 본거지인 안동 지역을 중심으로 한 낙동강 상류 일대는 퇴계학의 직접적이고도 깊은 영향 속에서 근대를 맞는다. 이 지역 이황의 후예들은 17세기 중엽에 이르면 기호畿湖 율곡학파栗谷學派와 대립하는 가운데 퇴계학파로서의 학파 의식을 가지기 시작하며, 이이李珥의 학설을 직접 비판하고 나선다.[1] 그 배경에는 노론老論과 남인南人

---

[1] 대표적인 이로 葛庵 李玄逸(1627~1704)과 愚潭 丁時翰(1625~1707)을 들 수 있다. 이현일은 「栗谷李氏論四端七情書辨」(『葛庵集』, 卷18)에서 李滉의 입장에 서서 李珥의 성리설을 19조목으로 나누어 비판하고 있으며, 정시한은 「四七辨證」(『愚潭集』, 卷8)에서 이이의 성리설 가운데 40여 조목을 끄집어내 비판하고 있다. 현상윤도 이황의 후예들 가운데 이이의 설을 공격하면서 이황의 설을 옹호하기 시작한 것은 이현일에게서부터 시작되었다고 말한다.(현상윤 지음, 이

이라는 정치적 당파의식이 깔려 있었다. 17세기 말 갑술환국 이후 중앙 정계로부터 밀려난 그들은 18세기 후반 대산大山 이상정李象靖(1711~1781)에 이르기까지 향촌사회를 근거로 이황의 적통嫡統을 자임하며 퇴계학을 굳게 지켜 나갔다. 퇴계학통에서 도통道統 상전相傳의 내용으로 생각한 것은 주리론적主理論的 리기호발론理氣互發論, 리기지합理氣之合의 심론心論, 경敬을 통한 존덕성尊德性의 마음 공부 강조와 같은 것이다. 이때까지는 아직 그들 내부에 가시적인 분화가 일어나지 않았다.

19세기 전반으로 접어들면서부터 그들 내부에서 분화가 일어나는데 이른바 '병호시비屛虎是非'[2]가 그 대표적이다. 병호시비는 이황 문하의 안동 지역 출신 가운데 걸출한 두 인물인 학봉鶴峯 김성일金誠一(1538~1593)과 서애西厓 유성룡柳成龍(1542~1607)에 대한 퇴계학파 내에서의 적통 시비이다. 이것은 대표적인 향전鄕戰의 사례로, 중앙 정계에서 밀려난 뒤 향촌사회에서의 헤게모니 쟁탈을 위한 것이 그 본질적 내용이라고 할 수 있다.

김성일과 유성룡은 원래 이황 문하를 함께 드나들면서 동문으로서 돈독한 사우 관계를 맺어, 김성일은 유성룡에 대해 '나의 사표師表'라고 말했고, 유성룡은 "나는 학봉에 미치지 못한다"면서 서로를 높이는 도우道友 사이였다. 또한 스승인 이황은 김성일에게 요·순에서 주희에 이르기까지 도통道統 심전心傳의 내용을 읊은 「병명屛銘」[3]을 써 주었

형성 교주,『풀어 옮긴 조선유학사』, 현음사, 2003, 362~369쪽 참조)
[2] 병호시비에 대해서는 권오영의『조선 후기 유림의 사상과 활동』, 제2부 '영남 유림의 사상과 활동'의 제2장 '19세기 안동 유림의 학맥과 사상' 참조.

고, 유성룡을 처음 보았을 때는 "이 사람은 하늘이 태어나게 했구나! 언젠가 이루는 것이 반드시 클 것이다"라는 말을 하였다.

그런데 1620년 이황을 주향하고 있던 여강서원廬江書院(1676년에 虎溪書院으로 사액)에 이 두 사람이 배향되면서 차서의 문제로 약간의 논란이 있었다. 그 뒤 4현(四賢: 金誠一·柳成龍·鄭逑·張顯光)의 문묘종사를 청하는 과정에서도 두 사람 간의 차서 문제로 또 논란이 일어났다. 이러다가 1812년 예안향교에서 이상정을 호계서원에 추향할 것을 제기하면서 병호시비가 본격적으로 일어났다. 이상정에 대한 추향 논의의 시비가 한창 엇갈리는 가운데 1816년 12월 말 호계서원에 모셔져 있던 이황·유성룡·김성일의 세 위패가 천동遷動되었다는 말이 전해지면서 다툼은 더욱 격화되어 1871년 호계서원이 훼철될 때까지 근 60년간 이어졌으며, 감정의 골을 메우기까지는 더 많은 시간이 흘러야 했다.

사실 김성일을 이황의 적전嫡傳으로 보려는 논의는 이현일李玄逸(1627~1704)[4]로부터 이상정[5]에 이르기까지 계속 제기되었으며, 병호시비가 한창 일어났을 때는 정재定齋 유치명柳致明(1777~1861)이 앞장서 그것을 주도하였다. 그리고 그 논의의 중심에는 이황이 김성일에게 써주었다는 「병명」이 있다.[6] 병호시비의 발단이 된 이상정의 호계서원

---

[3] 李滉, 『退溪文集』, 卷44, 箴銘, 「題金士純屛銘」, "堯欽舜一, 禹祗湯慄. 翼翼文心, 蕩蕩武極. 周稱乾惕, 孔云愼樂. 曾省戰兢, 顔事克復. 戒懼愼獨, 明誠凝道. 操存事天, 直義養浩. 主靜無欲, 光風霽月. 吟弄歸來, 揚休山立. 整齊嚴肅, 主一無適. 博約兩至, 淵源正脉."

[4] 李玄逸, 『葛庵文集』, 卷21, 「書外大父敬堂張公遺集後」 참조.

[5] 李象靖, 『大山文集』, 卷44, 「鶴峯先生續集序」 참조.

추향 문제는 당연히 그의 문인들이 주도하게 되었는데,[7] 다시 유장원 柳長源과 남한조南漢朝를 통해 이상정의 학통을 이어받은 유치명[8]이 그 것을 이어받음으로써 이황에서 김성일, 장흥효張興孝, 이현일, 이재李 栽, 이상정, 남한조, 유치명에 이르는 호파虎派의 학통이 확립되며, 이 후 이 학통은 일반적으로 퇴계학통의 적전으로 받아들여지게 된다. 유 치명은 1846년 무렵부터 안동 유림의 종장 자리에 앉게 되었는데, 그 는 그해에 이상정의 본거인 고산정사高山精舍에서 강회를 열었으며, 이 후 호계서원(1856) 등에서도 강회를 열자 수많은 문인들이 몰려들었다. 대표적인 이들로 유치호柳致皜, 유치엄柳致儼, 이만각李萬慤, 김도화金道 和, 김흥락金興洛, 권세연權世淵, 유필영柳必永 등이 있다. 이러한 학맥의 배경에는 혈연과 혼맥이 뒤얽혀 있다. 바로 이황의 진성이씨와 더불 어 한산이씨, 전주유씨, 의성김씨, 안동권씨 등이 그 대표 문중들이다.

이렇게 정재 유치명이 안동 지역을 중심으로 호론을 주도하면서

---

[6] 이상정은 이황이 김성일에게 써준 「題金士純屛銘」의 의미를 해석하여 「屛銘發 揮」를 저술하였으며, 그의 제자 김굉은 김성일의 墓碣銘을 쓰면서 "淵源授受의 實은 한 부의 「屛銘」에서 고증할 수 있다"(『龜窩文集』, 卷11, 「鶴峯先生墓碣銘」) 고 말하였으며, 유치명은 이황이 김성일에게 「병명」을 써준 것은 은미한 뜻이 있다고 하였다.(『定齋文集』, 附錄, 卷4, 語錄 참조) 그리고 李野淳이 「병명」의 내용을 가지고 「병명도」를 그리자, 柳致儼은 이 「屛銘圖」에다 이황의 自撰 묘 지명인 「自銘」과 김성일이 이황의 事行을 적은 글 가운데 핵심적인 내용을 뽑 아 내어 「屛銘發揮圖」를 그렸다.(『萬山遺稿』, 卷4, 「屛銘發揮圖」)

[7] 이상정을 중심으로 한 虎論의 學問 淵源圖는 한국국학진흥원의 「영남지방의 퇴계학맥도」와 권오영의 『조선 후기 유림의 사상과 활동』, 304쪽 참조.

[8] 유치명은 이처럼 유장원과 남한조를 통해 이상정의 학통을 이어받았을 뿐만 아 니라 바로 이상정의 外曾孫이기도 하다.

이황 적통의 지위를 차지해 나갔지만, 주로 안동 서부와 상주 지역에 근거를 둔 병파屛派 쪽에서는 끝내 김성일에게 이황 적전의 자리를 내주지 않았다.[9] 유성룡의 학맥은 가학家學 전승이 특히 강하였다. 그것은 그의 아들과 손자인 유진柳袗과 유원지柳元之를 거쳐 조선 말 강고江皐 유심춘柳尋春과 계당溪堂 유주목柳疇睦(1813~1872)에까지 이르른다. 그리고 유성룡의 학맥은 제자인 우복愚伏 정경세鄭經世와 그의 후손인 입재立齋 정종로鄭宗魯(1738~1816)에게로도 이어지는데, 일찍이 유진이 정경세에게서 배우고 또 유심춘이 정종로를 '우리 집안과 연원이 있다'면서 스승으로 모신 것에서 볼 수 있듯이 병파는 풍산유씨와 진주정씨 두 문중을 중심으로 형성되었다. 하지만 정종로는 일찍이 이상정의 문하에도 드나들었다. 다만 호파의 유치명 등이 강하게 이황의 적통임을 내세우자 정종로와 그의 문하에 출입한 유심춘과 유주목의 병파는 이황 적통의 자리에서 떠밀려 나게 된 것이다.

2. 낙동강 하류 지역 성재학파의 등장

낙동강 하류 지역, 특히 진주·산청 등을 중심으로 한 남강 유역은

---

[9] 호계서원 훼철과 영남만인소 등으로 병호시비가 어느 정도 가라앉은 뒤인 1883년에도 屛儒들은 유성룡이 "陶山의 적전을 이어 百世의 宗師가 되었다"라고 말하면서 문묘종사를 청하는 소를 올리기도 하였다.(권오영, 『조선 후기 유림의 사상과 활동』, 315쪽 참조)

경상우도의 중심 지역이며, 바로 남명학의 온상이기도 하다. 16세기 중엽 남명 조식이 등장하여 남명학을 주창하자 일시에 남명학은 경남 전역과 성주·고령 등 경북 서남부 지역에까지 퍼져 나갔다. 하지만 17세기 초 당시 북인 세력의 대표 인물이자 조식의 대표 문인인 내암來庵 정인홍鄭仁弘이 인조반정으로 몰락하게 되자 남명학의 후예들은 심대한 타격을 받게 된다. 그 결과 남명학의 전승은 미미하게 되고 경상우도 지역은 19세기 중엽에 이르도록 뚜렷한 학파가 출현하지 않은 채 무주공산의 상태로 내려오게 되었다.

이러한 연유로 19세기 후반 근기 출신의 성재 허전(1797~1886)이 김해도호부사金海都護府使로 부임해 와 강학하자 이 지역의 많은 유생이 일시에 몰려들게 되고, 낙동강 중류 지역에서 막 일어난 이진상의 한주학파가 이 지역에 파고들게 되었다. 기호지방 기정진奇正鎭(1798~1879)의 노사학파蘆沙學派[10]와 전우田愚(1841~1922)의 간재학파艮齋學派마저 영역을 넓혀 들어왔다. 19세기 후반에 이르면 경상우도 지역에는 이처럼 다양한 학파가 출현하지만 한결같이 조식과 그의 남명학에 대한 존숭의 모습을 보이는데, 이것은 다름 아닌 바로 남명학의 여진이 여전히 남아 있었기 때문이다.

허전은 68세 때인 1864년 2월에 김해도호부사로 부임해 왔다. 1867년 8월 그의 학이 위학僞學으로 지목받아 의금부에 연행되기까지 3년여 동안 활발하게 강학활동을 벌인 그의 노력으로 김해와 진주 일대

---

[10] 이 지역의 노사학맥을 이은 대표적인 이로 趙性家와 鄭載圭를 들 수 있다.

에는 그의 학맥이 크게 일어났다. 그의 대표적인 제자로 박치복朴致馥·노상직盧相稷·이종기李種杞·허훈許薰·윤주하尹冑夏·김진호金鎭祜 등이 있는데,[11] 박치복은 정재 유치명 문하를, 허훈은 계당 유주목 문하를, 윤주하와 김진호는 한주 이진상 문하를 함께 드나들었다.

허전의 학맥 연원은 근기 지방 성호 이익에 있다. 허전은 경기도 포천 출신으로, 21세 때인 1817년 안정복의 제자인 황덕길黃德吉의 문하에 나아갔다. 안정복은 이른바 '성호 우파'의 대표 인물로『천학고天學考』·『천학문답天學問答』과 같은 서학 비판서를 저술하였다. 그리고 이익의 학맥 연원은 거슬러 올라가면 미수眉叟 허목許穆과 한강寒岡 정구鄭逑를 거쳐 퇴계 이황에 이른다. 이렇게 이황에서 정구, 허목을 거쳐 이익에 이르는 학맥 연원에 대해서 이견이 있기도 하지만 허전과 그의 후예들은 이 연원을 굳게 믿었으며,[12] 당시 조긍섭曺兢燮 같은 이도 이에 동의하였다.[13] 안동지방 정재 유치명의 제자 가운데 허전의 문하

[11] 그의 문인록인「冷泉及門錄」에는 495명이 실려 있는데 대부분이 영남 지방의 유림들이다.

[12] 許薰,『舫山先生文集』, 卷21,「省齋先生言行總錄」등 참조. 이러한 학통의식은 許傳 사후 그의 제자들이 朴致馥을 스승으로 모시고 麗澤堂에서 강학한 내용에서도 확인할 수 있다. 곧 그들은 李滉의「聖學十圖」와 鄭逑의『心經發揮』를 비롯하여 許穆의『經說』, 李瀷의 여러 경전에 대한 疾書, 安鼎福의『下學指南』, 黃德吉의『東賢學則』등을 강의하였다.(권오영,『조선후기 유림의 사상과 활동』, 449쪽 재인용)

[13] 조긍섭은 "무릇 퇴계를 종주로 삼아 배우는 자가 영남과 기호에 두 파가 있다. 영남학은 정밀하고 엄격하여 항상 경전을 지키는 데 주력하고, 기호학은 넓고 크며 응용과 시무를 시급하게 여겼다. 영남학은 갈암, 대산을 거쳐 정재 유치명에 이르고, 기호학은 성호, 순암을 거쳐 성재 허전에 이르렀다"고 말하였다.(朴致馥,『晚醒文集』, 附錄, 卷2,「墓碣銘」참조)

에도 출입한 이들이 있는 것이나, 허전의 제자들 가운데 퇴계학을 깊이 받아들이는 이들이 있는 것 또한 이러한 학통 의식과 무관하지 않다. 사실 이익-안정복 학맥과 이상정-유치명 학맥간의 교유는 이전으로 거슬러 올라간다. 대산 이상정이 서울에서 벼슬할 때 그는 안산에 있는 이익을 자주 찾았고 안정복과도 교유하였다. 그리고 이상정의 문인인 정종로와 남한조南漢朝 등도 안정복과 가깝게 지냈으며, 남한조는 안정복이 쓴 『천학고』와 『천학문답』을 영남에 전하기도 하였다.[14]

허전이 이익, 안정복, 황덕길의 학맥으로부터 물려받은 학문은 '성호 우파'의 학파적 특성이 잘 드러나 있는 도학적道學的 경세론과 천주교에 대한 벽이단론闢異端論이다. 곧 "허전은 도학으로부터 실학에로의 이탈방향이 아니라 실학에서 다시 도학에로의 복귀 내지 실학과 도학의 종합에의 방향을 보여 주어"[15] 실학의 발전에는 별다른 기여를 하지 못하였고 주로 도학을 실학과 접맥시키는 데 노력하였다. 이에 고례古禮의 실현을 통한 제도 개혁을 꿈꾸며 40여 년의 시간을 들여 『사의士儀』를 저술하였다.[16] 그리고 성호학파 내 공서파攻西派의 입장을 이어받아 천주교 비판서인 신후담愼後聃의 『서학변西學辨』과 홍정하洪正河의 『사편증의四編證疑』에 발문을 썼으며, 중국 위원魏源의 『해국도지海國圖誌』를 읽고서는 서양 사정을 알게 해 그들의 침략을 막는 데 도움

---

14 김종석, 「한말 영남 유학계의 동향과 지역별 특징」, 『국학연구』 4, 39쪽 참조.
15 금장태·고광식, 『속유학근백년』, 91쪽.
16 許傳, 『省齋集』, 卷11, 「士儀序」 참조.

이 된다고 높이 평가하였다.[17]

3. 낙동강 중류 지역 한주학파의 등장

조선 말 개항을 맞이할 무렵 낙동강 상류 지역에서는 호파와 병파가 분립하고, 하류 지역에서는 성재학파가 일어난 데 이어 중류 지역에서는 성주를 중심으로 이진상이 등장하면서 한 학파를 열어갔다. 이진상은 퇴계학을 계승한다는 의식을 분명히 가지고 있기는 하였지만, 낙동강 상류 지역의 퇴계학을 묵수한 계열과는 사뭇 달랐다. 그는 퇴계학의 '실實', 곧 본령이 무엇인가를 따져 물으면서 '심즉리설心卽理說'이나 '리발일도설理發一途說'과 같은 자신의 독창적 이론을 제기하였던 것이다. 그가 살던 성주 지역이 퇴계학의 본거지로부터 상대적으로 멀리 떨어져 있다는 것이 이러한 것을 가능하게 한 하나의 원인이 될 수도 있겠다. 역사적으로 보아도 이 지역에서 이황의 문하에 나아간 동강東岡 김우옹金宇顒과 한강 정구가 조식의 문하에도 함께 드나들었으며, 인접한 선산·칠곡 출신의 여헌旅軒 장현광張顯光 같은 이는 일찍이 퍽 독창적인 성리설을 제기하기도 하였다.

이진상 역시 퇴계학을 계승하면서도 남명학에 대해서 열린 입장을 가지고 있었고,[18] 그의 제자들 가운데 많은 이들도 남명학을 존숭하였

---

[17] 許傳, 『省齋集』, 卷16, 「海國圖誌跋」 참조.

다.¹⁹ 따라서 그의 학파는 주로 이전 남명학의 본거지였던 거창·합천·산청 등 경남 서부 지역으로 퍼져 나갔다. 반면 안동·상주 지역에서는 심한 배척을 받았다. 그의 대표 제자로는 흔히 '주문팔현洲門八賢'이라고 일컬어지는 면우俛宇 곽종석郭鍾錫, 한계韓溪 이승희李承熙, 후산后山 허유許愈, 자동紫東 이정모李正模, 교우膠宇 윤주하尹胄夏, 물천勿川 김진호金鎭祜, 회당晦堂 장석영張錫英, 홍와弘窩 이두훈李斗勳이 있다.

이진상의 대표적 성리설인 심즉리설과 유리론唯理論적 리발일도설理發一途說은 기호 율곡학파의 기발일도설氣發一途說·심시기설心是氣說과 대비되는 것은 물론 퇴계학통의 리기호발설理氣互發說·심합리기설心合理氣說과도 일단 차이가 있다. 바로 이 때문에 그의 학설은 퇴계학을 정통으로 계승했다고 자처하는 안동·상주 지역의 유림들로부터 심한 배척을 받았던 것이다. 이 중에서도 특히 심즉리설이 심하게 배척을 받았다. 그의 문집이 발간되어 안동의 도산서원에 봉정되자 패자牌子와 통문通文을 통해 격렬한 비판이 일어났으며²⁰, 상주의 도남서원道

---

18 이진상은 1877년 郭鍾錫, 許愈 등 자신의 제자와 省齋 許傳의 제자인 朴致馥 등과 조식이 일찍이 등행한 적이 있는 지리산을 함께 오른 뒤 山川齋에서 강회를 연다. 그는 이 자리에서 조식을 존숭하는 말과 시를 남긴다.(권오영, 『조선 후기 유림의 사상과 활동』, 457~459쪽 참조)

19 대표적인 이로 곽종석과 허유, 윤주하, 김진호 등이 있다. 이들은 대부분 조식의 본거지인 지금 경남 서부 지역 인물들로, 이진상 문하에서뿐만 아니라 이 지역 출신인 허전 문하의 박치복, 蘆沙 奇正鎭 학맥의 鄭載圭 등도 함께 조식을 선양, 계승한다. 구체적으로 그들은 덕천서원의 복설, 뇌룡정 중건, 문묘 종향 상소, 『남명집』 개본 등을 추진하면서 조식의 敬義 사상과 出處大義를 선양하고 따르고자 하였다.(권오영, 『조선 후기 유림의 사상과 활동』, 457~466 참조)

20 대표적인 것으로 이황의 후손인 李晩寅의 「寒洲李氏動靜說條辨」(『龍山文集』,

南書院에서는 불태워지기까지 했다. 하지만 그의 제자들은 심즉리설을 굳게 지켜나가면서 스승에 대한 비판에 맞서는[21] 한편 기호지방 화서학파華西學派 김평묵金平默 일파의 성리설이 이진상의 성리설과 같다고 생각하여 깊은 교유를 맺었다.[22] 그의 심즉리설은 직전제자들뿐만 아니라 재전제자들에게도 이어져 한주학통의 정안定案으로 굳어졌다.

이진상은 성리학뿐만 아니라 급박한 당시 현실에 대해서도 깊은 관심을 가졌다. 그는 비록 처사로서 일생을 마쳤지만 눈앞의 현실을 직시하면서 주자학적 지식인으로서 적극적 삶을 살았다. 그는 1862년 진주 등 삼남 지방에 민란이 일어나 삼정이정청三政釐整廳을 설치하고 삼정의 폐단을 구할 대책을 묻는 윤음이 내리자 「응지대삼정책應旨對三政策」을 올리고, 1871년 서원철폐령이 내려지자 상경하여 「청복설사원소請復設祠院疏」를 올렸으며, 1876년 운양호사건 소식을 접하고서는

卷6)이 있다.
[21] 郭鍾錫, 『俛宇文集』, 卷13, 「與李監役」과 卷36, 「答李子翼」; 李承熙, 『韓溪遺稿』 6, 「宣錄條辨」과 「道南通文條辨」; 尹胄夏, 『膠宇文集』, 卷16, 「反究錄」 등 참조.
[22] 곽종석은 華西學派 안의 心說 논쟁에 뛰어들어, 이진상의 心說이 華西 李恒老의 心說과 같다고 생각하여 省齋 柳重教의 심설이 이항로의 심설과 다르다고 비판하였으며,(『俛宇文集』, 卷130, 「柳省齋重教心說辨」 참조) 유중교와 심설 논쟁을 벌였던 重菴 金平默의 편을 든다.(『俛宇文集』, 卷30, 「答柳性存基一」과 卷141, 「書洪思伯在龜心說後」 참조) 또한 그는 율곡학통의 '心是氣'를 고수하는 艮齋 田愚에 대해서도 비판하고 나선다. 또한 尹胄夏는 김평묵과 편지를 통해 이진상과 이항노의 학설이 서로 부합함을 말하고 있으며,(『膠宇文集』, 卷4, 「與金重菴」과 『重菴集』, 卷16, 「答尹箭村胄夏」 참조) 許愈는 김평묵을 애도하는 글에서 이진상과 김평묵의 성리설이 서로 같음을 말하고,(『后山文集』, 卷1, 「挽金重菴平默二絶」 참조) 또한 柳基一에게 心卽理說이 과연 크게 어긋나는 것인가를 묻기도 한다.(『后山文集』, 卷4, 「答柳性存基一」 참조)

의병을 도모하였다가 화의 소식을 듣고 그만두기도 하였다. 또 1881년 영남만인소嶺南萬人疏 사건이 일어나자 그도 척사의 글을 지어 향내에 돌렸으며, 1884년 변복령變服令이 내려지자 그 부당함을 지적하면서 「의제론衣制論」을 짓기도 하였다. 이처럼 그는 당시 재야 유생들과 마찬가지로 기본적으로 척사위정론斥邪衛正論에 서 있었다. 그러면서도 그는 동래의 일본관日本館을 찾거나 당시 서양문물, 곧 서기西器의 상징이라 할 수 있는 화륜선에 직접 올라 보는 등 여느 척사위정론자와는 조금 다른 모습을 보였다.

한편 같은 낙동강 중류 지역인 성주 인근의 칠곡 지방을 중심으로 사미헌四未軒 장복추張福樞(1815~1900)의 사미헌학파도 등장하였다. 그는 여헌 장현광의 8대손으로 가학을 이었으며, 평생토록 이진상과 도우道友로서 지냈다. 하지만 그는 이진상의 심즉리설에 대해서는 선뜻 동의하지 않았다. 그는 변복령이 내려지자 척사소를 준비하기도 했지만, 을미사변乙未事變 후 거의擧義 제의에는 백면서생으로서 군대를 일으키면 일은 성취되지 않고 무고한 백성만 괴롭힌다는 이유로 거절하였다.[23] 이 점은 한주학파와 같은 행동을 보인 것으로, 그는 전통적인 도학자로서 생을 마쳤다. 그의 문하에는 이진상의 문인이기도 한 윤주하와 장석영, 그리고 송준필宋浚弼·장지연·조긍섭 등이 드나들었는데 그들은 당시 여러 문하를 함께 드나들었다.

---

[23] 張福樞, 『四未軒集』, 附錄, 卷3, 「言行記述」 참조.

- 제1부 -
생애와 저술

제1장 생애와 활동

1. 가계와 일생

1) 선대와 숙부 이원조

이진상李震相은 자가 여뢰汝雷, 호가 한주寒洲이며¹, 1818년(순조 18) 7월 29일 성주星州 대포大浦(한개마을, 현 경북 성주군 월항면 대산 1동)에서 성산이씨星山李氏 이원호李源祜(호 寒皐)와 김우옹金宇顒(호 東岡)의 후손인 의성김씨義城金氏의 맏아들로 태어나 1886년 10월 15일 69세를 일기로 일생을 마쳤다.

---

1 이진상은 15·6세 때 '汕嶠'라고 自號하였는데, 그것은 汕水(『史記』의 「朝鮮傳」 注에 나오는 말로, 조선에 있는 강을 가리킴)의 동쪽 嶠南(嶠山은 鳥嶺을 가리키는 것이므로 교남은 영남의 별칭임) 땅에 태어났지만 汕水 하나로 천하의 물을 다 알고 嶠山 하나로 천하의 산을 다 알 수 있다는 뜻이 담겨 있다. 그리고 얼마 후 그는 '東嶠'라고도 하였는데, 태어난 해동의 교남 땅이 좁고 좁음을 한스러워하는 뜻이 담겨 있다. 그는 다시 20세 이후에 '定窩'(『大學』의 "그침을 안 뒤에 정해짐이 있다"〔知止而后有定〕고 한 데에서 뜻을 취함)라 자호하였다. 30세 때에는 '祖雲憲陶'라는 편액을 서재에 걸었는데, 멀리 雲谷(주희를 가리킴)을 조술하고 가까이로 陶山(이황을 가리킴)을 본받겠다는 각오가 들어있다. '寒洲'는 만년의 호인데, 이때에 이르러서는 특정한 표방을 없애고자 한 것이다. (『寒洲文集』, 附錄, 卷2, 「行錄」 참조) 당시 학자들은 그를 '浦上先生' 혹은 '洲上先生'이라 불렀다.

▲ 북비고택 정문

성산이씨가 한개마을에 입향한 것은 조선 초 이진상의 14대조 목사공牧使公 이우李友(성산이씨 15세, 진주목사를 지냄) 때의 일로, 조선 후기로 오면서 그의 가문은 명문사족으로 성장하였다. 한개에 입향 후 7대 만에 8대조 이정현李廷賢(호 月峯, 贈掌樂院正)이 처음 문과에 등과하여 홍문관정자弘文館正字로 벼슬길에 나아갔으나 곧 요절하고 말았다. 이정현은 이황李滉과 조식曺植의 제자였던 정구鄭逑(호 寒岡)의 문하에 출입하였다.

그 뒤 고조인 이석문李碩文(호 遯齋)이 무과에 올라 선전관宣傳官을 지냈다. 그는 흔히 '북비공北扉公'이라 일컬어진다. 1762년 그가 선전관으로 있을 때 영조가 아들 장헌莊獻(思悼)세자를 굶겨 죽이는 사건이 일어나자 세손(뒷날 正祖)을 업고 가서 대세를 막아 보고자 하였으나 끝내 뜻

▲ 북비고택 사랑채

을 이루지 못한 뒤 삭탈관직 당한 채 낙향하게 되었다. 그는 낙향 후 장헌세자에 대한 충절을 굽히지 않았으며, 그를 그리는 마음에 남쪽에 있던 문을 북쪽에다 내었으므로 북비공이라 불려지게 된 것이다.

이진상의 조부대에 이르러 비로소 한개마을의 성산이씨 가문은 서서히 명문사족으로서의 모습을 드러내기 시작했다. 먼저 그의 백조부伯祖父인 이규진李奎鎭(호 農棲)이 정조 때 알성문과에서 장원급제함으로써 일약 명문가로 알려지게 되었는데, 특히 그는 정조의 총애를 받아 『주서백선朱書百選』한 질을 하사받기도 하였다. 그는 은율현감殷栗縣監과 정언正言 등의 관직을 두루 지냈다. 조부 이형진李亨鎭(호 涵淸軒)은 형 이규진과 함께 상주의 정종로鄭宗魯(호 立齋) 문하에 출입하였으며 생원을 지냈다.

▲ 북비고택 현판

　　이형진은 원호源祜(호 寒皋)와 원조源祚(호 凝窩, 시호 定憲) 두 아들을 두었는데, 원조는 백부 이규진의 양자로 들어갔다. 바로 이진상의 숙부가 되는 이원조(1792~1871)는 18세 때 어린 나이로 문과 급제를 한 뒤 벼슬이 공조판서工曹判書와 한성판윤漢城判尹, 오위도총관五衛都摠管에 이르렀으며 영수각靈壽閣에서 초상肖像을 그렸다. 이로 말미암아 그의 증조부 이석문과 조부 이민겸李敏謙(호 四美堂), 양부 이규진과 생부 이형진 3대는 참판과 판서, 좌찬성의 증직을 받아 가문은 크나큰 영광을 누리게 되었다. 이와 같은 이원조의 성공적인 관로는 2백여 년 동안 중앙정계로부터 멀어진 영남 남인들로서는 이례적인 일이었다. 뿐만 아니라 그는 주자학자로서도 두각을 나타내었다. 그는 문과 등제 후 상주의 정종로 문하에 나아갔으며, 안동의 유치명 등과도 교유하였다. 결국

◀ 만귀정 전경

▲ 흥학창선비

그와 그의 생부·양부 양대가 모두 정종로의 문하에 출입한 것이다. 이렇게 볼 때 그의 학통은 퇴계 이황에서 서애西厓 유성룡柳成龍과 우복愚伏 정경세鄭經世를 거쳐 정종로로 내려오는 학통과 이황에서 학봉鶴峯 김성일金誠一과 갈암葛庵 이현일李玄逸, 대산大山 이상정李象靖을 거쳐 정종로로 내려오는 학통 모두를 이었다고 할 수 있겠다. 이것은 달리 말하면 당시 크게 논란이 일어나고 있던 이른바 '병파屛派'와 '호파虎派'의 학맥을 모두 이었다는 것이다.

이원조는 집안 자제들을 가르치는 데 열의를 쏟았으며, 특히 조카인 이진상에 대해 큰 기대를 가졌다. 그는 이진상이 17세 때 성리학 공부에 힘쓸 것을 권려하였으며, 관직 생활 틈틈이 낙향해 있을 때면 향리 원근에서 강학 모임을 가졌다. 만년에 그는 가야산伽倻山 기슭 포천계곡에다 만귀정晩歸亭을 지어 강학처로 삼자 많은 제자가 찾아 들었다. 그는 『성경性經』 등의 성리학 관련 저서와 지방관을 역임하면서 지은 각 지방지 등 원·속집을 합해 문집 42권과 별저 8종을 남겼다. 이원조의 학문은 가학으로 이진상에게 이어졌으며, 다시 그것은 이진상의 아들 이승희李承熙(호 韓溪, 1847~1916)와 손자 이기원李基元(호 三洲, 1885~1982)으로 이어지면서 가학 전승의 전범을 보였다. 이원조와 이진상은 영남 지방에서 크게 논란을 빚고 있던 '병호시비'나 향리의 '청회시비晴檜是非'[2] 같은 것에 휘말려들지 않은 채 자신의 길을 걸어갔다.[3]

2) 이진상의 일생

이진상은 17세 때 숙부의 가르침에 따라 성리학 연구에 매진하던 중 일찍이 20세 때 이황을 모신 도산서원을 배알하였으며, 30세 때에는 서재에다 '조운헌도재祖雲憲陶齋'라는 편액을 걸어 '주자(雲谷)를 조술祖述하고 퇴계(陶山)를 헌장憲章하겠다'는 뜻을 세우면서 학문의 지남指南으로 삼았다. 35세와 40세, 41세 때 그는 당시 퇴계학통의 종장 자리에 있던 유치명柳致明(호 定齋, 1777~1861)을 방문하여 성리설을 토론하고 가르침을 받았는데, 그때 이미 그는 자신의 정견을 가지고 있었던 터

---

[2] 東岡 金宇顒을 모신 晴川書院과 寒岡 鄭逑를 모신 檜淵書院간에 일어난 시비알력을 가리킨다.
[3] "후생들이 양 文忠公(유성룡과 김성일)의 高下를 말하니, 부군이 언성을 높여 '너희들이 어찌 감히 先賢의 長短을 말하는가'라 말하였다."(『寒洲文集』, 附錄, 卷2, 「行錄」)

▲ 이진상 초상화

였다.⁴ 그는 유치명과 서신으로도 여러 차례 성리설에 대해 질정을 구하고 토론하였다. 40세 때 유치명을 두 번째로 방문하는 길에 그는 유치명의 고제인 김흥락金興洛(호 西山, 1827~1899) 등도 만나 안동 지역의 퇴계학맥과 교유를 넓혀 나갔다. 한편 그는 강우의 허전許傳(호 省齋, 1797~1791)과도 여러 차례 서신왕래를 하면서 성리설과 예설 등에 대해 질정하고 토론하였다.⁵ 또한 그는 인근 칠곡의 장복추張福樞(호 四未軒, 1815~1900)와 일찍이 함께 공부하면서 도우관계를 맺은 뒤 평생토록 변치 않았다.

이진상은 주희와 이황에게 학문의 지남을 두고서 주자학 연구에 전념할 뿐 벼슬길에는 그다지 관심을 두지 않았다. 그는 27세 때 안의安義에서 치른 증광문과增廣文科 초시에 합격한 뒤 31세 때 경상감영에서 치른 공도회公都會 복시에서 장원을 하였고, 이어 32세 때 증광생원시增廣生員試에 합격하였다. 다음 해인 33세 때 그는 증광문과 복시에 응시하기 위해 한양으로 갔으나 마침 경주부윤慶州府尹으로 재직 중이던 숙부 이원조가 이조吏曹에 소환을 받는 사건이 일어나자 시험을 포기하고 곧장 고향으로 돌아와 버렸다. 이후 다시 과거에 응시하지 않은 채 포의로 살다가, 죽기 얼마 전인 67세 때 민태호閔台鎬의 천거로

---

⁴ 홍원식, 「한주의 성리설과 계승」, 『한주 이진상 연구』(경북대학교 퇴계연구소 편, 역락, 2006), 88쪽 참조.
⁵ 뒷날 許傳과 李震相의 양 문하 간에는 내왕이 많아졌고, 허전의 대표 제자 가운데 한 사람인 許薰과 이진상은 사돈이 되었다. 또한 허전은 숙부 이원조의 神道碑銘을 짓기도 하였다.

▲ 한주고택 사랑채

◀ 한주고택 현판

의금부도사義禁府都事를 제수받았으나 끝내 나아가지 않았다.

앞에서 본 바와 같이 이진상은 처사로 일생을 마쳤지만 눈앞의 현실을 외면하지는 않았다. 그가 살았던 당시는 국내외적으로 어려운 상황이 들이닥치던 때였다. 국내에서는 진주(1862) 등 삼남 지방에서 민란이 일어나 그가 살던 곳까지 화가 미쳤으며, 천주교는 탄압을 받는 가운데서도 영남 지방에까지 세력을 뻗쳐 왔고, 동학은 경주에서 일어나 전국으로 퍼져 나갔다. 한편 외세의 압력이 날로 가중되는 가운데 집정자인 흥선대원군은 척사위정斥邪衛正의 기치를 높이 들면서, 동시에 세도정치의 폐해를 막고 중앙집권을 강화하기 위해 재야 유림들의 세력 근거지였던 서원에 대한 철폐령을 내리게 된다. 대원군에 이어서 권력을 잡은 민씨 척족세력들이 중심이 된 조정에서는 마침내 일본과 개항(1876)을 하게 되고, 얼마 뒤 일본에 파견된 김홍집金弘集 등 수신사修信使(1880) 일행이 청의 주일 참찬관 황준헌黃遵憲이 쓴 「조선책략朝鮮策略」을 들고 들어오면서 온 나라는 들끓게 되었다. 또한 개화파가 주도하는 조정에서는 변복령變服令(1884)과 같은 개화정책이 속속 추진되었다.

이진상은 이러한 급박한 현실 앞에서 "사도를 높이고 이단을 물리치는 일이 아니면 포의의 선비가 말해서는 안 된다"는 생각에 한강 정구의 문묘배향을 청할 때와 서원 훼철을 반대할 때, 그리고 양이 배척을 주장하는 '영남만인소嶺南萬人疏' 사건 때, 단 세 차례만 상소를 올렸다.[6]

그렇지만 이진상은 40세 때인 1857년 청의 함풍제咸豊帝가 피난간다는 소식을 접하고서 이 기회에 청에 대한 사대를 철폐하자는 내용의 상소문을 짓는 것을 시작으로, 삼남 지방의 민란 뒤 국왕이 삼정의 폐단을 구제할 방도를 묻는 윤음을 내리자 「응지대삼정책應旨對三政策」을 지었으며, 49세 때인 1866년에는 옛 성현들의 이상적인 제도를 바탕으로 하고 당시의 현실을 참작하여 자신의 종합적 개혁안을 담은 『묘충록畝忠錄』을 지어 국왕에게 올리려 든 적도 있다. 그리고 1876년 운양호사건의 소식을 접하고서는 성주 일대의 사우들을 모아 의병을 도모하였다가 조약 소식을 듣고 그만두었으며, 변복령이 내려지자 그 부당함을 지적하는 「의제론衣制論」을 짓기도 하였다. 그리고 63세였던 1880년에는 김해·부산 일대를 유람하다가 직접 일본관을 찾아가 상호교린의 신의를 저버린 것에 대해 엄중히 꾸짖었으며, 직접 화륜선에 올라 보기도 하였다. 그는 '위정衛正'하는 것이야말로 '척사斥邪'하는 길이라 생각하여 이렇게 상소 등 여러 현실에서의 활동에 참여하였던 것이며, 부산에서 일본관을 찾고 직접 화륜선에 올라 보는 것과 같은 행동은 여느 위정척사론자들과 조금 다른 모습이라고 할 수 있겠다.

이진상은 스스로 '문자벽文字癖'이 있다고 말했듯이 그의 주된 활동은 뭐라 해도 저술이었다. 그는 17세 때 숙부 이원조의 권려로 주자학 공부에 매진한 이후 18세 때 이미 「성명도설性命圖說」을 지었으며 일생토록 총 89책에 이르는 방대한 저술을 남겼다.[7] 그 구체적인 목록은

---

[6] 『寒洲文集』, 附錄, 卷2, 「行錄」 참조.
[7] 여러 문헌에서는 이진상의 저술이 총 85책으로 되어 있는데 이형성의 견해를 따랐다.(이형성, 「한주의 성리학1-주재성 중시와 그 의의」, 『한주 이진상 연구』,

곧 『한주집寒洲集』(22책), 『리학종요理學綜要』(10책), 『사례집요四禮輯要』(9책), 『묘충록畝忠錄』(2책), 『춘추집전春秋集傳』(10책), 『춘추익전春秋翼傳』(3책), 『천고심형千古心衡』(2책), 『직자심결直字心訣』(1책), 『역학관규易學管窺』(4책), 『구지록求志錄』(22책), 『변지록辨志錄』(4책)이다.

이진상의 저술에는 사서와 예서, 경세서, 시문류 등이 두루 있기는 하지만 그 중심적인 것은 성리설에 관한 것이다. 그는 먼저 주자학 관련 여러 선현들의 저술을 섭렵하면서 '차의箚義'류의 저술을 하고, 율곡栗谷 이이李珥를 위시한 기호 제현들의 학설을 비판하는 글을 짓는 한편 『주자어류朱子語類』를 『주자대전朱子大全』, 『성리대전性理大全』 및 여러 주희 관련서와 비교하는 가운데 10여 년에 걸친 힘든 작업 끝에 『주자어류차의朱子語類箚義』[8]를 저술하여 주희의 학설이 초년과 만년의 구분이 있음을 확정하였다. 그 후 주희의 만년설을 바탕으로 44세 때 「심즉리설心卽理說」을 내놓음으로써 일약 영남 유학계에 주목을 받게 되었다. 그는 주자학 연구에 더욱 힘을 쏟아 마침내 61세 때 『리학종요』를 저술하여 자신의 성리설을 총결하였다. 그의 성리설에서 대표적인 설로는 '심즉리설'과 더불어 '리발일도설理發一途說', '사칠리발설四七理發說' 등을 들 수 있다.

'심즉리설'을 주창한 이후 이진상의 명성이 주위에 알려지자 그의

20쪽 주 2] 참조)

[8] 이승희는 "부군은 일찍이 말씀하시기를 '나의 일생의 정력은 『朱子語類』 책에 있다'고 하였다.…… 무려 11년이 지나서야 저술을 완성하였고 또 12년에 걸쳐 거듭 교감하였다"라고 적었다.(『寒洲文集』, 附錄, 卷2, 「行錄」 참조)

문하에는 제자들이 모여들기 시작하였으며 강학과 학계學契, 향음주례 鄕飮酒禮 등의 행사를 주관하거나 참석하는 일이 잦아졌다. 그의 나이 53세 때인 1870년 봄에 허유許愈(호 后山)에 이어 그해 겨울에 곽종석郭 鍾錫(호 俛宇)이, 55세 때 이정모李正模(호 紫東)가, 58세 때 이두훈李斗勳(호 弘窩)이, 59세 때 윤주하尹胄夏(호 膠宇)가, 61세 때 장석영張錫英(호 晦堂)과 김진호金鎭祜(호 勿川)가 그의 문하에 들어옴으로써 강우 지역의 최대 학파로 커 나갔을 뿐만 아니라 당시 전국적으로도 최고 학파 가운데 하나로 성장하였다. 이들 제자들은 그의 아들인 이승희와 더불어 세상에서는 흔히 '주문팔현洲門八賢'으로 일컬어졌다. 이들은 스승 이진상의 문집과 『리학종요』 등 주요 저술들을 교감, 발간하였다. 문집 발간 이후 일어난 거센 비판에도 힘써 스승의 학설을 옹호하였다. 그의 문인록에는 도합 137명의 이름이 올라 있다.

이진상은 스스로 '문자벽'과 더불어 '산수벽山水癖'이 있음을 토로하면서, 산수벽은 집안의 내력이라 말하기도 하였다. 실제로 숙부 이원

▲ 이진상 묘와 묘비

조는 경주와 강릉, 제주, 평안도 성천 등의 지방관을 지내면서 전국을 두루 돌아볼 기회를 가졌고, 관직에서 물러나 있을 때도 틈이 나면 금강산 등 곳곳을 유람하였다. 이진상도 젊었을 때에는 강릉과 성천 등 숙부의 임지를 따라다니면서 많은 곳을 유람하였다. 다시 60세 이후 만년에 접어들어서는 금강산과 지리산, 김해·부산 등지를 둘러보았다. 그러면서 그는 많은 시편을 남겨 유록遊錄으로 묶었다.

이진상은 1886년 10월 병세가 깊어지자 아들 이승희를 불러 "근래에 전보가 바다 건너 들어왔다는 소식을 들었다. 앞으로 더욱 이류들이 설치고 사악한 기운이 날로 치열해질 것이니, 내가 살더라도 무슨 즐거움이 있겠는가? 이제 땅속에 묻히는 것이 마땅하다"고 말한 뒤두 살 된 손자를 불러 쓰다듬으며 오륜과 사덕을 들려주었다. 며칠 후 세상을 뜨니 향년 69세였다. 이듬해 2월에 사람들이 장례를 주관하자 모인 자가 2천 명 가량이나 되었다. 1895년 거창에서 『한주문집』이 발간되었고, 『리학종요』는 이듬해인 1896년에 발간되었다.

2. 학맥 연원과 퇴계학의 계승

이진상의 학맥을 얘기할 때, 그가 특별히 어느 문하에 나아간 적이 없기 때문에 사승師承이 없다고 말하거나, 정재定齋 유치명柳致明을 세 차례 방문한 것을 들어 대산大山 이상정李象靖에서 유치명으로 내려오는 학맥을 이었다고 말하거나, 아니면 이규진李奎鎭과 이형진李亨鎭 조부

▲ 한주정사(조운헌도재)

▲ 조운헌도재 현판

조운헌도재기 현판 ▼

형제와 숙부인 이원조李源祚가 모두 입재立齋 정종로鄭宗魯의 문하에 출입하였기 때문에 이상정에서 정종로로 내려오는 학맥을 이었다고 말하기도 한다. 실제로 이진상이 특별히 어느 문하에 나아간 적은 없다. 그렇다면 그가 20세 때 이황의 도산서원을 배알하고 30세 때 서재에다 '조운헌도재祖雲憲陶齋'라는 편액을 내걸어 이황을 헌장憲章하겠다는 뜻을 세운 것을 들어, 이황의 사숙제자私淑弟子로 볼 수도 있다. 그러나 앞에서 말한 대로 이진상은 두 차례 직접 유치명을 방문하고, 또한 여러 차례 서신을 통해 성리설에 대해 질정을 구하고 토론한 적이 있기 때문에 단순히 그를 이황의 사숙제자로만 보기는 어려운 점이 있다. 또한 그는 숙부와의 관계도 여느 경우와 달라 가학과 그에 따른 학맥 전승을 말할 여지가 많다. 이럴 경우 정종로와 학맥 연원이 닿는다. 덧붙여 한강寒岡 정구鄭逑와의 학맥 연원도 8대조인 이정현李廷賢이 그의 문하에 출입한데다가 동향의 대표적인 선현이기 때문에 무시할 수 없는 노릇이다. 결국 이진상의 학맥 연원을 논의함에 있어서는 무엇보다 학문의 수수관계를 파악하는 것이 가장 중요할 것이다.

1) 정재 유치명과 이진상

이진상은 그의 나이 35세(1852)와 40세(1857), 41세(1858) 때 세 차례 안동 대평大坪의 정재 유치명(1777~1861)을 방문하였다. 그가 처음 유치명을 만났을 때, 유치명은 76세로 유장원柳長源과 남한조南漢朝를 통해 이상정의 학통[9]을 이어받아 호론虎論을 주도하면서 퇴계학통의 종장 자리에 앉아 있었다.[10] 이진상은 유치명을 두 번째 만나는 자리에서 다음과 같이 자신의 '심즉리설'에 대해 질정하면서 토론하였다.

> 이진상 : "심心은 일신一身을 주재主宰하는 것인데, '주재'라는 두 글자는 리理 하나만을 가리키는 것입니까? 기氣를 겸하여 가리키는 것입니까?"
> 유치명 : "리와 기를 겸하였다고 말하는 것이 무방할 것이다."

[9] 유치명은 바로 이상정의 外曾孫이기도 하다.
[10] 유치명은 1846년 무렵부터 안동 유림의 종장 자리에 앉게 된다. 그는 그해에 이상정의 본거인 高山精舍에서 강회를 열었으며, 이후 虎溪書院(1856) 등에서도 강회를 열자 수많은 문인들이 몰려들었다.

이진상 : "리는 '그렇게 되는 바의 까닭'(所以)으로서 주재의 알맹이(實)이고, 기는 '재료가 되는 것'(所資)으로서 주재의 도구(具)이니, 심이 진실로 리와 기를 겸하고 있기는 하지만, 일신을 주재하는 것을 가리켜서 말한다면 다만 리인 것 같습니다."[11]

여기에서 유치명은 이황의 기본적인 생각을 그대로 따라 '심은 리와 기를 합한 것'(心合理氣)이라고 말하고 있는 반면, 이진상은 '주재'라는 관점에서 본다면 '심은 곧 리'(心卽理)라고 말하고 있다. 이진상이 그의 가장 대표적인 학설이라고 할 수 있는 '심즉리설'을 저술[12]로서 밝힌 것은 비록 44세(1861) 때의 일이지만, 여기에서 볼 수 있다시피 그는 이보다 4년 앞서 유치명을 만난 자리에서 자신의 심즉리 견해를 피력하였다. 유치명은 이진상의 견해가 이렇게 자신과 달랐음에도 그를 만나본 뒤 주위 사람들에게 "뛰어난 선비는 문왕文王을 기다리지 않고서도 일어난다더니, 그 사람이 바로 이진상이로다!"라고 칭찬하였으며,[13] 강우江右 대유大儒를 꼽을 때는 반드시 그를 거론하였다.[14]

이진상은 심즉리설뿐만 아니라 역시 그의 대표적 성리설 가운데 하나인 '리발일도설理發一途說'도 유치명을 만날 무렵 이미 확정해 있었다. 곧 그는 24세 때 「발정우담사칠변증跋丁愚潭四七辨證」을 지은 뒤 13년간

---

[11] 『寒洲全書』 1, 附錄, 卷1, 「年譜」.
[12] 『寒洲全書』 1, 雜著, 卷32, 「心卽理說」 참조.
[13] 『寒洲全書』 1, 附錄, 卷1, 「年譜」 壬子 참조.
[14] 『寒洲全書』 1, 附錄, 卷2, 「行錄」 참조.

의 수정을 거쳐 35세 때 이이李珥의 사칠론에 대한 종합적 비판을 담은 「사칠변四七辨」과 「주자언론동이고변朱子言論同異攷辨」을 지었으며, 다음 해 「리기동정설理氣動靜說」을 지음으로써 30대 후반에 이미 '리발일도설'을 확정하였던 것이다.

이렇게 이진상은 유치명을 찾았을 때에 이미 자신의 정견을 가지고 있었고, 유치명을 만난 뒤에도 자신의 견해가 바뀐 것이 없었을 뿐만 아니라 차별적인 학설들이 연이어 나왔다. 바로 이 때문에 그의 문집이 발간되었을 때 통문이 돌고 불태워지기까지 했으며, 그때 안동과 상주 지역 유치명을 계승한 자들은 문제를 제기했던 것이다. 따라서 이진상이 유치명을 방문한 것을 가지고 그가 유치명의 문하에 들어간 것으로 보는 것은 무리가 있다. 물론 이진상은 유치명이 살아 있을 때나 죽고 난 뒤에도 예를 다 표하였다. 하지만 학설이 다르고 학문적 수수관계가 없으므로 이진상이 유치명의 학통을 이었다고 말할 수는 없을 것이다.

2) 가학 전승과 한강학맥

이진상은 숙부인 응와 이원조에 대해 부형이자 스승이요 자신의 학문을 진정으로 알아주는 지음知音이라고 말했다.

소자는 천부의 기질이 허약하여 병으로 심려를 끼쳤으며 몹시도 화액을 겪었습니다. 다만 학문을 연찬하는 재주는 계발해 주시는 은혜를 깊이 입었으니, 인심과 도심의 유위유미惟危惟微에 관한 질문에 빗장을 뽑아 주시고, 리기동정理氣動靜의 분변에 관한 견해를 인정해 주셨습니다. 강회의 기록과 향음주례의 보조에 항상 뒤에서 지팡이를 잡고 앞에서 붓을 들게 하시어 부형이며 스승이신 사이에 실로 지음知音의 즐거움이 있었더니, 이제는 그만인가 봅니다.[15]

이것은 실제로 빈말이 아니다. 이원조는 조카인 이진상이 어릴 때부터 늘 곁에다 두고 가르쳤으며 성리학을 공부하도록 이끌어 주었다.[16] 그는 자식이나 조카들에게 좀처럼 칭찬하지 않았는데, 이진상에게는 "우리 종족 5백 년 만에 비로소 이 조카가 있다"며 자랑스러워했다.[17] 그는 이진상을 임지에 데리고 다니면서 견문을 넓혀 주었으며,[18] 관직 생활 틈틈이 낙향해 있으면서 향리 원근에서 강학 등의 모임을 열 때는 반드시 조카에게 강록을 정리하도록 했다.[19] 만년에 그가 가야산 기슭 포천계곡에다 강학처인 만귀정晩歸亭을 지어 머물 때에도

[15] 李源祚, 『凝窩全集』 1, 「附錄·晩祭文」.
[16] 이원조는 이진상이 군사와 복서, 의방 등 잡학에 두루 관심을 가져 공부하자 "선비가 되어 의리의 본령을 모르면 선비의 이름을 저버리는 것이다. 너의 재주가 궁구하는 데 장점이 있으니, 어찌 『性理大全』에 전력하지 않는가"라 충고하였다. 이에 이진상은 『성리대전』을 공부하기 시작하였으며 일생토록 성리학 연구에 전심전력하게 되었다.
[17] 『寒洲全書』 1, 附錄, 卷2, 「行錄」 참조.
[18] 이원조는 江陵大都護府使와 慈山府使 시절 이진상을 데려갔다.
[19] 대표적인 것으로 이진상이 36세 때 숙부 이원조를 모시고 회연서원에서 『심경』을 강론한 적이 있는데, 이때 강록을 정리하고 수정하는 작업을 그가 맡았다. 40세 때 川谷書院에서의 『심경』 강론에서도 그가 강록을 정리하였다.(『寒洲全書』 1, 附錄, 卷1, 「年譜」 癸丑과 丁巳 참조)

그의 곁에는 늘 조카가 함께 있었으며, 「세덕첩世德帖」[20]을 손수 써 주어 집안의 앞날을 부탁하는 마음을 전하기도 하였다. 이진상에게는 스승이 없었던 게 아니라 숙부 이원조가 바로 그의 스승이었던 것이다. 따라서 이원조와 이진상 간에는 단순히 가학 전승만이 아니라 학통의 계승도 있었을 것이다.

이렇게 본다면 이원조의 학통 연원이 그대로 이진상에게로도 이어진다고 볼 수 있다. 그들의 학통은 먼저 가학으로 보면 한강 정구에게 닿는다. 그들의 선조인 이정현이 바로 정구의 제자였기 때문이다. 그들은 굳이 가학 연원에서뿐만 아니라 동향 선현이라는 생각에서도 정구를 높였다. 이에 이원조에 이어 이진상도 여러 차례 정구를 주향한 회연서원檜淵書院에서 강학 모임을 열었으며, 무흘서당武屹書堂 등 정구와 연원이 있는 곳을 수시로 찾았다. 그리고 이진상이 정구를 문묘文廟에 배향할 것을 청하는 상소를 앞장서 올린 것도 학통의식과 깊이 연관된 것이라 볼 수 있으며, 이승희가 선군 이진상의 「행록」에서 "집안이 영남에 세거하였고 게다가 학문적으로는 문목공文穆公의 연원이며", "선군께서 퇴계 문하의 정맥을 말씀하실 때는 반드시 정선생鄭先生을 말하였다"[21]고 말한 것을 보아도 한개의 성산이씨 문중에서는 정

---

[20] 이원조는 66세(1857) 때 세 아들에게는 「示兒帖」을 써 나누어 주었고, 특별히 조카인 이진상에게는 「世德帖」을 써서 주면서 그 跋文에서 "내가 아들과 조카 사이에 어찌 틈을 두랴! 또한 너에게는 달리 기대하는 바가 있다. 문장과 서예는 末藝에 불과하니 배울 것이 못 되고 유자에게는 유자의 참된 사업과 본령공부가 있는 것이다"고 말하였다.(『응와 이원조의 삶과 학문』, 경북대학교 퇴계연구소 편, 역락, 2006, 487쪽의 응와선생 「연보」 참조)

구를 자신들의 가학과 학통 연원으로 보았음을 알 수 있다.

이렇게 이진상이 정구를 자신의 학통 연원으로 보는 것은 그의 『심경心經』 관련 대표 저술인 『심경관계心經關啓』에서도 잘 나타난다. 『심경관계』는 체제와 내용이 전혀 다른 두 책인 『심경도설心經圖說』과 『심경차의心經箚義』를 한데 묶은 것이다. 그는 「심경도설서心經圖說序」에서, 이황이 『심경心經(附註)』을 표창하고 왕복서신들을 통해 내용을 논의하고 「심경후론心經後論」을 지음으로써 우리나라 사람들도 이 책이 있음을 비로소 알게 되었으며, 그 뒤 정구가 『심경발휘心經發揮』를 지어 더욱 그 뜻을 드러내었다고 말하였다.[22] 일찍이 이황은 많은 논란 끝에 「심경후론」에서 자신의 정견을 밝히면서 정민정程敏政(호 篁墩, 중국 명나라 사람)의 『심경부주』가 내용상 약간의 문제가 있기는 하지만 마음공부에 더없이 중요한 책이므로 체제나 내용을 함부로 바꾸거나 버리는 것은 온당치 않다고 말하였다.[23] 이후 이황의 문하에서는 『심경(부주)』과 관련된 여러 저술을 남겼지만 스승의 지침을 잘 따랐다.[24] 다만 정구만이 『심경부주』뿐만 아니라 『심경』(중국 송나라 眞德秀 편찬, 호 西山)의 체제와 내용까지도 전면 개편하며 『심경발휘』를 편찬하였던 것이다.[25] 그

---

[21] 『寒洲全書』, 附錄, 卷2, 「行錄」 참조.
[22] 『寒洲全書』 5, 卷22, 「心經圖說」 序 참조.
[23] 李滉, 『退溪先生文集』, 卷41, 「心經後論」 참조.
[24] 대표적인 것으로 趙穆의 『心經稟質』, 金富倫의 『心經箚記』, 李德弘의 『心經質疑』, 李咸亨의 『心經講錄』, 曺好益의 『心經質疑考誤』가 있다.
[25] 홍원식, 「조선시대 심경부주 주석서 해제」, 예문서원, 2007, 96~103쪽 참조.

런데 이진상은 정구의 이 『심경발휘』를 앞에서 말한 바와 같이 높게 평가하였으며, 실제로 『심경관계』의 내용에서도 그것을 확인할 수 있다. 그는 『심경관계』의 한 부분인 『심경차의』에서 기본적으로 『심경부주』의 체제와 순서에 따라 차의箚義를 달고 있지만, 『심경부주』에는 없는 『심경발휘』의 서와 맨 뒤 부록[26]의 내용에도 차의를 달고 있으며, 더욱이 차의 중간중간에 『심경발휘』의 내용을 차록하면서 다른 것과 달리 전혀 비판적 견해를 달지 않았다. 또한 『심경도설』에서도 『심경부주』에는 없고 『심경발휘』 부록에만 있는 것에 대해서 도와 설을 달았다. 결국 그는 『심경발휘』를 통해 이황 문하에서의 정구의 위치를 확고히 마련해 주고자 한 것이라 볼 수 있다.

3) 가학 전승과 입재학맥

이원조는 그와 더불어 생부·양부가 모두 입재 정종로의 문하에 나아갔다. 그리고 정종로는 대산 이상정의 문하에 나아갔다. 그렇다면 일단 이원조와 이진상의 학맥은 대산 이상정에서 정종로로 내려온 연원을 잇는다고 볼 수 있다.[27] 그런데 이것을 바탕으로 이원조와 이

---

[26] 『心經附註』에는 程敏政의 「再書」와 汪祚의 「識記」가 있는데, 『心經發揮』에서는 이것을 모두 빼버리고 새롭게 宋代 제현들의 글과 행장 8편을 부록으로 실었다. 그 8편의 글은 「周子太極圖說」, 「程伯子定性書」, 「程叔子好學論」, 「張子西銘」, 「朱子仁說」, 「誠名義」, 「程伯子行狀略」, 「朱子行狀略」이다.

[27] 이원조는 22세 때인 1813년 상주로 가 정종로의 문하에 나아갔으며, 또 유치명을 찾아 이상정의 학문 지결에 대해 묻고 토론하였다. 1861년에 그는 이상정과

진상의 학맥을 정종로에서 이상정을 거슬러 올라가 이현일李玄逸과 김성일金誠一을 거쳐 이황에 닿는 것으로만 규정하는 것은 좀 무리가 있을 수 있다. 왜냐하면 이상정 문하에서 유성룡柳成龍과 김성일 간의 차서次序 문제를 놓고 근 1백 년 동안 큰 시비(屛虎是非)가 일어났는데, 정종로는 비록 이상정의 문인이기는 하였지만 또한 유성룡과 정경세鄭經世, 유진柳袗으로 내려오는 학통을 가학으로 계승하였기 때문이다.[28] 결국 정종로는 이황 문하의 유성룡과 김성일 두 학통을 모두 이었다고 볼 수 있으며, 따라서 이원조와 이진상의 학맥도 유성룡과 김성일의 두 학통을 모두 이었다고 볼 수 있다. 여기에서 어느 쪽으로 더 기울어졌느냐는 문제는 학문적 수수관계를 확인함으로써 푸는 수밖에 없을 것이다.

그런데 이원조와 이진상은 일단 이황 문하의 '병호시비'에 끼어들지 않았을 뿐만 아니라 향리의 '청회시비晴檜是非'에도 끼어들지 않았다. 그러한 까닭에 그들은 호파와 병파를 가리지 않고 폭넓게 교유하였으며,[29] 향리에서도 김우옹(晴川書院 배향)과 정구(檜淵書院 배향)를 구분

정종로의 贈職과 함께 諡號를 청하는 상소에서 "대개 우리나라 正學이 陶山(이황)에서 집성되어 두 文忠先生(유성룡과 김성일)이 그 宗을 얻었다. 대산(이상정)은 앞에서 발휘하고 입재(정종로)는 뒤에서 조술하여 연원이 바르고 의리가 크게 밝혀졌다"고 말하였다. 그는 이상정의 正脈이 정종로에게로 계승되었다고 생각하고 있음을 알 수 있다.

[28] 정종로가 직접 '병호시비'에 뛰어든 것은 아니다. 다만 뒷날 '호파' 계열에서 이상정에서 유장원·남한조를 거쳐 유치명으로 내려오는 계통을 적통이라 주장함으로써 이상정에서 정종로로 내려오는 계통은 적통이 아닌 것으로 떠밀려 나게 된 것이다.

하지 않고 모두 동향의 선현으로 받들었다.³⁰ 마찬가지로 그들은 이웃 고을의 장현광張顯光(호 旅軒, 1554~1637)도 선현으로 높이 받들었으며, 그의 후예들과도 막역한 사이로 지냈다. 나아가 그들은 경상우도 지역의 대표 선현인 남명南冥 조식曺植(1501~1572)의 학문에 대해서도 열린 자세와 함께 그를 기리는 사업에 힘을 쏟았다.³¹ 이처럼 이원조와 이진상은 경상 좌·우도를 가리지 않고 폭넓게 교유하였기 때문에 이를 가지고 그들의 학통 연원을 밝히기에는 무리가 있다.

여기에서 시각을 좀 좁혀 볼 필요성을 갖게 된다. 성리설로 국한시

---

29 이원조는 정종로의 문하에 나아가기 전에 이미 안동의 병산서원과 도산서원을 배알하였으며, 25세 때는 안동을 찾아 柳鼎文(호 壽靜齋)·유치명 등과 교유하였고, 만년에 관직에서 물러난 뒤 69세 때 다시 상주의 도남서원을 배알한 후 유치명을 방문하였으며 여러 사람들과 함께 高山書堂(이상정의 강학처)에서 모여 滄洲精舍 紙牌의 규약을 강론하여 정하기로 약속하였다. 그리고 75세 때는 柳厚祚(호 洛坡, 柳疇睦의 父)가 奏請使로 燕京에 갈 때 餞別하기도 하였다.(『응와 이원조의 삶과 학문』, 응와선생 「연보」 참조)

30 이원조는 33세 때 정구를 문묘에 배향할 것을 청하는 소를 올렸으며, 관직에서 물러나 있던 61세 때 회연서원에서 강회를 열고, 또 청천서원에서 향음주례를 행하였으며, 74세와 76세 때도 회연서원에서 강의하였다.(『응와 이원조의 삶과 학문』, 응와선생 「연보」 참조) 이진상은 외가가 바로 김우옹의 후손인 의성김씨이다. 이러한 인연으로 이진상은 의성김씨 종가에서 근 2백 년 동안 전해 온 '玉獅子印'을 물려받기도 하였다. 그는 이원조를 모시고 회연서원과 청천서원에서의 강회와 향음주례에 참석하였으며, 이원조가 죽은 뒤에도 정구와 김우옹을 기리는 사업을 이어나갔다.

31 이원조는 61세 때 통영·진주 일대를 유람하면서 조식의 德川書院을 배알하고 山川齋 板上韻에 次韻하였으며, 77세 때는 「南冥曺先生神明舍記」를 지었다.(『응와 이원조의 삶과 학문』, 응와선생 「연보」 참조) 이진상도 60세 때 지리산과 남해 지방을 유람하는 길에 덕천서원을 배알하였으며, 이후 조식을 기리는 사업을 이어나갔다.(『寒洲全書』1, 附錄, 卷1, 「年譜」 丁丑 참조)

켜 보는 것이 그 한 방법이 될 수 있을 것이다. 이진상의 대표 성리설인 '심즉리설心卽理說'과 '리발일도설理發一途說', '사칠리발설四七理發說'을 그 기준으로 삼는 것이 무방할 듯하다.

먼저 김성일에서 이현일, 이상정, 유치명으로 내려오는 학통의 입장에서 보면 이 중 어느 하나도 결코 받아들이기 어려운 학설이다. 그들은 이황의 적통임을 자임하면서 '심합리기설心合理氣說'과 '리기호발설理氣互發說', '사단리발칠정기발설四端理發七情氣發說'을 이황뿐만 아니라 주희의 정안定案이라고 확신하면서 이것을 굳게 지키는 것이야말로 자신들의 임무라고 생각해 왔던 터였다. 그렇기 때문에 이황의 학설과 조금이라도 다른 것은 용납할 수 없었던 것이다. 뒷날 이진상의 문집이 태워지는 사건이 일어난 것도 다름 아닌 바로 이 때문이었음은 두 말할 나위도 없다. 따라서 이진상이 일찍이 유치명을 배알하고 또한 그의 제자들과 폭넓게 교유하였음에도, 학문적 수수 관계가 거의 없기 때문에 그들과 학통 연원을 같이할 수는 없는 것이다.

그러면 유성룡에서 정경세, 정종로로 내려오는 학통은 어떠한가? 이들도 이진상의 독특한 성리설을 선뜻 받아들이기 어렵기는 마찬가지였다. 다만 유성룡에서 연원하는 이 학통은 김성일을 잇는 학통보다 적통을 내세우면서 도통을 자임하는 모습이 덜한 가운데 이황의 학설에 대해서도 조금 유연한 태도를 가지고 있었기 때문에 이황과 다소 다른 학설이 제기되어도 받아들여질 수 있는 여지가 조금 더 있었다. 이러한 가운데 이진상의 성리설 가운데서도 '사칠리발설'의 연원이 이원조와 정종로로 해서 정경세에게까지 거슬러 올라가 볼 수

있게 하는 점이 있다.[32]

이 '사칠리발설'에서 문제의 핵심은 사단뿐만 아니라 칠정도 리발이라는 것이다. 그런데 영남학계에 큰 파문을 일으켰던 이진상의 '심즉리설'도 그 핵심은 '칠정리발설七情理發說'로, 당시 이황을 묵수한 계열에서 그의 '심즉리설'을 비판할 때 가장 문제로 삼은 것이 바로 이 '칠정리발설'이었다. 곧 이황의 후손으로 당시 도산서원을 대표하였던 이만각李晩慤(호 愼菴)이 '칠정리발설'을 이단사설異端邪說로 간주하여 "주자가 이러한 설을 주장하였다면 주자도 실성한 사람일 것이며, 공자가 이러한 주장을 하였다면 공자도 혼미한 사람일 것이라"[33]고 하면서 거칠게 비판하였다.[34]

그런데 이진상이 주장한 '칠정리발설'의 연원은 바로 정경세에게 있으며, 다시 그것은 정종로와 이원조를 거쳐 내려왔다. 먼저 정경세는 다음과 말하고 있다.

> 적이 생각건대 사람의 한 마음(心)에는 온갖 리理가 갖추어져 있으니, 인仁・의義・예禮・지智는 그 중에서 큰 것들일 뿐이다. 주자의 「소학제사小學題辭」 중 '강綱'이라는 한 자에서 더욱 잘 알 수 있다. 기쁨(喜)의 리가 마

[32] 이진상의 문집 발간 후 道南書院 通文에서 그의 '심즉리설'과 '리발일도설'은 물론 '사칠리발설'에 대해서도 비판을 해 오자, 이승희는 「道南通文條辨」에서 '사칠리발설'은 이상정과 정종로의 가르침을 잇고 주희와 이황의 뜻에 합하기를 구한 것이라고 말하였다.
[33] 許愈, 『后山集』(后山書堂, 1999), 1冊, 卷4, 「與崔聖可」.
[34] 이상하, 「한국 성리학 칠정리발설의 계보 상에서의 응와 이원조」, 『응와 이원조의 삶과 학문』, 197쪽 참조. 이하 칠정리발설 논의는 이상하의 상기 논문 참조.

음속에 있기 때문에 발하여 기쁨이 되고, 노여움(怒)의 리가 마음속에 있기 때문에 발하여 노여움이 되는 것이니, 그 리가 없다면 어떻게 발하겠는가? 리가 본本이 되고 기가 용用이 되는 것이 천지음양 조화의 묘함이니, 칠정인들 어찌 유독 그렇지 않으리오? 주자가 '(사단은) 리가 발한 것이고, (칠정은) 기가 발한 것이라'(理之發·氣之發)고 말한 것이 단지 각각 그 주된 바를 가지고 말한 것일 뿐이지, 사단에는 기가 없고 칠정에는 리가 없다는 말이 아니다.…… 이런 까닭에 이퇴계 선생께서 처음에는 '(사단은 리가 발하매) 기가 거기에 따른 것이고, (칠정은 기가 발하매) 리가 거기에 탄 것이라'(氣隨理乘)는 설을 내었다가 끝내는 "차라리 주자의 본설을 쓰는 편이 병통이 없어서 낫겠다"라고 하였다.…… 성인은 한결같이 본성이 맑고 맑아 순전히 천리이므로 그 칠정이 발하는 것도 순전히 천리이니, 맹자의 기뻐함과 문왕의 노여워함이 어찌 리에서 발하지 않았겠는가? 성인에서 한 등급 내려오면 그렇지 못하다.³⁵

정경세는 주희의 '리지발理之發·기지발氣之發' 설이나 이황의 '기수리승氣隨理乘'의 설이 모두 주된 바를 말한 것이지 사단에는 기가 없고 칠정에는 리가 없다는 말이 아니라면서, 맹자와 문왕의 기뻐함과 노여워함에서 볼 수 있듯 그것은 모두 기뻐함과 노여워함의 리가 있어서 그것이 발하여 나타난 것이요, 그러므로 칠정은 리발이라고 말한 것이다. 그의 이러한 생각은 그대로 6세손 정종로에게로 이어진다.

내가 언제 일찍이 칠정을 순전히 리에서 발하고 기에서 발하지 않는다고

---

35 鄭經世,『愚伏集』, 卷11,「答曺汝益」, 204쪽.

하였는가? 대개 칠정은 형기形氣로부터 발하는 것도 있고 성명性命으로부터 발하는 것도 있으니, 진실로 성명으로부터 발했다면 이는 사단과 다름 없다. 따라서 비록 리에서 발한다고 말해도 무방하다. 그렇지 않다면 퇴계 선생께서「심통성정중도心統性情中圖」에서 본연지성本然之性이 기와 섞이지 않은 것임을 밝히면서 어찌하여 칠정을 사단의 좌우에 배치했겠으며, 나의 선조가 이재頤齋(曺汝益)에게 보낸 서찰에서 또 어찌하여 "맹자의 기뻐함과 문왕의 노여워함이 어찌 리에서 발하지 않았겠는가"라 했겠는가?[36]

주자학에서는 마음에 형기의 사사로운 데로부터 생겨난 마음과 성명의 올바른 데로부터 생겨난 마음 둘이 있는데, 이를 각각 인심과 도심이라 불렀다. 정종로는 칠정도 마찬가지로 형기의 사사로운 데로부터 생겨난 칠정과 성명의 올바른 데로부터 생겨난 칠정 둘이 있는데, 후자의 칠정은 사단과 다를 바 없으므로 리에서 발했다고 해도 무방하다고 말하였다. 여기에 그는 이황과 선조 정경세를 끌어온다. 정종로는 거듭 칠정리발설은 결코 자신이 새롭게 지어낸 설이 아니라 이황이 밝혔던 바라고 하면서 그의「심통성정중도」를 거론하고 있다.

칠정 역시 리발이 있다는 설이, 내가 어찌 감히 새로운 설을 창립한 것이겠는가! 대개 우리 퇴계 선생이「심통성정중도」에서 이미 명백히 밝혀 놓은 것이다. 그 책에서 본연의 성 아래에 곧바로 (칠정을) 사단과 합하여 써 놓았으며, 또한 설을 지어서 그것이 리가 발한 것이라고 밝힌 것이 해와 별처럼 분명할 따름이다. 그런데 세상의 학자들을 보면, 무슨 까닭으로

---

[36] 鄭宗魯,『立齋集』, 卷17,「答柳敬甫別紙」, 288쪽.

이 중도中圖는 젖혀둔 채 깊이 살펴보지 않고서 매양 하도下圖의 기질을 겸하여 말한 것에만 나아가 칠정을 오로지 기가 발한 것으로만 보고 도리어 리발의 설을 의심한단 말인가?[37]

일찍이 정종로의 문하에 나아간 이원조는 스승의 설을 이어받아 사단과 칠정은 모두 리발이라 할 수도 있고 기발이라 할 수도 있다고 말하면서 이황의 「심통성정도」를 끌어오고 있다.

무릇 리와 기는 '서로 떨어질 수 없으면서'(不相離) 또한 '서로 뒤섞일 수도 없으며'(不相雜), 한 사물이 아니면서 또한 두 사물도 아니어서 있으면 같이 있고 발하면 같이 발한다. 따라서 사단과 칠정을 막론하고 리발이라 말할 수도 있고 기발이라 말할 수도 있다.[38]

이원조는 이 말에 뒤이어 이황의 「심통성정도」 중도와 하도에 이미 이러한 뜻이 있으며, 『입재집立齋集』의 「심성리기설心性理氣說」에서 이에 대해 자세히 설명해 놓았다고 밝히고 있다. 위에서 이원조는 이황이 사단과 칠정을 주된 바에 따라 리발기수理發氣隨와 기발리승氣發理乘이라 한 것을 약간 허물면서 "사단과 칠정을 막론하고 리발이라 말할 수도 있고 기발이라 말할 수도 있다"고 말하였다. 그리고 이것을 「심통성정도」의 중도와 하도에다 연결시키고 있다. 이렇게 하면 칠정

---

[37] 鄭宗魯, 『立齋集』, 卷12, 「答金公穆」, 208쪽.
[38] 李源祚, 『凝窩全集』 1, 卷12, 「批震姪所著諸說・四七理氣辨後」, 224쪽.

을 리발이라고 말하여도 무방할 수 있게 된다. 여기에서도 그의 성리설 전반에 나타나는 '섞어서 보는 관점'(渾淪看)과 '나눠서 보는 관점'(分開看)이 적용되고 있는데, 곧 혼륜간에 따라 칠정의 선일변善一邊만을 가리켜 말하면 칠정리발설이 가능하게 된다는 것이다.

이진상은 이 칠정리발설이 정종로가 늦게 이상정의 문하에 나아가서 전해 받은 것으로, "백세가 지나 성현이 다시 출현해도 의혹을 제기하지 않을 것이며, 우리 학파가 서로 전해 온 종지가 본래 이와 같은 것이다"[39]고 단언하면서 확신에 찬 모습으로 자신의 칠정리발설을 전개해 나갔다. 그런데 그의 칠정리발설은 숙부 이원조의 그것과 자못 다른 점이 있다. 이원조가 칠정 가운데 선일변만을 가리켜 칠정리발을 말하였다면, 그는 리발이 바로 정의 본연이라고 보았다. 이렇듯 그는 정경세에서 정종로, 이원조로 전해 내려온 칠정리발설을 '우리 학파가 서로 전해 온 종지가 본래 이와 같은 것'이라고 확신하며 이어 받으면서도 여기에다 자신의 견해를 더했던 것이다. 그러나 그것은 사실상 숙부 이원조에게서조차 동의를 받지 못하였다.[40] 이뿐만이 아니다. 그의 나머지 '심즉리설'이나 '리발일도설'도 역시 숙부이자 스승인

---

[39] 『寒洲全書』 1, 卷9, 「答李謹休」 참조.
[40] 이원조가 62세 때 이진상이 '사칠리기변'을 그에게 질정하자, 이것은 이황 이래 정경세·이상정·정종로 선생이 이미 충분히 설파하였으므로, "다시 논변하여 옥상옥이라는 비난을 받을 필요가 없다. 더욱이 심신에 유익함이 없고 다만 언어에만 힘을 쏟아 배우는 자가 크게 조심할 바를 범하고 있으니 마땅히 깊이 경계해야 한다"고 말하였다.(이세동, 「응와 이원조 선생의 삶과 사람됨」, 『응와 이원조의 삶과 학문』, 57쪽 재인용)

이원조로부터 선뜻 동의를 받지 못하였다.[41]

여기에서 우리는 일단 이진상이 이원조를 통해 정종로의 학통을 계승하였다는 것과 학문적 계승으로 볼 때 그것이 김성일, 이현일, 이상정, 유치명으로 내려온 것보다 유성룡, 정경세로 내려온 것을 잇고 있으며, 그와 이원조 간에도 조금의 단층이 있음을 확인할 수 있었다.

4) 퇴계학의 '적극적' 계승과 한주학

이진상의 '한주학寒洲學'은 그 계승적 측면보다 독창적 측면에서 진면목이 있다. 그리고 바로 그러한 점 때문에 그가 조선의 6대 유학자[42]로 거론되었던 것이다. 앞에서 살펴본 바와 같이 그에게 학맥 연원이 없었던 것은 아니다. 특히 숙부 이원조와의 관계는 스승 그 이상의 관계였다고 볼 수 있다. 그에게 성리학 연구를 권려한 사람이 숙부였으며, 그에게 충고와 총애로 인격적 성장을 도운 이도 숙부였으며, 나름의 견해를 내놓으면 누구보다도 진지하게 성심으로 대한 자가 바로 숙부였다. 사람들은 그에게 뚜렷한 스승이 없었다고 말하기도 하고, 그 스스로도 자신은 뚜렷한 사승이 없다고 말한 적이 있다.[43] 하지만

---

[41] 이상하, 「한국 성리학 칠정리발설의 계보 상에서의 응와 이원조」, 『응와 이원조의 삶과 학문』, 207~216쪽 참조.
[42] 현상윤은 그의 『조선유학사』(현음사, 1982)에서 조선 성리학의 6大家를 거론하면서 徐敬德과 李滉, 李珥, 任聖周, 奇正鎭과 더불어 李震相을 들었다.
[43] 『寒洲全書』 1, 卷7, 「答沈穉文」.

이 말은 숙부를 제외하고서 한 말임에 의심의 여지가 없다. 그는 진정으로 숙부를 존경하고 따랐다. 하지만 학문적 견해에 있어서는 적지 않은 차이가 있었는데, 중요한 내용들에서는 끝내 숙부의 견해를 따르지 않았다. 바로 여기에서 그만의 독창적인 '한주학'이 나오게 된 것이다. 그렇다고 해도 그의 학은 '퇴계학'에 깊게 뿌리를 두고 있다. 동시에 그의 '한주학'은 겉으로 볼 때 퇴계 이황의 학설과 사뭇 다른 점이 많음을 부인할 수 없다. 이 때문에 우리는 한주학이 퇴계학을 '적극적'으로 계승한 것이라고 말하는 것이다. 이를 좀 수사적으로 표현하면, 퇴계학보다 더 퇴계학적인 것이 바로 한주학이라는 것이다.

이러한 이진상의 독창적 성리설은 그의 자득적 경학 태도와 관련이 있다. 이영호는 이진상의 『논어차의論語箚義』에 대한 연구를 통해 그의 경학 태도를 분석하면서 "한주의 주자주朱子註에 대한 독법을 살펴보면, 내용면에서는 주자주에 대하여 상세하게 풀이하고 주석의 작법에 있어서는 주자주를 종횡으로 원용하고 있다.…… 그런데 한주의 주자주에 대한 독법은 조선조 주자학파의 일반적 독법과 약간의 차이가 있는데, 소주에 대하여 무관심하며 주자주에 대한 활간活看의 독법을 견지하고 있다는 점을 그 특징으로 들 수 있다"[44]고 말한 뒤 다음과 같이 결론짓고 있다.

---

[44] 이영호, 「한주의 경학―한주 경학의 특징과 경학사적 위상」, 『한주 이진상 연구』, 118쪽.

한주의 주석 태도는 경문을 해석할 때, 자신이 확립한 정견(주리적 사상)에 의거하여 주석을 달기 때문에 객관적이기보다는 주관적이라 할 수 있다. 그리고 이러한 주관적 접근이 심한 경우, 자신이 확립한 사상에 맞지 않는 경문에 대해서는 의심의 단계를 넘어서 부정하는 발언까지 하였다. 이런 관점에서 보면 한주가 경전을 주석할 때 중시한 것은 어쩌면 경문의 본의가 아니라 자신이 확립한 정견이었는지도 모른다.[45]

우리가 위의 말을 어디까지 받아들여야 할지 이론의 여지는 있을 수 있지만, 이진상이 경전을 대하면서 주소注疏에 얽매이지 않으며 활간을 중시함으로써 자득적 측면이 많았던 것은 분명한 듯하다. 『주역』의 경우이기는 하지만 다음에서도 그의 비슷한 경학 태도를 읽을 수 있다.

> 부군이 말씀하기를, "나는 일생 동안 사서四書를 읽어도 부족한 바가 있다. 육경六經의 경우는 이미 대략 보았는데, 『주역』에 있어서는 만년의 정력을 모두 여기에 쏟았다. 제가諸家의 설들은 단지 참고했을 뿐이니, 송유宋儒의 설이라도 성인의 경전의 주각註脚일 뿐이며 그 후세의 설들은 주각의 주각일 뿐이다" 하였다.[46]

이러한 경학적 태도는 그대로 그의 독창적 학설로 이어졌으며, 또한 많은 비판을 받을 수 있는 빌미가 되기도 하였다. 이처럼 그는 선

---

[45] 이영호, 「한주의 경학―한주 경학의 특징과 경학사적 위상」, 『한주 이진상 연구』, 129쪽.
[46] 『寒洲全書』 1, 附錄, 卷2, 「行錄」 참조.

현들의 견해에 그다지 얽매이지 않은 채 활간을 중시하는 자득적 경학의 태도를 가졌지만, 그가 자신의 설을 세워 나가는 과정이 그리 쉬웠던 것은 아니었다.

> 부군은 일찍이 말씀하시기를 "나의 일생의 정력을 『주자어류朱子語類』 한 곳에다 쏟았다"고 하셨다. 이 책은 주자의 문인들이 때와 장소에 따라 기록한 것인데, 주자의 도에 나아감과 학설을 세운 것이 초년·중년·만년의 차이가 있고 기록한 사람에 따라 바름과 틀림, 상세함과 소략함의 차이가 있으므로 자체로 모순이 되는 것이 많고 게다가 혹 정론定論은 적고 미정未定인 설이 많은 경우도 있다. 부군은 이 책을 끝까지 통독하고 의심스러운 곳들을 차록箚錄하고, 『사서집주四書集註』와 『주자대전朱子大全』과 비교 검토하여 학설의 이동異同의 귀결을 궁구하였다. 서로 어긋난 학설은 문인이 선생의 말씀을 들은 세월의 선후로써 판단, 어떤 학설을 따르고 버리는 것에 모두 분명한 근거가 있었다. 그리하여 무려 11년이 지나서야 저술을 완성하였고 또 12년에 걸쳐 거듭 교감하였다. 그런 뒤에 주자의 깊고 은미한 뜻이 환히 드러나 볼 수 있게 되었고, 부군의 평생의 리학 또한 이 책을 따라서 이루어졌으니, 아아, 정말 정밀하고 지극하도다![47]

이진상이 11년의 시간을 들여 저술하고, 다시 12년의 교감을 거쳐 나온 책이 바로 『주자어류차의朱子語類箚義』이다. 단순히 시간의 길이만으로 이 책의 중요성을 말할 수는 없을 것이다. 그는 주자학 관련 3대 저술을 비교하고 검토한 이후에 주희의 학설이 초년과 중년, 만년

---

[47] 『寒洲全書』 1, 附錄, 卷2, 「行錄」 참조.

간에 차이가 있음을 알았고, 이를 바탕으로 주자설의 정론을 확정한 후 그 위에서 자신의 학설을 펼쳐 나갔던 것이다. 그의 주자학에 대한 활간과 자득은 이러한 지난한 공부 위에 가능했던 것이며, 이러한 공부가 있었기 때문에 송대 이후 제현과 제가들의 견해에 그렇게 얽매이지 않을 수 있었던 것이다. 그가 30세 때 서재에다 내건 '조운헌도재祖雲憲陶齋'의 '조운', 곧 '운곡(주희)을 조술한다'는 말이 실행으로 구체화된 것이 바로 『주자어류차의』가 아닌가라는 생각마저 든다. 그리고 그가 '헌도', 곧 '도산(이황)을 헌장한 것'도 이러한 '조운'의 바탕 위에서 이루어졌음은 두말할 나위가 없다. 이것을 그의 아들 이승희는 다음과 같이 낱낱이 열거하여 적시하였다.

> 부군은 심즉리心卽理를 논할 때에는 주자의 "심이란 천리가 사람에게 있는 온전한 체體이다"라는 설에 근거하였고, 지각 역시 리를 위주로 말한 것임을 말할 때는 주자의 "지각은 지智의 일이다"라는 설에 근거하였으며, 사단과 칠정이 모두 리발임을 논할 때는 주자의 「「악기樂記」의 칠정은 곧 리가 발한 것이다"라는 설 및 이자李子(이황)의 「심통성정중도心統性情中圖」의 "본성이 발한 것이다"라는 설에 근거하였다. 달도達道가 리발임을 논할 때는 기고봉奇高峯(기대승)의 "달도는 리에서 발하는 것이니 기발이라 할 수 없다"고 한 설이 이자께 인정을 받은 것에 근거하였고, 명덕明德이 리만을 가리킨 것임을 논할 때는 주자의 "천리가 사람에게 있는 전체이다"라는 설에 근거하였으며, 태극의 동정動靜을 논할 때는 주자의 "태극이 스스로 동정하니, 기와 무슨 상관이 있겠는가"라는 설에 근거하였다. 『중용』의 귀신 역시 실리實理를 가리킨 것임을 논할 때는 주자의 '리의 실질'이라는 설에 근거하였고, 연어鳶魚[48]도 리발을 위주한 것임을 논할 때는 이자의 "기 중

에 나아가 리를 가리켜 낸 것이다"라는 설에 근거하였다. 부군의 일생에 걸친 주리主理의 뜻은 곳곳마다 환히 알아 모든 설에서 핵심이 되는 곳을 쪼개어 분명히 밝히셨으며, 또한 한마디도 주이朱李의 본지에 근거하지 않은 것이 없었다.⁴⁹

이승희는 아버지 이진상의 성리설이 하나같이 주희와 이황의 학설에 근거해서 주장된 것임을 말하고 있다. 이진상도 주희와 이황의 영역 밖을 벗어나려 든 적이 없었으며, 실제로 그의 학설이 그 영역을 벗어나지도 않았다. 하지만 그뿐만 아니라 누구도 주희와 이황의 학설에 대한 독점적 해석의 권한은 없었다. 바로 이 때문에 이진상의 해석 관점도 어디까지나 하나의 해석 관점에 지나지 않으며, 얼마든지 달리 해석하는 자가 있을 수 있다. 다만 그의 해석이 돋보였고, 이에 따라 많은 비판자가 등장하였던 것이다.

앞에서 말한 대로 그의 성리설은 숙부이자 스승인 이원조에게서도 그렇게 동의를 받지 못하였으며, 사돈간이었던 허훈許薰이나 평생 도우로 지냈던 장복추張福樞로부터도 동의를 받지 못하였다. 여타 영남 지역의 학자들로부터는 말할 것도 없다. 오히려 기호의 화서華西(李恒老) 학파나 노사蘆沙(奇正鎭) 학파의 후예들로부터 일부 지지를 받았다. 영남 지방에서 그의 학설을 따른 이들은 그의 문하 제자들뿐이었다.

---

48 『中庸』에서 "『詩經』에서 '솔개가 하늘 높이 날고, 물고기는 못에서 뛴다'고 하였으니, 上下에 이치가 밝게 드러남을 말한 것이다"고 한 것을 가리킨다.
49 『寒洲全書』1, 附錄, 卷2, 「行錄」 참조.

그렇지만 이진상은 끝까지 이황을 잇는다고 생각하였고, 또한 그의 학설이 퇴계설을 준봉하고 있었으므로, 우리는 그가 이황을 사숙私淑한 것으로 보기도 하는 것이다. 결국 이원조와 이진상 간의 학문적 단층을 좀 강조하여 보면 이진상은 이황의 사숙제자가 되는 셈이다.

3. 사회 활동

이진상은 평생을 포의 선비로 지냈다. 이에 그는 "사도斯道를 높이고 이단을 물리치는 일이 아니면 포의의 선비가 말해서는 안 된다"[50]고 생각하여 당시 여러 사회 문제들에 대해 적극적으로 참여하지 않은 측면이 있었다. 여기에다 성리학 대가로서의 모습이 부각되면서 더욱 그의 사회 활동 모습은 가려지게 되었다. 그런데 사실은 꼭 그렇지는 않다. 우선 그의 성리학 연구 자체가 이단사설을 물리치고 정학正學을 세우겠다는 충정에서 나온 것이고, 결과적으로 이것은 현실의 적극적인 대응논리의 역할을 하였으며, 그의 후예들은 스승의 학설을 지켜나가면서 누구보다도 활발히 현실 문제에 참여하였다. 뿐만 아니라 그 자신도 당시 현실을 직시하고서 직접 뛰어든 경우가 적지 않았다. 특히 그는 서원 복설復設 상소와 '영남만인소嶺南萬人疏'에 적극적으로 참여하였다. 당연히 그는 이러한 활동이 '사도를 높이고 이단을 물

---

[50] 『寒洲全書』 1, 附錄, 卷2, 「行錄」.

리치는 일'이라고 생각하였던 것이다. 먼저 당시 시대적 상황을 살펴본 뒤 연대에 따라 그의 사회 활동을 정리해 보기로 한다.

1) 시대 상황

이진상이 살았던 19세기 중·후엽은 개항(1876)을 전후한 시기로 서세동점의 상황 아래 그야말로 내우외환에 시달리던 시기였다. 1840년 중국에 이어 1854년 일본이 외압에 의해 개항을 하고, 조선도 프랑스와 미국 군함이 출몰하여 개항을 요구하는 상황을 맞게 되자 당시 집정자이던 대원군은 강력한 쇄국정책을 시행하여 강화도에서 1866년 조불전쟁朝佛戰爭(일명 丙寅洋擾)과 1871년 조미전쟁朝美戰爭(일명 辛未洋擾)이 일어났다. 대원군은 이렇게 대외적으로 쇄국정책을 시행하는 한편 대내적으로는 안동김씨 등의 세도정치를 막으면서 그 동안 정치적으로 내몰려있던 남인과 소론 출신들을 고루 등용하고, 중앙집권을 강화하기 위해 재야 세력의 근거지였던 서원을 전국에 47개만 남겨 놓고 훼철해 버렸다. 하지만 대원군을 실각시키고 권력을 장악한 민씨閔氏 척족戚族 세력들은 1876년 일본의 침략을 막아내지 못한 채 서둘러 개항을 하고 말았다.

서슬이 퍼렇던 대원군의 쇄국정책 시기에는 미처 개항론이 고개를 쳐들지 못하였으나 정치 상황이 변화하자 개항에 적극적인 세력이 등장하였고, 이들이 이후 개화정책을 주도해 나가게 되었다. 이에 맞서 개항과 개항확대에 반대하면서 전개된 척사위정운동斥邪衛正運動은 크게 3시기로 나누어 전개되었다. 조불전쟁과 조미전쟁을 거치는 대원군의 쇄국정책 시기, 정권이 고종으로 넘어간 뒤 1876년 개항을 전후한 시기, 그리고 1880년 김홍집金弘集이 제2차 수신사修信使로 일본을 다녀오면서 청나라의 주일駐日 참찬관參贊官 황준헌黃遵憲의 「사의조선책략私擬朝鮮策略」을 가져온 뒤 유생들의 전국적인 저항이 일어나자 1881년 고종이 '척사윤음斥邪綸音'을 내리게 되기까지가 바로 그것이다. 1차와 2차 척사위정운동은 기호지방의 화서華西 이항로李恒老와 노사蘆沙 기정진奇正鎭 학파가 주도하였는데, 그들은 율곡학통을 이은 재야 기호노론 세력이 주축이었다. 1차 척사위정운동이 대원군의 쇄국정책을 지지하는 가운데 전개된 것이라면, 2차 척사위정운동은 정부 정책에 반대한 것으로 일본은 전통적인 교린交隣의 대상이란 정부의 논리에 지금의 일본은 더 이상 이전의 일본이 아니라는 '왜양일체론倭洋一體論'으로 맞섰다. 3차 척사위정운동은 개항의 대상 나라를 확대하려는 정부의 시책에 맞선 것으로 영남 유생들이 앞장서고 기호 유생들이 이에 동참하는 양상을 띠었다.[51]

이렇게 영남 유생들은 1881년에 이르러서야 비로소 영남만인소를 통해 척사위정운동에 본격적으로 뛰어들었다. 그렇지만 그들에게 척사의식이 없었던 것은 아니었다. 그들은 기호 노론과는 다른 근기近畿 남인 성호 우파 계통의 척사사상을 계승하고 있었다.[52] 일찍이 1839년

---

[51] 홍원식, 「주자학적 세계관의 선택―척사위정파의 사상과 운동」, 『시대와 철학』 제10호, 22~26쪽 참조.
[52] 권오영, 『조선 후기 유림의 사상과 활동』, 355~359쪽 참조.

이원조李源祚가 군자감정軍資監正으로 있을 무렵 성균관에 있는 인사들의 발의에 의해 영남에 천주교의 전파를 막는 내용의 척사통문을 각 향교와 서원에 보낸 적이 있으며,[53] 1866년 조불전쟁 시기에는 서울에서 강진규姜晉奎가 천주교에 물들지 말 것을 강조하는 척사통문을,[54] 그리고 대원군의 최측근으로 있던 좌의정 유후조柳厚祚는 영남 출신 신석호申錫祜·허원식許元栻 등과 함께 조불전쟁에 수요되는 군수 조달을 위한 통유문通諭文을 영남 지방에 보내기도 했다.[55] 이렇게 당시 척사운동은 주로 서울에서 관료 생활을 하고 있던 인사들이 영남 지방에 통문을 보내는 방식으로 전개되었다. 한편 영남 지방에서도 박치복朴致馥[56]·이휘준李彙濬[57]·이종상李鍾祥[58]·정종현鄭宗鉉[59] 등이 척사통문을 지어 돌렸다. 개항을 전후한 시기에도 영남 지방에서 척사론이 몇 번 일어났으나,[60] 다만 그 정도는 미미하였을 뿐이다.[61]

---

[53] 李源祚, 『凝窩文集』, 「年譜」, 5年 己亥 참조.

[54] 姜晉奎, 『櫟菴集』 別集, 補遺, 卷1, 「太學通嶺南文」 참조.

[55] 申錫祜, 『可軒文集』, 卷2, 「丙寅斥洋丙子斥倭後事實」과 「通道內各儒所文·丙寅洋擾時」 참조.

[56] 朴致馥, 『晚醒文集』, 卷9, 「斥邪文」 참조.

[57] 李彙濬, 『復齋文集』, 卷4, 「斥邪文」 참조.

[58] 李鍾祥, 『定軒文集』, 卷14, 「禁邪學布喩文」 참조.

[59] 『嶠南誌』, 卷10, 善山, 人物(武科) 참조. 『嶠南誌』 속에는 당시 영남 각 지역의 척사의식을 지녔던 인물들이 수록되어 있다.

[60] 李震相은 의거를 일으키기 위해 성주 지방 인사들과 모임을 가졌으나 조약이 맺어졌다는 소식을 듣고 그만두었다.(李震相, 『寒洲文集』, 附錄, 卷3, 「行狀」 참조) 그의 동생 李注相도 朝佛戰爭 시기에 斥邪詩를 지은 적이 있다.(『嶠南誌』, 卷13, 星州, 人物(文學) 참조) 그리고 大山 李象靖의 高孫이자 定齋 柳致明의

개항에 이르도록 영남 유생들의 주된 관심사는 서원의 청액請額과 서원 훼철에 대한 반대에 있었다.[62] 대원군은 서원을 '망국의 근본'[63]이라고 생각하여 1865년 만동묘萬東廟의 훼철을 시작으로, 1868년에는 전국적으로 미사액 서원에 대한 훼철을 마무리 짓고, 1871년에는 '문묘종향인文廟從享人'과 '충절대의지인忠節大義之人'을 배향하는 47개 곳을 제외한 모든 원사院祠를 훼철하였다. 그는 자신의 선조 인평대군의 서원도 훼철시켰다. 그 결과 안동 지역에는 이황을 모시는 도산서원과 유성룡을 모시는 병산서원屛山書院을 제외하고는 호계서원虎溪書院을 위시한 모든 서원이 훼철되었다. 사실 병산서원도 처음에는 훼철 대상에 포함되었다가 뒤에 빠지게 된 것이다.[64] 당시 경상도에는 사액 72곳, 미사액 639곳의 원사院祠가 있었다. 이렇게 대원군이 원사 훼철을 강행하자 원사를 중요한 세력 근거로 삼고 있던 향촌의 재야 유생들

高弟였던 李敦禹도 상소를 올린다.(李敦禹,『肯庵文集』, 卷2,「應旨陳三綱九目疏」참조)
- [61] 권오영,『조선 후기 유림의 사상과 활동』, 391~399쪽 참조.
- [62] 개항이 이루어진 다음해인 1877년 12월에도 李庭百・李敦禹・柳致厚・金鎭林 등 虎儒들은 聯名하여 虎溪書院 復設의 문제보다 더 큰 義理는 없다고 주장하면서 서울에서 상소운동을 벌인다. 朴周大,『羅巖隧錄』, 第2冊, 200~201쪽 참조. 나아가 1881년 척사운동이 본격화된 뒤인 1883년 12월까지도 權世淵 등이 중심이 된 虎儒들은 虎溪書院의 복설을 청하는 상소를 올린다.(『高宗實錄』, 高宗 20年 12月 11日 참조)
- [63] 朴周大,『羅巖隧錄』, 第1冊, 5쪽 참조.
- [64] 당시 左議政 柳厚祚는 훼철 대상이 된 未賜額에 자신의 先祖인 西厓 柳成龍의 屛山書院이 포함되어 大院君에게 분간해줄 것을 건의하였다가 심한 질책을 받는다.(柳厚祚,『洛坡先生文集』,「上大院君別紙」참조)

은 일제히 반대하고 나섰던 것이다.

한편 당시 대표적인 내우內憂로 진주(1862) 등 삼남 지방에서 일어난 민란을 들 수 있다. 거기에다 천주교가 영남 지방에까지 세력을 뻗쳐 오고, 최제우崔濟愚(호 水雲, 1824~1864)가 창도한 동학東學은 경주에서 삼남 지방을 거쳐 전국으로 퍼져 나가는 상황이었다.

2) 사회 활동과 영남만인소 참여

이진상이 사회 문제에 관심을 가지고 처음으로 참여한 것은 40세(丁巳年, 1857) 때로, 중국 국내에 큰 난리가 일어나 함풍제咸豊帝가 심양瀋陽으로 피난가게 되었다는 소식을 접하고 이참에 중국에 대한 사대事大의 예를 없애자는 상소를 지었으나 중국 상황이 진정되어 그만두었던 일이 그것이다. 그는 당시 여느 주자학자들처럼 존화양이尊華攘夷의 대의에 따라 이러한 주장을 폈다고 볼 수 있다.

1862년(壬戌年, 45세) 진주 지방을 위시한 삼남 지방 각지에서 민란이 일어나자 그가 살던 마을에까지도 화가 미치게 되었다.[65] 당시 상황을 「행록」에서는 다음과 같이 적고 있다.

임술년에 고을의 백성들이 관리를 원망하여 무리를 지어 소요를 일으키며

---

[65] 辛巳年(1881)에도 성주 지방에 민란이 일어나 화가 이진상의 집에까지 미쳤다. (『寒洲全書』 1, 附錄, 卷2, 「行錄」 참조)

정헌공定憲公(이원조)께 고을의 폐단을 바로잡아 줄 것을 청하였다. 그리하여 백성 수만 명이 밤중에 동네에 들어오니 정헌공은 동네 밖에 나가 있으며 부군에게 명하여 집을 지키게 하였다. 완악한 자들이 집으로 몰려와 소리치며 정헌공을 찾으니 집안사람들은 모두 도망쳐 숨었다. 그러나 부군은 촛불을 밝히고 단정히 위좌危坐를 하고 앉아 동요하지 않았다. 집 안채 가까이로 들어오는 사람들이 있자 부군은 느릿한 음성으로 그 중 우두머리가 되는 사람에게 타이르기를 "공 등은 폐단을 바로잡으려 하면서 이처럼 체례體禮를 모르시오?"라 하였다. 이에 완악한 백성들이 물러가고 끝내 감히 함부로 움직이지 못하였다.[66]

이렇게 전국이 삼정의 문란으로 들끓게 되자 조정에서는 삼정이정청三政釐整廳을 설치하고 삼정의 폐단을 구제할 방도를 묻는 윤음을 초야에까지 내리게 되며, 이진상은 교지를 받들어 「응지대삼정책應旨對三政策」을 지었으나 올리지는 않았다. 하지만 그는 이후 계속 잠심숙고하는 가운데 옛 제도를 참작하고 당시 현실에 적용할 수 있는 방안을 마련하여, 마침내 4년 뒤인 1866년(丙寅年, 49세)에 『묘충록畝忠錄』을 저술하였다. 그는 이것을 국왕에게 올리려 들었다 그만두었다.

1871년(辛未年, 54세) 나라에서 전국에 47개의 서원만 남겨 두고 모두 철폐령을 내렸다. 이때 학봉鶴峯 김성일金誠一을 주향하는 호계서원虎溪書院도 철폐령이 내려지자, 이진상은 정민병鄭民秉을 소수疏首로 한 호계서원 복설 만인소에 공사원公事員으로 참가하였다. 상소 도중 장

---

[66] 『寒洲全書』 1, 附錄, 卷2, 「行錄」.

의掌議 권승하權承夏가 상소를 그만둔 채 귀향하고 장의掌議 이민직李敏稷과 소색疏色 김도화金道和도 이에 동조하자, 이진상은 손으로 자신의 정수리를 잡고서 "모름지기 이 지경에 이른 연후에야 물러가겠다"라며 단호한 의지를 보였다. 이에 소수인 정민병이 자신의 뜻도 그렇다면서 칭찬을 하였다.[67] 「행록」에도 당시 모습을 소상히 적고 있다.

> 신미년에 복설사원소復說祠院疏를 올리는 일행으로 한양에 가서 경저京邸에 머무는데 대원군이 군병을 시켜 관사를 포위하고 사람들을 강제로 끌어내게 하였다. 정탐한 자가 보고 부군이 그 중에서도 뜻이 더욱 확고한 사람이라 여겨 맨 먼저 부군을 붙잡아 끌어내었다. 그러나 부군의 안색이 시종 동요하지 않는 것을 보고 말하기를 "우리들이 이제야 비로소 참된 선비를 보았으니 삼가 잘 모셔라" 하고 한강가에 이르러 부군을 보낼 때에는 나열하여 절하였다.[68]

1873년(癸酉年, 56세) 이진상은 현풍 도동서원道東書院(金宏弼 주향)에 가서 문목공文穆公 정구鄭逑(호 寒岡)의 문묘 배향을 청하는 상소의 일을 의논하였다. 정구는 김굉필의 외증손으로 도동서원에 배향되어 있고, 동향의 대표적인 선현이자 가학 연원이 닿았기 때문에 이진상은 도동서원으로 가 앞장서 이 일을 맡았다. 하지만 일은 성사되지 않았다.

1876년(丙子年, 59세) 2월 이진상은 일본의 운양호가 한강 깊숙이 들

---

67 鄭直愚,『疏行日錄』(계명대학교 도서관) 참조.(권오영,『조선 후기 유림의 사상과 활동』, 370~372쪽 재인용)
68 『寒洲全書』 1, 附錄, 卷2, 「行錄」.

어와 충돌을 빚고 개국 통상을 요구하는 사건이 일어나 조야가 놀라 들끓자 성주 고을 일대의 사우士友들을 모아 적을 토벌하려는 계획을 세웠으나 화의和議가 이루어져 버려 그만두었다. 당시에 최익현 등 화서학파가 중심이 된 기호 유림들은 적극적으로 개항 반대운동에 나섰으나 영남 지방에서는 이진상의 거의擧義를 포함하여 몇몇에 지나지 않았다.

1880년(庚辰年, 63세)과 1881년(辛巳年, 64세)에 걸쳐 이진상은 영남만인소에 적극적으로 참가하였다. 영남만인소는 앞에서 말한 대로 제2차 수신사로 김홍집이 일본을 다녀오면서 청나라 주일 참찬관 황준헌의 「사의조선책략」을 가져온 게 발단이 되었다. 그 주요 내용을 보면, 러시아의 남하정책을 막기 위해서는 '친중국親中國'·'결일본結日本'·'연미국聯美國' 할 필요가 있다는 것과 주공周公·공자의 도道보다 예수교(耶蘇敎)가 더 훌륭하다는 것, 그리고 서양 학문에 힘써 재화를 모으고 농·공업을 발전시켜야 한다는 것이었다. 재야 유림들이 이 가운데서도 특히 두 번째의 예수교가 주공·공자의 유교보다 더 훌륭하다는 말에 분노하게 되면서, 척사위정운동은 비로소 전국적으로 확대되어 나갔고, 영남 유림들도 이때 앞장서 참가하게 되었다.

영남만인소는 1880년 11월 도산서원에서 척사통문을 발송하면서 시작되어 이황의 후손이자 1855년 장헌세자 전례 상소 때 소수로 활동했던 이휘병李彙炳의 아들인 이만손李晩孫이 소수로 추대되고, 호유虎儒와 함께 유도성柳道性과 같은 병유屛儒[69]도 참여하게 됨으로써 비로소 영남 좌도의 유림이 하나로 뭉치게 되었다. 그리고 이진상 등 영남 우도의 유림들도 합류하여 영남 좌·우도의 소유들은 만인소의 도회소道會所인 상주의 산양山陽 장터에서 모임을 가진 뒤 제출된 여러 소초疏草 가운데 전 예조참판 강진규姜晉奎의 척사소를 채택하였다. 소수 이만손 등이 상경하여 상소운동을 벌인 결과 2월 26일 비로소 왕은 "벽사위정闢邪衛正은 소유들의 말을 기다리지 않아도 행해야 할 것이고, 다른 나라 사람의 사의私擬 문자(「조선책략」)는 처음부터 깊이 궁구할 것도 못 되지만, 더구나 잘못 보아 구절을 뽑아 내었으며, 이를 구실 삼아 번거롭게 소를 올리는 것은 조정을 비방하는 것으로밖에 볼 수 없다"[70]는 비답批答을 내린다. 이에 소수인 이만손이 안동으로 내려가 버리자[71] 영남 유림들은 다시 김조영金祖永[72]·김석규金碩奎[73]·김진순金鎭淳[74]을 계속 소수로 내세워 2차, 3차, 4차 복합상소伏閤上疏를 전개하였다. 이 과정에서 전국 각지의 유생들이 동조하게 되며, 마침내 5월 15일 척사윤음斥邪綸音[75]이 발표되었다.[76]

---

[69] 영남만인소에 참가한 대표적인 屛儒로는 柳道性 이외에 柳道觀·柳善榮·柳道燮·柳道默, 그리고 柳疇睦의 제자인 金鼎奎·趙承基 등이 있다.

[70] 『高宗實錄』, 卷18, 高宗 18年 2月 26日.

[71] 승정원에 접수되지 않은 만인소의 草本이 뒤늦게 문제되어 그해 5월 李晩孫은 薪智島에, 姜晉奎는 鹿島에 유배된다.

[72] 2차 소수로 활동한 金祖永은 안동 출신으로 본관은 義城이며, 함경도 安邊府에 유배된다.

[73] 3차 소수로 활동한 金碩奎(1826~1883)는 영주 출신으로 본관은 宣城이며, 평안도 德川郡에 유배된다. 그는 文節公 金淡의 후손으로 柳致明의 문하에서 공부하였으며, 金興洛과 절친한 사이였다.

[74] 4차 소수로 활동한 金鎭淳(1827~1908)은 안동 출신으로 본관은 義城이다.

[75] 『高宗實錄』, 卷18, 高宗 18年 5月 15日 참조.

당시 이진상은 영남 우도 유림의 대표 자리에 앉아 영남만인소에 참가하였다. 그는 1880년 11월 도산서원의 척사통문이 돌자 곧바로 향내 송천松川에서 모임을 갖고 척사통문을 지어 띄웠으며,[77] 그 뒤 다시 황난선·송인호宋寅濩 등과 향내 선석암禪石菴(神光寺와 같은 곳)에 모여 척사소를 발의하고 척사통문을 지어 돌렸다.[78] 12월에는 개녕開寧에서 열린 도회都會에 참가하여 도청都廳이 되어 소청疏廳의 일을 주관하였다.[79] 이듬해 영남 좌·우도 유생들이 연합한 상주 산양에서 열린 도회道會에 그는 격려의 글과 함께 동생 이운상李雲相(호 澹窩)을 보내 소청의 일에 참가하도록 하였으며, 또한 아들 이승희에게도 척사소를 지어 도회에 참가하도록 하였다.[80] 그와 더불어 영남 우도 지역에서는 이규삼李奎三과 장복추張福樞·허훈許薰·이종기李種杞 등이 영남만인소에 대해 함께 논의하였다.[81] 산양 도회에서 최종적으로 선택된 것은 강진규의 「신사의소辛巳擬疏」[82]이지만, 그 밖에도 영주의 김석규金碩奎,[83] 의성의 김기선金驥善,[84] 그리고 영남 우도 지역의 이종기[85]·이승희[86]·송

[76] 권오영, 『조선 후기 유림의 사상과 활동』, 399～414쪽 참조.
[77] 『寒洲全書』 1, 附錄, 卷1, 「年譜」, 庚辰 11月 참조.
[78] 『寒洲全書』 1, 卷26, 「答李大衡」, 庚辰 참조.
[79] 『星山誌』, 卷3, 人物(儒望)과 『寒洲全書』 1, 附錄, 卷1, 「年譜」, 庚辰 12月 참조.
[80] 李震相, 같은 책, 卷28, 「抵山陽道會所」 참조.
[81] 『嶠南誌』, 卷18, 開寧, 人物(儒行) 참조.
[82] 姜晉奎, 『櫟菴集』, 別集, 卷1, 「辛巳擬疏」 참조.
[83] 金碩奎, 『恥庵文集』, 卷3, 「上斥邪疏」 참조.
[84] 金驥善, 『沂墅文集』, 卷2, 「擬斥邪疏」 참조.
[85] 李種杞, 『晩求文集』, 卷2, 「擬斥邪疏」 참조.

인호[87] 등 수십여 명이 소초疏草를 제출하였는데 그 내용은 대동소이 하였다.[88]

1884년(甲申年, 67세) 조정에서 개화정책의 일환으로 변복령變服令을 내려 소매가 좁은 옷을 입도록 하자 이진상은 심의深衣를 입고서 「의제론衣制論」을 지었다. 당시 상황을 「행록」에서는 다음과 같이 전하고 있다.

> 갑신년에 조정이 의제를 바꾸니, 부군은 평상시에는 치관緇冠을 쓰고 심의深衣를 입었으나 이 차림으로는 절대로 문밖에 나가지 않았고 조정의 금령이 조금 느슨해지자 그제야 외출하였다.[89]

아울러 만년에 이진상이 의제를 연구한 경위를 소상히 적고 있다.

> 부군은 개연히 옛날 삼대三代 때의 의관을 상상했다. 그래서 만년에는 여러 전적들에서 채집하여 참고하고 치관과 심의를 만들어 평상복으로 삼았는데 치관은 무武(관에 늘어뜨린 끈)를 이어서 달고 또 양쪽 가는 막아서 머리에 쓰기 편하게 하였다. 심의는 『주자가례朱子家禮』에 따라 액봉腋縫을 꿰맴으로써 고경古經(『儀記』를 가리킴)에 준거하고 신체에 알맞게 하였다. 그리하여 평상시에는 엄연한 모습이 마치 삼대의 인물을 보는 듯했다. 이윽고

---

86 李承熙, 『韓溪遺稿』, 卷1, 「請斥洋邪疏」 참조.
87 宋寅濩, 『遽觀聯芳集』, 卷6, 「斥邪疏」 참조.
88 권오영, 『조선 후기 유림의 사상과 활동』, 422~431쪽 참조.
89 『寒洲全書』 1, 附錄, 卷2, 「行錄」.

또 『예기』의 「심의」·「옥조玉藻」 등의 내용을 모아서 그에 따라 온 몸을 감싸서 아래로 내려오고 따로 아랫도리(裳)가 없는 옷, 즉 심의를 복원하였다. 이는 한당漢唐 이래 복원하지 못했던 심의를 다시 만든 것이었으나 부군은 감히 마음대로 판단할 수 없다고 하여 자신은 감히 옷을 지어 입지는 않았다. 다만 불초에게 심의를 입혀서 순후한 고대의 물색物色을 드러나게 했을 뿐이다.[90]

이상에서 볼 때 이진상의 사회 활동이 보기에 따라 활발하였을 수도 있고 그렇지 않을 수도 있다. 그렇지만 그가 사회 현실의 문제에 결코 관심이 없었던 것은 아니다. 그는 당세에 나아가 포부를 펼쳐볼 생각을 가졌으나, 평생 포의로 지내게 되자 포의 선비는 사도를 높이고 이단을 물리치는 일이 아니면 함부로 말하거나 나서서는 안 된다는 생각에 다소 소극적인 모습을 보였을 따름이다. 그의 이러한 사정을 아들 이승희는 안타까운 마음으로 다음과 같이 적고 있다.

부군은 일생 동안 당세에 나가 뜻을 펴려는 뜻을 지녔고 노년에 이르러서도 여전히 그러한 뜻을 지녔다. 27세에 남성南省에서 생원시에 장원급제[91]하여 명성이 일국에 떠들썩했으며, 그 이후로도 생원시에 일곱 차례나 장원급제하였지만 끝내 대과에 급제하지 못하였으니, 운명이로다![92]

---

[90] 『寒洲全書』 1, 附錄, 卷2, 「行錄」.
[91] 실제로는 2등이었다.
[92] 『寒洲全書』 1, 附錄, 卷2, 「行錄」.

이진상의 사회 활동 내용을 보면 전형적인 재야 도학자의 모습이다. 그는 일찍이 23세(1840) 때 이미 「이단론異端論」을 지어 주기론主氣論을 비판하는 것이 바로 '벽사闢邪'하는 것이라고 생각하였으며,[93] 한편 주리론主理論을 굳게 지키는 것이야말로 '위정衛正'하는 길이라 생각하여 일생토록 성리학 연구에 전념하였던 것이다. 그리고 그는 춘추대의春秋大義를 드높이기 위해 『춘추집전春秋集傳』·『춘추익전春秋翼傳』과 같은 책을 저술하기도 하였다. 이에 그는 이러한 벽사위정·존왕양이의 사상에 따라 청나라에 사대하는 것을 그만두자는 주장을 폈으며, 일본이 침략해 오자 거의를 준비하였고, 마침내 영남만인소에 앞장서게 된 것이다. 그리고 호계서원 복설과 문목공 정구의 문묘 배향을 청하는 상소에 앞장서고, 변복령에 맞서 「의제론」을 지은 것도 모두 '위정'을 위한 것이었으며, 또한 이것은 바로 '벽사'·'척사'하는 것이었다. 그러한 가운데서도 좀 특이한 행적 하나가 눈에 띈다. 1880년 그가 63세 때 영남만인소에 참가하기 직전 무렵 부산 지방을 유람하다가 일본관을 찾고 직접 화륜선에 올라가 본 것이다.[94] 이 자체가 무

---

[93] 이승희는 아버지 이진상에 대해 "젊을 때부터 남인·북인·노론·소론 四家의 저술들을 통독하여 학설들을 폭넓게 보고 공정하게 취사하셨다. 그래서 학설이 어느 것이 옳고 어느 것이 잘못이며, 학문은 어느 쪽이 바르고 어느 쪽이 그른지를 손바닥 안을 들여다보듯이 환히 아셨다. 그래서 저쪽이라 하여 그르다 하지 않고 이쪽이라 하여 옳다 하지 않으셨다"(『寒洲全書』 1, 附錄, 卷2, 「行錄」)고 하여, 그가 학문적으로 당론이나 학맥에 휘말리지 않았음을 강조하고 있다. 그러나 이진상은 비록 당론이나 학맥에 따른 것은 아닐지 몰라도 영남학파 가운데 누구보다 철저하게 기호학파의 주기론을 비판하였다.

[94] 『寒洲全書』 1, 附錄, 卷1, 「年譜」 참조. 당시 그가 남쪽 지방으로 여행하다가 어

슨 큰 의미를 지니는 것은 아니지만, 이러한 행적은 뒷날 그의 후예들이 '개명한 유학자'의 길을 걷게 되는 것과 무관하지 않을 듯하다.

4. 산수 유람과 시

이진상은 성리학의 대가이니만치 그의 주된 면모는 당연히 강학과 저술 활동에서 살펴볼 수 있다. 이를 위해 아예 한 장을 할애하여 뒤에서 다루기로 하고, 그에 앞서 평생을 도학자로 살아간 그의 내면을 한번 들여다보는 것도 필요하다는 생각이 든다. 그 좋은 통로가 그의 시작 활동과 산수 유람이 될 것이다. 그는 도학자로서는 적지 않은 총 347제 530여 수의 시를 남겼다. 그리고 그는 스스로 "우리 집은 대대로 산수를 지극히 좋아하는 병(山水癖)이 있다"고 말하였는데, 절반을 상회하는 3백여 수가 이 산수 유람 중에 지어진 것이므로 한데 묶어 살펴보기로 한다.

이진상과 그의 선대들은 정말 유별난 '산수벽'이 있었다. 그의 말을 마저 들어보기로 하자.

우리 집은 대대로 산수를 지극히 좋아하는 병이 있다. 왕고王考(할아버지)

느 집에 들렀는데 일본에서 만든 雜花가 그려진 술잔으로 술을 내자 사양하고 마시지 않다가 술잔을 바꾸어 주자 비로소 마셨다는 일화도 있다.(『寒洲全書』 1, 附錄, 卷2, 「行錄」 참조)

함헌공涵軒公께서는 일찍이 말 한 마리에 두 사람의 하인을 데리고 관동 명승지를 두루 찾아다녔고, 선고先考(아버지) 한고부군寒皐府君께서는 남쪽으로 금산錦山을 올랐고 서쪽으로는 묘향산을 찾았으며 동쪽으로는 몰운대沒雲臺까지 이르렀으나, 만년에 풍비風痹가 있어 원화동천元化洞天을 보지 못하자 이것을 유한으로 여겼다. 중부 응와공凝窩公께서는 기유년己酉年 봄에 금강산으로 가시다가 제천의 봉월성奉月城에 이르러 조서를 받아, 3년 뒤 신해년辛亥年에 다시 유람하였는데 「속유선지續遊仙誌」가 있다.[95]

이진상의 산수 유람은 선대들보다 더하였다. 그 시기는 크게 둘로 나누어 볼 수 있는데, 하나는 20대 때 숙부 이원조의 임지에 배종陪從하면서 유람한 것이요, 다른 하나는 60세 이후 만년에 이르러 유람한 것이다. 그 중 인근 가야산 등지를 유람한 것을 빼고 대표적인 것으로 60세(1877) 때 지리산을 중심으로 경남 서부 지역을, 62세(1879) 때 경북 북부 지역과 금강산 및 관동 지방을, 63세(1880) 때 김해·부산 등 경남 동부 지역을 유람한 것을 들 수 있다. 그러면 시와 함께 그의 여정을 따라 나서보기로 한다.

1) 관동과 관서·관북 유람

이진상은 23세(1840) 때 강원도 강릉으로 부임하는 숙부를 배종하면서 대관령, 경포대 등 관동關東의 명승지를 둘러보았으며, 돌아오는

---

[95] 『寒洲全書』 1, 卷2, 「發金剛行(幷小序)」.

길에 단양을 거쳐 오면서 구담龜潭과 도담島潭, 사인암舍人巖 등 명승지를 유람한 뒤「강릉계중江陵界中」·「유대관령踰大關嶺」 등 총 7수의 시를 남겼다.[96]

이진상이 이때 지은 시 가운데는 숙부의 시에 차운한 것이 많다. 숙부 이원조도 부임 도중 몇 편의 시를 지었는데 그 중 마침 같은 제목의「유대관령」이란 시가 있어 임지로 떠나는 목민관의 각오와 더불어 숙질간에 나누는 깊은 정회를 느낄 수 있을 것 같아 나란히 싣는다.

가로지른 시내에 깎아지른 절벽 얼마나 추운지
백성들 삶이 우거진 고갯길 마냥 힘들기만 하네.
굶주린 나졸들 몇몇 거의 죽을 것 같아
수레에 앉아 차마 바라볼 수 없구나.[97]

5월에 핀 꽃 7월에 떨어져 쓸쓸한데
하늘 맞닿은 고개 길엔 작은 수레도 힘겹네.
삼계에서 말 타고 새벽에 길 나서니
창해에서 뜨는 해 멀리서 보려고 함일세.[98]

---

[96] 『寒洲全書』1, 附錄, 卷1,「年譜」更子年 참조.
[97] 李源祚,『凝窩先生文集』, 卷2,「踰大關嶺」. 이하의 한시 번역은 오용원,「한주 이진상의 시문학」과 정우락,「한주의 문학─한주의 산수흥취와 그 문학사상의 기저」(『한주 이진상 연구』, 경북대학교 퇴계연구소 편)의 것을 따랐으며, 본 '산수 유람과 시'의 절 내용도 위의 두 논문 내용을 많이 참고하였다.
[98] 『寒洲全書』1, 卷1,「踰大關嶺」.

이진상은 다시 29세(1846) 때 평안도 자산慈山으로 부임하는 숙부를 배종하면서 개성의 송경고성松京古城과 황주黃州의 월파루月波樓, 연광정練光亭, 평양의 부벽루浮碧樓와 기자궁箕子宮, 그리고 자산 일대 등 관서關西·관북關北 지방을 유람하면서 「송경회고松京懷古」 등 총 9수의 시를 지었다.[99] 이번에도 숙질간에 같은 제목의 시가 있어 옮겨 본다.

저자 동쪽 끝엔 버들색 연이었고
누각 자리잡은 만가萬家엔 아지랑이 피어나네.
어떻게 그 당시 옥태수玉太守를 얻어
자성子城 서북西北에 대나무 서까래를 얹을까.[100]

아득한 누각 앞 냇물에는 달 걸려 있고
황주에서 온 사신은 학鶴과 노자(鑪)를 겸하였네.
술 수레 다하니 잔치도 끝나고
오로지 물에 비친 달빛만이 서까래에 그려 있네.[101]

시의 제목은 「월파루月波樓」이다. 황해도 황주의 월파루에서는 조선에서 중국으로 가는 사신이 머무는 경우가 많았다. 먼저 숙부가 황주 저자거리 동쪽 끝 버드나무 숲 속에 있는 월파루에 올라 보니 집집마다 아지랑이가 피어오른다고 읊은 뒤 왕우칭王禹偁이 지은 「황주죽

---

[99] 『寒洲全書』 1, 附錄, 卷1, 「年譜」 丙午年 참조.
[100] 李源祚, 『凝窩先生文集』, 卷2, 「月波樓」.
[101] 『寒洲全書』 1, 卷1, 「月波樓」.

루기黃州竹樓記」¹⁰²를 연상해 대나무로 서까래를 삼고 누각을 짓고 싶다고 하자, 조카도 또한 「황주죽루기」의 고사를 인용해 황주에 온 사신(왕우칭을 가리킴)은 술로 질펀하게 잔치를 벌였지만 자신이 보기에는 황강 아래 흐르는 강물 속에 달빛만이 서까래를 비추고 있다고 화답하였다. 이 시를 읽고 나면 둘 사이가 단순히 숙질간만은 아닌 듯 느껴진다.

2) 지리산 유람

중년에 여가를 갖지 못했던 이진상은 60대에 접어든 후에야 본격적으로 산수 유람에 나섰다. 60세(1877) 때 먼저 그는 남쪽으로 여행을 떠나 합천과 단성, 산청을 거쳐 지리산에 오르고, 더 남쪽으로 내려가 남해도를 둘러보고 진주와 함안, 창녕을 거쳐 돌아보고는, 도합 52수의 시를 남겼다. 여정을 자세히 살펴보면, 합천에서는 함벽루涵碧樓와 벽한정碧寒亭 및 황계폭포黃溪瀑布를, 단성에서는 원북정院北亭과 적벽강赤壁江을, 산청에서는 덕천서원德川書院과 산천재山川齋, 대원암大源庵, 운영루雲影樓, 용추龍湫 등을 거쳐 지리산 천왕봉 정상을, 다시 남해섬으로 가 금산錦山과 보리암菩提庵, 용굴龍窟, 쌍홍문雙虹門, 감로천甘露泉, 좌선대坐仙臺, 구정암九鼎巖 등을, 돌아오는 길에는 진주의 촉석루矗石樓와 함안의 합강정合江亭, 창녕의 석동石洞을 유람하였다.¹⁰³

---

102 『詳說古文眞寶大全』 속 「黃州竹樓記」 참조.

이진상의 이번 남행길은 단순히 산수 유람의 길만이 아니었다. 당시 이미 그는 영남 우도 유림의 종장 자리에 있었기에 그의 문하에는 제자들이 즐비하였다. 하지만 그의 학파는 북으로 연접한 칠곡, 선산도 넘어서지 못했다. 낙동강 중·상류 지역은 퇴계학의 여운이 강하게 남아 있었기 때문이다. 반면 그의 학파는 남쪽으로 널리 퍼져 나갔다. 남쪽 영남 우도 지역은 남명 조식의 후예들이 주축이었던 북인들이 인조반정으로 몰락한 이후 이때까지도 무주공산의 상태였다. 한주학은 바로 그곳을 파고든 것이다. 그가 남행을 떠날 무렵 이미 이 지역 출신의 많은 학자가 그의 문하에 출입하고 있었다. 따라서 그의 남행은 이미 이룩된 자신의 학파 영지를 한번 둘러볼 겸 확산시키고자 하는 의도가 없지 않았을 것이다. 이렇게 하는 과정에서 여전히 남명학의 여운이 남아 있었던 이 지역의 여행이 그에게 남명학과 적극적으로 손을 잡을 수 있는 더없이 좋은 기회가 되었다.

이번 여행길은 김희진金希鎭이 처음부터 배행했다. 그들은 먼저 합천의 여러 명승지를 둘러본 뒤 삼가三嘉의 오도동吾道洞에 들러 허유許愈·김진호金鎭祜·박치복朴致馥·정재규鄭載圭 등을 만났다. 이 가운데 허유는 그의 제자였지만, 김진호와 박치복은 허전許傳(호 省齋)의 제자였으며 정재규는 기호학과 기정진奇正鎭(호 蘆沙)의 제자였다. 당시 이진상은 영남 우도 유림의 장석의 자리에 앉아 있었기 때문에 비록 학파

---

103 『寒洲全書』1, 附錄, 卷1, 「年譜」 丁丑年 참조. 이번 남행의 여정은 그의 숙부 이원조가 한차례 다녀갔던 것과 거의 일치한다.

와 학맥이 달랐지만 이들은 그를 맞이하였던 것이며, 김진호는 곧이어 그의 문하[104]로 들어왔다. 이어 그는 단성을 지나면서 김인섭金麟燮을 방문하였고, 곽종석郭鍾錫·하용제河龍濟를 만나 함께 적벽강을 건너 남사리南泗里에서는 『태극도설太極圖說』을 강설하기도 했다.

다시 이진상은 산청 덕산으로 가 조식의 사당을 배알하고 산천재 등 유지를 둘러본 뒤 대원암을 거쳐 지리산 정상 천왕봉을 향했다. 그는 덕산에서 뜻 깊고도 중요한 시간을 보냈다. 그는 일찍이 20세 때 도산으로 가 이황의 사당을 배알하고 60세가 된 이때까지 '도산순신陶山純臣'으로 지내왔던 터에, 이제사 영남 우도의 으뜸 선현인 조식을 배알하게 된 것이다. 폐허가 되다시피 한 옛 터를 둘러보며 깊은 생각에 젖게 되고, 이후 그는 이 지역 출신의 인물들과 조식을 기리는 사업에 적극적으로 동참하게 된다.

천왕봉 정상의 장관을 보고 대원암으로 돌아온 이진상을 문인 곽종석이 축하하자 그는 정상에서의 느낌을 다음과 같이 읊었다.

신선이 내가 늙은 것을 불쌍히 여겨
한 번 바위 꼭대기에 자는 것을 허락해 주었네.
다리를 펴고 평지를 줄여서
몸을 옆으로 하여 한 나절 잠을 잤네.
호흡은 안개 밖으로 통하고
정신은 태양가에서 밝도다.

---

[104] 金鎭祜(호 勿川)가 그의 문하에 들어온 것은 서로 만난 이듬해인 1878년이다.

한밤에 뒤척거리다 한 번 깨어나 보니,
구름바다가 참으로 창연하구나.[105]

이진상은 천왕봉 정상에서의 감흥에 취해 다시 한수를 호기롭게 읊었다.

궁핍하게 청해青海 모퉁이에 살면서
고원하게 백운 너머에 의탁했네.
눈은 궁한 때를 따라 커지고
몸은 극처에서 넓어지는 것이 아닐까.
한밤중엔 분지술(椒酒)마저 모자라고
팔월이라 담비 이불이 차갑네.
아침에 일어나니 바람이 고요한데,
선대仙臺에서 뜨는 해를 바라본다.[106]

이진상은 일찍이 15·6세 때 '산교汕嶠'라고 자호自號한 적이 있다. 그것은 산수汕水(우리나라를 가리킴)의 동쪽 교남嶠南(영남 지방을 가리킴) 땅에 태어났지만 산수 하나로 천하의 물을 다 알고 교산 하나로 천하의 산을 다 알 수 있다는 포부를 담아 지은 호이다.[107] 60세가 되어 지리산 천왕봉 정상에 서자 어릴 적 품었던 포부가 되살아난 것일까, 아니면

---

[105] 『寒洲全書』 1, 卷2, 「登天王峯」.
[106] 『寒洲全書』 1, 卷2, 「曉起」.
[107] 27쪽 주 1) 참조.

평생토록 펼쳐 보지 못한 포부가 그곳에 서자 터져 나온 것일까. 어딘가 일찍이 조식이 지리산을 바라보며 품었던 포부와도 닮은 듯하다.

3) 금강산 유람

1879년 62세의 이진상은 두 달 남짓 경북 북부와 관동 일대를 유람하고 돌아왔다. 근 3천 리에 이르는 여정이었으며, 「등금강산登金剛山」 등 70수의 시를 남겼다. 이번 유람의 목적지는 금강산이었다. 젊었을 때 숙부 임지인 강릉에 가 관동지방을 일부 유람하기는 했지만 금강산에 오르지는 못하였다. 숙부 이원조는 지난 남행길도 그러했고, 이번 여행길도 이미 먼저 지나갔던 터여서 그는 걸음걸음 이제는 고인이 된 숙부 생각을 하며 걸었을 것이다. 30여 년의 세월이 지나 이제 그는 기대와 설렘으로 금강산 여행길에 올랐다. 그는 출발에 앞서 예안의 오산당吾山堂에서 매부 이휘철李彙徹의 시에 차운하여 다음과 같이 설레는 마음을 나타냈다.

산 빛은 세 신선이 사는 곳과 비슷하고
숲 속의 바람 오월인데도 서늘하네.
구름이 깃들어 푸르름 익지 않았는데,
필마로 금강산에 들어간다네.[108]

---

[108] 『寒洲全書』 1, 卷2, 「吾山堂次李敍五韻」.

이진상은 먼저 청량산을 넘어 영양과 평해, 울진, 삼척, 강릉, 양양, 간성 등 영동의 7개 고을을 지나 금강산으로 접어든 뒤 금강문金剛門, 구룡폭포九龍瀑布, 만물상萬物相, 유점사楡岾寺 등을 둘러보고, 돌아오는 길에 통천 총석정叢石亭과 춘천 소양정昭陽亭, 홍천 범파정泛波亭, 원주 치악산雉嶽山, 영월 자규루子規樓, 단양 적성赤城 등을 둘러보았다.[109] 그는 금강산의 금강문과 구룡폭포, 만물상을 지날 때에는 먼저 다녀간 숙부의 시에 차운하였다. 금강산 유람을 다녀온 뒤 감흥을 그는 다음과 같이 읊었다.

칠순을 바라보는 늙은이 70일을 주유하다
3천 리 밖에서 돌아올 때를 노래하네.
넓은 자연 온갖 위험 겪고 때론 비에 막혔어도
온 집안 맞이하는 웃음에 문득 생기가 솟네.
야외 밭이랑에는 쓸쓸히 돌무더기만 쌓이고
책상머리 서적엔 정결하게 먼지조차 없네.
남은 생 구업舊業을 닦으며 온축한 이치 더하니
고요한 가운데 도의 참됨을 체득하네.[110]

이진상은 들뜬 마음을 가라앉히고 다시금 구업인 책상머리로 돌아와 앉았다. 여행 도중 숱한 풍광과 명승을 둘러보느라 여념이 없었을

---

[109] 『寒洲全書』 1, 附錄, 卷1, 「年譜」 己卯年 참조.
[110] 『寒洲全書』 1, 卷2, 「歸家」.

눈을 이제 자신의 내면으로 되돌리고 있음을 볼 수 있다.

4) 남동 지방 유람과 만귀정

이진상은 금강산 여행에 아직 여독이 덜 풀렸을 법도 한데, 이듬해인 1880년(63세) 다시 유람길에 올랐다. 그는 먼저 창녕 석동으로 가 성규호成圭鎬·이근옥李根玉과 동행하여 의령의 자암정紫巖亭과 조양재朝陽齋를 둘러본 뒤 김해로 가 옛 가야의 유적을 두루 살피고 연자루燕子樓에도 올랐다. 다시 배를 타고 부산으로 가 일본관日本館과 몰운대沒雲臺, 절영도絶影島 등을 둘러보았으며, 돌아오는 길에 밀양을 들려 영남루 등을 유람하였다.¹¹¹ 이번 여행에서는 「남행즉사南行卽事」 등 31수의 시를 남겼다. 이번 여로도 그의 부친 이원호가 이미 다녀간 것이라, 그의 여러 유람들이 모두 선대의 뒤를 밟는 꼴이었다. 여기에서는 김해 연자루에 올라 지은 시를 한번 감상해 보도록 하겠다.

> 금관성金官城은 오래도록 남쪽 고을을 누르고 있는데
> 좋은 경치를 모두 한 누각으로 옮겨 놓았구나.
> 영험 많은 웅장한 산엔 거북이가 등을 말리고
> 아침 기운 서린 큰 강에는 오리가 머리를 교차하고 있네.
> 물소리 나는 구비마다의 못엔 물고기가 밤에도 뛰고
> 말 없는 채색 들보엔 제비가 가을날 돌아가는구나.

---

111 『寒洲全書』 1, 附錄, 卷1, 「年譜」 庚辰年 참조.

궁궐터는 풀에 잠기고 종소리도 바다에 가라앉는데
말이 흥망에 이르자 도리어 근심이 생긴다네.[112]

이진상은 옛 가락국 금관성 터에 있는 연자루에 올라 흥망성쇠의 무상함을 느끼고 있다. 이는 필경 사라져 버린 가락국의 옛 영화를 애타하는 것이 아니라 다가올 나라의 비운을 예감한 탓일 것이다. 그래서인지 그는 곧 발길을 부산으로 옮겨 일본관을 둘러보고 너무나도 낯선 화륜선에도 올라 보았다. 공교롭게도 그는 이번 여행을 다녀오자마자 바로 팔을 걷어 부치고 양왜洋倭를 물리치는 데 앞장서게 되었다. 이진상은 앞에서 살펴본 여행 말고도 틈틈이 경주(61세, 1878)[113]와 거창(64세, 1881)[114] 등지를 유람하며 여러 인사들을 만났다.

안동 예안의 청량산이 이황에게 '우리 집안 산'(吾家山)이었다면, 이진상의 '오가산'은 가야산이었다. 그는 가야산 아래에서 태어나, 가야산 아래에서 살다가 죽어 그곳에 묻혔다. 1850년 경주부윤에서 물러나 고향에 돌아온 그의 숙부 이원조는 가야산 기슭 성주 고을 포천구곡布川九曲에다 만귀정晩歸亭을 지어 독서강학처로 삼았다. 이진상은 숙부 생전에도 물론 그곳을 자주 드나들었지만, 사후에는 더욱 자주 그곳을 찾아 「만귀정차축중운이십이수晩歸亭次軸中韻二十二首」 등 무려 90수의 시를 남겼다. 그 가운데 한 수를 옮겨 본다.

---

112 『寒洲全書』 1, 卷2, 「燕子樓次板上韻」.
113 『寒洲全書』 1, 附錄, 卷1, 「年譜」 戊寅年 참조.
114 『寒洲全書』 1, 附錄, 卷1, 「年譜」 辛巳年 참조.

조도造道는 산과 같아 깊음을 싫어하지 않고
치신致身은 비로소 극처에서 마음이 편안하네.
우레 같은 폭포 소리에 천 가지 사특함 씻어내고
온갖 이치가 숲 속에 뜨는 달에 허령하고 어둡지 않네.
살아 있는 물은 근원이 통해 가까이서 멀리 갈 수 있고
빼어난 봉우리 우뚝 서 있음은 예전이나 오늘이나 같네.
곡방曲房에 일찍이 차의필箚義筆 걸어 두었다가
백수白首로 거듭 오니 물가엔 눈이 가득하네.[115]

이원조는 독서강학할 곳을 늦게나마 마련하여 돌아오게 되었음을 한탄하며 '만귀정'이라 이름 붙였을 것이다. 이진상도 곡방에다 일찍이 차의필을 걸어 두었건만 백발이 다 되어서야 되돌아오게 되었음을 한스러워하고 있다. 그는 이어 「응와凝窩」라는 제목의 시도 한 수 읊고 있다.

응심凝心은 사물의 얽매임 떨어 버리고
응도凝道는 천덕天德에 통한다네.
멈춘 뒤에 일정함(定) 있음을 징험하려거든
그 요체는 신기독愼其獨에 있다네.[116]

시제 '응와'는 다름 아닌 숙부의 호이다. 이 시 속에는 도학의 내용

---

[115] 『寒洲全書』1, 卷1, 「晚歸亭次軸中韻二十二首」 중 '晚歸亭'.
[116] 『寒洲全書』1, 卷1, 「晚歸亭次軸中韻二十二首」 중 '凝窩'.

을 담고 있지만, 숙부와 함께했던 지난날을 그리워하는 절절한 마음 또한 없었겠는가?

제2장 저술

1. 저술 활동

이진상은 7세 때 이미 『십팔사략十八史略』을 배우기 시작하였으며, 이듬해인 8세 때는 『통감절요通鑑節要』를 읽으면서 문리文理가 빠르게 트여나갔다. 이후 그는 책 읽는 것을 무척 좋아하여 침식을 잊기까지 하였으며, 13세가 되었을 무렵 이미 여러 경전과 백가의 책들을 두루 읽어 소문이 널리 퍼졌다. 17세 때 그는 숙부 이원조李源祚의 권려로 비로소 『성리대전性理大全』을 읽게 되면서 성리학을 연구하기 시작하여, 18세 때 벌써 「성명도설性命圖說」을 짓기에 이르렀다. 21세 때 다시 숙부가 그에게 인근의 정삼석鄭三錫·장복추張福樞, 종형 이정상李鼎相 등과 마을 뒤에 있는 영축산靈畜山 감응암感應菴에 가 함께 공부하도록 했다. 이때 그는 장복추와 평생 도우로서 지낼 것을 약속하였으며, 이듬해 22세 때 장복추에게 『논어』의 "사람이 도를 넓힐 수 있는 것이지, 도가 사람을 넓히는 것이 아니다"(人能弘道, 道非弘人)라는 구절의 의미를 답하였다. 이해에 그는 「성학도설性學圖說」과 「기삼백해朞三百解」, 「인도설仁圖說」을 지었다.[1] 여기에서 볼 수 있듯이 이진상은 그의 말처럼

---

[1] 『寒洲全書』 1, 附錄, 卷1, 「年譜」 참조.

◀ 감응암 대웅전

서책을 들고 가 누구에게서 배운 적이 없다. 그러면서도 그는 18세 때부터 저술을 시작하였는데, 그것도 『성리대전』을 읽고 불과 1년이 지난 뒤의 일이었다. 그는 스스로 '문자벽文字癖'이 있었다[2]고 말할 정도로 일생동안 방대한 저술을 남겼으므로, 먼저 연대별로 저술 목록을 정리해 본 뒤 분류와 분석을 해 보기로 한다.

1) 연대별 저술 목록

「연보」를 중심으로 이진상이 직접 저술한 것을 정리해 보면 아래와 같다. 이 속에는 편지를 통한 논변이나 답변과 같은 글이 빠져 있

---

[2] 『寒洲全書』 1, 卷2, 「傷時述懷五絶」 참조.

다. 아울러 뒷부분에는 저술이 아닌 교감한 내용을 실었는데, 이는 저술 활동의 시기 구분을 위해서이다.

18세(1835) 「성명도설性命圖說」³
22세(1839) 「성학도설性學圖說」, 「기삼백해朞三百解」, 「인도설仁圖說」
23세(1840) 「심경도설心經圖說」, 「야기잠夜氣箴」·「명성잠明誠箴」, 「이단설異端說」, 「심경관계心經窾啓」
24세(1841) 「발정우담사칠변증跋丁愚潭四七辨證」
27세(1844) 「일원만수도一原萬殊圖」
28세(1845) 「성정심설性情心說」
32세(1849) 「용구도用九圖」
34세(1851) 「직자심결直字心訣」
35세(1852) 「사칠변四七辨」, 「주자언론동이고변朱子言論同異攷辨」, 「남당집변南塘集辨」, 「곤지기(변)困知記(辨)」, 『대학차의大學箚義』, 『중용차의中庸箚義』, 「태극도설차의太極圖說箚義」
36세(1853) 「심자고증心字考證」, 『통서차의通書箚義』, 『근사록차의近思錄箚義』, 「리기동정설理氣動靜說」, 「성정집설性情集說」
39세(1856) 「지동기동변志動氣動辨」, 「주재도설主宰圖說」
40세(1857) 『차주자어류의의箚朱子語類疑義』, 「서김농암사칠서후書金農巖四七書後」
41세(1858) 『정사칠신편의의訂四七新編疑義』
43세(1860) 「독례차의讀禮箚義」, 「외암집변巍菴集辨」
44세(1861) 『논어차의論語箚義』, 『주자대전고의朱子大全考疑』, 『퇴계집차의

³ 「年譜」에는 書名이 있으나 전하지 않는다.

退溪集箚義』,『임창계집차의林滄溪集箚義』,「임녹문집고변任鹿門集攷辨」,「심즉리설心卽理說」,「계몽차의啓蒙箚義」,「상례편고喪禮便攷」

45세(1862)『맹자차의孟子箚義』

47세(1864)「대역도상大易圖象」,『역학관규易學管窺』[4],『삼역고三易攷』[5]

48세(1865)『사례집요四禮輯要』,「역괘차의易卦箚義」

49세(1866)『묘충록畝忠錄』

50세(1867)『주자어류차의朱子語類箚義』

51세(1868)『시전차의詩傳箚義』,『서전차의書傳箚義』

52세(1869)「역괘원상易卦原象」,「팔괘집상八卦集象」

58세(1875)『춘추집전春秋集傳』

60세(1877)『춘추익전春秋翼傳』

61세(1878)『리학종요理學綜要』,『주자어류차의』를 거듭 교감함

65세(1882)『주자대전고의朱子大全考疑』 교감함

66세(1883)『역학관규』·「심경관계」 교감함

67세(1884)『의례차의儀禮箚義』,『주례차의周禮箚義』,『예기차의禮記箚義』,「의제론衣制論」,『리학종요』 거듭 교감함

68세(1885)『사례집요』 거듭 교감함

69세(1886) 졸함

---

[4]『寒洲全書』속『易學管窺』를 보면「大易圖象」,「啓蒙箚義」,「易卦箚義」,「易卦原象」,「八卦集象」,「原占」 여섯 편이 포함되어 있는데,「年譜」에 보면『역학관규』가 47세 때 저술된 것으로 되어 있다. 그런데 각 부분의 저술 연대를 보면「계몽차의」가 44세,「대역도상」이 47세,「역괘차의」가 48세,「역괘원상」과 「팔괘집상」은 52세 때여서 일치하지 않는다.

[5]「年譜」에는 書名이 있지만, 전하지 않는다.

2) 저술의 분류와 분석

이진상의 저술 활동은 크게 시기별과 주제별로 나누어 살펴볼 수 있다. 먼저 시기별로 보면, 그는 『역학관규』(47세)와 『사례집요』(48세)를 저술하기 이전 40대 중반까지는 주로 성리학과 관계된 도圖나 도설 圖說, 변辨, 차의箚義 류의 저술을 하였는데 이를 전기로 분류한다면, 중기는 앞서 언급한 『역학관규』와 『사례집요』에 이어 『묘충록』(49세), 『주자어류차의』(50세), 『춘추집전』(58세)과 『춘추익전』(60세)을 거쳐 마침내 61세 때 『리학종요』를 저술할 때까지로 분류할 수 있겠으며, 그러면 그 이후는 절로 후기가 될 것이다.

이진상의 저술 활동은 전기에 비해 중기에 이르면 비중이 있는 단독 저술이 이루어지고 있고, 그 내용도 성리학에만 국한되지 않고 역학과 예학, 경세, 역사 등의 방면으로 확대되고 있다. 이 시기 성리학 저술은 『리학종요』에서 볼 수 있다시피 전기의 여러 성리설들을 총결하고 있으며, 『리학종요』는 비단 성리학 방면뿐만 아니라 전체적으로 보아서도 사실상 그의 마지막 저작이다.[6] 이러한 점에서 그의 저술 활동은 성리학으로 시작해서 성리학으로 마감했다고 볼 수 있겠다.

이진상은 『리학종요』를 저술한 뒤인 후기에는 뚜렷한 저술 활동이

---

[6] 이진상은 『리학종요』를 저술한 뒤 저술을 멈추고 있다가, 67세 때인 1884년에 『儀禮』와 『周禮』·『禮記』에 대한 箚義와 「衣制論」을 지었다. 이것은 그해에 조정에서 變服令을 내리자 그 부당함을 밝히기 위해 그가 「의제론」을 짓는 과정에서 앞의 三禮書를 검토하게 된 것이다.

없이 주로 저술한 책들을 교감하거나 이전에 썼던 글들을 정리해 묶는 등의 작업을 하면서 시간을 보냈다. 그가 학자로서의 일생을 마무리하는 모습을 여기에서 잘 볼 수 있다. 하지만 이 시기에 그가 아무런 문필 활동을 하지 않은 것은 아니다. 바로 이 시기는 그가 전국 산천을 누비며 다녔던 때로, 그는 수많은 시편들을 바로 이때 남겼던 것이다. 젊었을 때는 학자로서 치열한 삶을 살며 수많은 저작을 남겼고, 만년에 접어들어서는 젊은 날에 저술한 것들은 다시 한번 검토하여 정리하며, 산천 유람을 떠나 때론 자연과의 합일을 추구하고 때론 자신의 내면과 대화하며 인생을 마무리했다 생각하니 오히려 멋스러운 삶을 살았다는 생각이 불현듯 든다.

이진상의 저술 활동을 주제별로 한번 분류해 볼 필요도 있다. 역학을 성리학 속에 포함시키면 이미 앞에서 잠깐 언급했듯이 그의 저술은 크게 성리학과 예학, 경세학, 역사학의 네 방면으로 나눌 수 있다. 이 중 성리학 방면의 저술이 단연 중요한 것은 두말할 나위가 없다.

먼저 성리학 방면의 저술 활동을 검토해 보면 시기적으로 몇 차례 매듭이 있다. 그것은 바로 44세 때 「심즉리설」을 짓기 이전과 그 이후 61세 때 『리학종요』를 짓기까지이다. 「심즉리설」이 저술되면서 그의 '한주학'이 비로소 모습을 드러내었고, 『리학종요』가 저술되면서 그의 '한주학'은 마침내 완성되었다고 볼 수 있다.

그런데 '한주학'이 출현하고 완성되기까지의 과정과 내용을 좀 더 자세히 살펴볼 필요가 있다. 먼저 44세 때 「심즉리설」을 지은 뒤 61세 때 『리학종요』를 짓기까지 15년 동안 그는 『맹자』와 『시전』·『서전』,

그리고 『주자어류』에 대한 차의만 저술했을 뿐 여타 성리학 관련 저술이 없다. 그나마 『맹자』에 대한 차의가 「심즉리설」과 거의 같은 때에 저술된 것이고 보면, 결국 그는 「심즉리설」을 저술한 이후 15년 동안 그의 성리설을 총결하는 작업에 매달렸으며, 그 결실이 바로 『리학종요』였던 것이다.

이진상이 18세 때 「성명도설」을 지은 이후 자신의 독창적 학설을 담은 「심즉리설」을 저술하기까지 20여 년은 성리학에 대한 학습과 변론 및 궁구에 매진했던 시기라고 볼 수 있다. 이 시기에 저술한 내용을 보면 크게 3부류인데, 도圖 및 도설圖說, 변辨, 차의箚義이다. 이 중에서도 도 및 도설 작업은 주로 초기에 이루어졌고, 이어 변류의 작업이, 차의류의 작업은 주로 변류와 겹쳐지는 시기나 후기에 이루어졌다.

초기에 주로 이루어진 도 및 도설 작업은 순수한 학습의 결과물이다. 배움에 입문하여 자신의 이해를 더욱 분명히 하기 위한 저술이 바로 도 및 도설 작업이기 때문이다. 물론 학문이 완숙한 경지에 이르러 초입자를 가르치기 위해 도설을 한 경우도 있다. 하지만 그는 전자의 경우에 해당된다. 그가 한 도(설) 작업의 대상을 적시해 보면, '성명性命', '성학性學', '인仁', '심경心經', '일원만수一原萬殊', '성정심성情心', '주재主宰' 등이다. 이 중 '심경'은 명나라 학자 정민정程敏政이 지은 『심경부주心經附註』를 도설한 것이지만, 나머지는 모두 성리학의 주요 개념들, 특히 심성론의 영역에 속하는 것들이다. 이들 통해 그의 학문 입문처가 어디이며, 또한 관심처가 어디인지 알 수 있으며, 그것이 「심즉리설」로 귀결된 것은 오히려 당연해 보인다.

이진상은 35세(1852) 때 「사칠변」을 저술한 이후 바로 그해에 『주자언론동이고』와 『남당집』, 『곤지기』에 대한 변을 저술하게 되며, 뒤이어 「지동기동변志動氣動辨」과 「외암집변」, 「임녹문집고변」과 같은 저술을 하였다. 이 중 맨 먼저 저술한 「사칠변」이 바로 율곡 이이의 사단칠정설을 비판한 것이다. 이진상이 이어 비판한 『주자언론동이고』(韓元震)와 『남당집』(한원진), 『외암집』(李柬), 『녹문집』(任聖周)은 모두 그 저자가 기호 율곡학파의 후예들이다. 여기에 중국 나흠순羅欽順(호 整庵)의 『곤지기』가 포함된 것은 하나 이상할 것이 없다. 이황과 그의 후예들이 늘 그들을 한데 묶어 '주기론'이라 비판해 왔기 때문이다. 결국 변류의 저술은 퇴계학파 '주리론'의 입장에 서서 율곡학파를 포함한 '주기론'을 비판한 것이라고 볼 수 있다. 한편 이진상은 40세 때 같은 기호 율곡학파의 후예인 김창협金昌協(호 農巖)의 사칠설에 대해서도 자신의 생각을 밝히는 「서김농암사칠설후」를 지었는데, 그는 "농암의 학설이 기호 선배들 가운데 가장 순정하며, 그가 지은 사칠설이 실제로 퇴계 선생과 어긋나지 않는다"고 생각했기 때문에 달리 비판적 변론을 하지는 않았다.[7]

사실 그가 이러한 변류의 저술을 통해 비판 작업을 하기에 한참 앞서 이미 23세 때 「이단설」을 지은 적이 있는데, 그는 거기에서 '주기론'은 이단임을 분명히 한 적이 있다. 그러고 보면 그의 이러한 변류 계통의 저술을 통한 '주기론' 비판 작업은 일찍부터 예고되었음을 알

---

[7] 『寒洲全書』1, 附錄, 卷1, 「年譜」, 丁巳年 참조.

수 있다.

　반면 중·후기에 이루어진 차의류의 저술들은 비판이 아닌 학습하는 과정에서 저술된 것이다. 여기에서 그의 학습 목록과 순서를 자세히 들여다보아서 그 대상을 적시해 보면, 35세 때 『대학』과 『중용』, 『태극도(설)』의 차의를 저술하기 시작한 이후 『통서』, 『근사록』, 『주자어류의의』, 『논어』, 『주자대전』, 『퇴계집』, 『임창계집』, 『역학계몽』, 『맹자』에 대한 차의를 거쳐 마침내 50세와 51세 때에 『주자어류차의』와 『시전차의』·『서전차의』에서 그 막을 내렸다. 그 대상은 바로 사서四書와 예학, 역학, 그리고 중국 주자학과 퇴계 이황과 관련된 서적임을 알 수 있다. 이 중에서도 그가 가장 심혈을 기울였던 것이 『주자어류차의』이다. 아들 이승희는 이 책이 11년 동안의 저술 기간과 12년 동안의 교감 기간을 거쳤다고 말한 적이 있다.[8]

　이진상은 위에서 살펴본 바와 같이 17·8세 때 도와 도설 작업을 통해 성리학 공부에 접어들었고, 변류의 저술을 통해 주기론 비판과 함께 주리론의 학통을 확립하였으며, 차의류의 저술을 통해 숱한 성리학 관련 서적들을 자세히 훑어 내려온 뒤 먼저 44세 때 자신의 '심즉리설'을 제기하고, 마침내 61세 때 『리학종요』에서 자신의 성리설을 총결하였던 것이다.

　『리학종요』 등 성리학 방면의 대표 저술과 더불어 예학 방면의 대표 저술인 『사례집요』, 역사학 방면의 대표 저술인 『춘추집전』과 『춘

---

[8] 『寒洲全書』 1, 附錄, 卷2, 「行錄」 참조.

추익전』, 그리고 경세학 방면의 대표 저술인 『묘충록』은 다음 절에서 상세히 살펴보기로 하겠다.

2. 주요 저술

이진상의 저술은 분야에 따라 크게 성리학과 기타로 나누어 볼 수 있으며, 기타 분야의 저술은 다시 역학과 예학, 역사학, 경세학으로 나누어 볼 수 있다. 앞 장에서 살펴본 바와 같이 저술 시기에 따라 그의 저술을 구분해 보면, 그가 성리학자로서 비로소 입론하고 문호를 열게 되는 것이 바로 「심즉리설心卽理說」을 저술하면서인데, 그것이 44세 때의 일로 그 이전은 주로 성리학 연구에 전념하였으며, 40대 중반 이후부터는 관심 분야를 역학과 예학, 역사학, 경세학 등으로 넓혀 61세 때에 『리학종요理學綜要』를 저술할 때까지 각 분야에 무게 있고 중요한 저술들을 내놓았다. 그 이후 후기에는 주로 그는 이전에 쓴 글들을 편집하거나 저술들을 교감하는 등 정리 작업을 하면서 보냈다. 그러면 각 분야마다 주요 저술을 중심으로 그 내용을 살펴보기로 하겠다.

1) 『리학종요』와 성리학 분야 저술

『리학종요』는 이진상의 성리학 분야뿐만 아니라 그의 모든 저술 가운데서도 백미이며, 한국 주자학이 마지막 다다른 귀결처이자 최고로 쌓아올린 금자탑이다. 그렇다고 이 책이 단순히 성리설을 다룬 주자학 이론서만이 아니다. 그가 40여 년 전심전력으로 성리학을 공부한 끝에 이 책을 내놓은 것이 61세 때의 일이며, 바로 우리나라가 힘에 부쳐 막 개항을 한 1878년이었다. 바로 전국 각지 백성들의 민란과 재야 유생들의 척사위정운동으로 온 나라 안이 들끓는 가운데 나라 밖으로부터는 감당하기 힘들게 외세가 밀려드는 때였다. 이러한 때에 그가 단순히 한가롭게 앉아 이 책을 지은 것이 아니다. '올바른 것을 지키는 것'(衛正)이야말로 '사악한 것을 물리치는'(闢邪·斥邪) 지름길이요, '사악한 것을 물리치기' 위해서도 '올바른 것을 지켜야 한다'는 확신 속에 뜨거운 마음으로 이 책을 저술하였던 것이다. 그러한 까닭에 이 책은 척사위정운동의 교과서가 된 것이다. 외적·객관적 상황

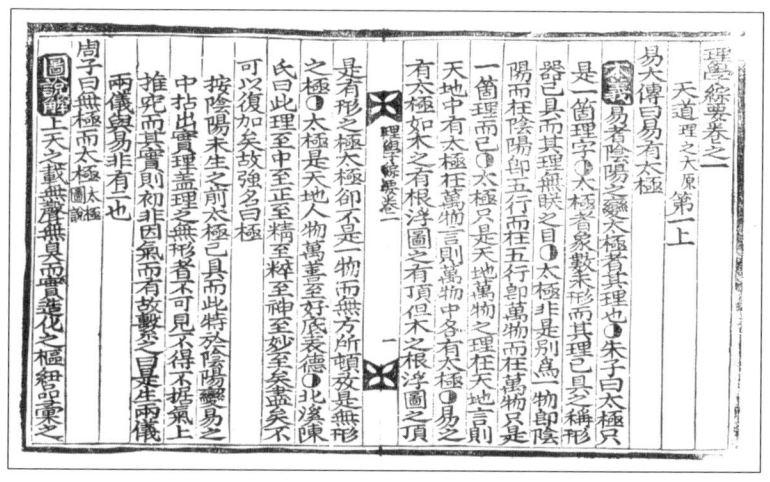

▲ 『리학종요』

이 너무나 어렵고 불리한 맨몸 빈손의 상황에서 마지막 믿고 기댈 곳은 '천군天君', 바로 마음밖에 없으니, 사람마다 지닌 마음을 하늘처럼 떠받들고 그 무한한 능력을 믿으며 어려운 현실을 극복하자는 것이다. 이게 바로 그의 '심즉리설心卽理說'이요 '리발일도설理發一途說'이며, 그것이 갖는 현실적 의미이다. 정작 그 뜻이 이러했기에 2백여 년을 기호와 영남, 노론과 남인 간 마치 원수처럼 생각하며 지내왔던 기호 화서학파에서도 격려와 화답을 보내왔던 것이다.

앞에서 말했듯이 『리학종요』는 이진상의 40여 년 성리학 공부의 총 결산이다. 그렇다면 그의 40여 년간 성리학 공부를 잠깐 되돌아보는 것이 필요한데, 이에 대해서는 앞 장에서 이미 한차례 정리한 적이 있다. 그는 17세 때 숙부 이원조李源祚의 권유로 성리학 공부에 입문하게 되어 바로 다음 해에 「성명도설性命圖說」을 지었는데, 이렇게 도圖와 도설圖說 혹은 설說 류의 저술을 통해 성리학 이론의 핵심과 요점을 이해하였고, 이어 일찍이 23세 때 「이단설異端說」을 지어 주기론主氣論은 이단임을 분명히 한 뒤 변辨류의 저술을 통해 30대에 들어 일련의 주기론을 향한 비판의 글을 쏟아내었으며, 한편으로 차의箚義류의 저술을 통해 사서와 오경 및 주돈이周敦頤(호 濂溪)와 주희, 이황 등의 주자학 관련서들을 훑어 내려오는 과정에서 44세 때 비로소 자신의 '심즉리설'을 입론하고 50세 때 마침내 『주자어류차의朱子語類箚義』를 저술하기에 이른 것이다. 그는 만년에 차의 등 자신이 공부하는 과정에서 저술한 것들을 한데 묶어 『구지록求志錄』이라 이름 붙였으며, 변류의 저술들도 한데 묶어 『변지록辨志錄』이라 이름 붙였다.

이진상은 이때까지의 저술 가운데서도 『주자어류차의』에 가장 많은 힘을 쏟았다. 그는 「심즉리설」을 내놓기 이전에 이미 이 저술에 착수하여 11년의 시간이 걸려 완성하였으며, 완성을 한 후에도 죽기 전까지 거듭 교감을 보면서 끝내 손을 놓지 못했다. 『주자어류』는 주희 본인의 저술이 아니라 그의 문인들이 스승이 말이나 대화한 것 등을 기록한 것이어서 정확성이 떨어지는 등 여러 가지 문제를 담고 있는 책이다. 특히 주희 전 생애를 걸쳐 기록된 것이기 때문에 그 속에서도 서로 불일치와 모순을 빚는 이론들이 많았다.

이에 대해 먼저 문제의식을 가지고 한차례 분석, 정리한 것이 기호 율곡의 후예인 한원진韓元震(호 南塘, 1682~1751)이 지은 그 유명한 『주자언론동이고朱子言論同異考』이다. 그런데 그는 일찍이 35세 때 한원진의 『남당집』과 더불어 이 『주자언론동이고』를 변론한 적이 있다. 한원진이 주희의 초년설과 만년설을 뒤바꾸고, 만년정론晚年定論을 비판하며 기호학파에게만 유리한 논거를 일방적으로 제시하면서 영남학파의 퇴계학을 비판하였다고 생각하여 그가 변론에 나섰던 것이다. 이렇게 보면 한원진의 『주자언론동이고』가 바로 그의 『주자어류차의』가 생겨난 모태이며, 그가 한원진의 『주자언론동이고』를 비판한 것이 바로 『주자어류차의』 저술의 시작이라고 볼 수 있겠다.

이진상은 먼저 『주자어류』의 의의疑義를 차록箚錄하고 『주자대전』과 여러 경전에 대한 집주集註들을 대조하면서, 주희의 설에는 초년과 중년 및 만년 간에 차이가 있음을 확인하고 만년설이 그의 정론임을 확정하였다. 그리고 난 뒤 그는 주자만년설朱子晚年說에 근거하여 자신의 학설을 제기하였던 것이다. 그가 『주자어류차의』를 저술하는 단계에 이르자, 이제 주자학을 통간通看하고 활간活看할 수 있게 되었으며, 마침내 수간竪看·횡간橫看·도간倒看과 순추順推·역추逆推라는 보배로운 칼을 마련하여 우거진 성리학의 숲 속을 헤치면서 『리학종요』를 저술하기에 이른 것이다.

이진상은 책머리에서 "배움은 리를 밝히는 데 있고, 리를 밝히는 것은 리를 따르고자 하는 데 있으니, 배워서 리를 따르는 데에 이르게 되면 바로 현인이고 성인"인데, 오래 전 노자의 주기론이 등장한 이후 불교가 그 뒤를 잇더니 주희 이후 또 숱한 주기主氣의 이설이 등장하여 길을 가리고 어지럽히므로 주리主理의 진결眞訣을 드러내 밝히기 위해 여러 경전들의 내용을 분류, 정리하여 『리학종요』를 편찬하게 되었다고 밝히고 있다.[9]

『리학종요』는 총 22권인데,[10] 구체적으로 보면 '천도天道'가 2권, '명命'이 1권, '성性'이 2권, '심心'이 3권, '정情'이 2권, '총요總要'가 1권, '학學'이 4권, '행行'이 1권, '사事'가 3권, '통론通論'이 3권이다. 리기, 심성, 공부, 기타의 순으로 실은 것이 기본적으로 『주자어류』의 편제를 따르고 있다. 그리고 우선 분량면으로 심성정이 총 7권, 학이 4권으로 천도와 명 3권보다 많은 것이 눈에 띄는데, 그의 학문적 관심과 지향을 가늠해 볼 수 있겠다.

---

[9] 『寒洲全書』 2, 「理學綜要序」 참조.
[10] 『寒洲全書』(한국학문헌연구소 편, 아세아문화사 간, 1980)의 내용을 따른다.

그리고 이진상은 '천도'에는 '리지대원理之大原', '명'에는 '리지부여理之賦予', '성'에는 '리지품수理之稟受', '심'에는 '리지주재理之主宰', '정'에는 '리지발현理之發見', '총요'에는 '리지분합理之分合', '학' 4권에는 각각 '리당함양理當涵養'·'리당궁구理當窮究'·'리당성찰理當省察'·'리당확충理當擴充', '행'에는 '행필순리行必順理', '사'에는 '사필합리事必合理', '통론'에는 '리학원위理學原委'라 부제를 달았다. 우리는 이를 통해 『리학종요』가 '리'를 중심으로 체계정연하게 저술된 것임을 알 수 있다. 또한 그가 특히 심을 '리의 주재'로, 정을 '리의 발현'으로 부제를 단 것에서 우리는 그의 관점을 분명하게 읽어낼 수 있다. 리를 함양과 궁구, 성찰, 확충으로 나누어 편찬한 것도 일목요연함이 돋보인다. 구체적인 성리설의 내용에 대해서는 2부 1장에서 본격적으로 다룰 것이다.

이진상은 세상을 떠나기 직전까지 『리학종요』를 거듭 교감하였다. 그가 세상을 떠난 뒤 문인제자들은 맨 먼저 『리학종요』의 출간 준비에 들어갔다. 1889년 5월 아들 이승희와 허유·이종기·곽종석·윤주하·장석영 등의 문인제자들이 한개 본가에 모여 수십 일 동안 『리학종요』를 교감하였으며, 다시 허유와 윤주하가 삼가三嘉의 병목서당幷木書堂에서 교정하는 등 전후 수차례의 교감과 교정 작업을 거쳐 마침내 1897년 고령 회보계會輔契에서 발간하였다. 이승희는 1914년 봄 곡부曲阜의 공자 사당을 배알하면서 이 책과 더불어 『춘추집전春秋集傳』, 『사례집요四禮輯要』를 직접 기증하였다.

2) 『사례집요』와 예학 분야 저술

『사례집요四禮輯要』는 이진상의 대표적인 예학 관련 저술로, 그는 48세 때인 1865년에 이 책을 완성하였다. 그런데 그는 이에 앞서 43세 때 「독례차의讀禮箚義」를 지었고, 44세 때는 「상례편고喪禮便攷」를 지었다. 그는 이 두 편의 내용을 편집하고, 관례冠禮와 혼례婚禮 내용을 더 보태 『사례집요』를 편찬하였다.

그 뒤 67세(1884) 때 이진상은 다시 예학과 관련된 저술로 『의례차의儀禮箚義』와 『주례차의周禮箚義』, 『예기차의禮記箚義』 및 「의제론衣制論」을 저술하였다. 지금의 『사례집요』를 보면 67세 때 지은 삼례서三禮書를 차의한 내용이 많이 반영되어 있다. 그의 「연보」를 보면 68세 때 『사례집요』를 거듭 교감하였다고 되어 있는데, 사실상 그는 이때 이

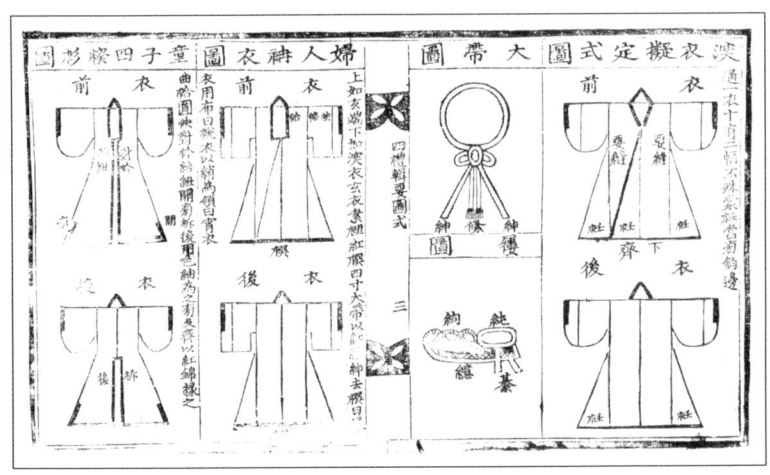

▲ 『사례집요』

책을 다시금 저술하다시피 한 것이 아닌가 생각한다.

이진상이 예학을 연구하게 된 것은 도학자로서 당연한 일일 수도 있겠지만, 그가 예학 관련서를 저술한 시기를 보면 개인적 상황과 무척 관련성이 있어 보인다. 앞에서 그가 「독례차의」와 「상례편고」를 지은 것이 43·44세 때라고 하였는데, 아버지 이원호가 그의 나이 42세 11월에 졸하여 43세 정월에 장례를 치른 것을 볼 때, 아버지의 치상을 하는 과정에서 고례古禮를 뒤져 보았던 것으로 짐작이 가며, 위두 저술 또한 이러한 연유로 이루어진 것이 아닌가 짐작이 간다. 다시 그가 47세 때 어머니 김씨가 졸하여 장례를 지낸 뒤 다음 해에 마침내 『사례집요』를 완성하였다. 결국 『사례집요』는 부모님의 장례를 준비하는 과정에서 저술된 것이라 볼 수 있겠다. 이렇게 48세 때 『사례집요』를 완성한 뒤 예학과 관련된 저술이 없다가 앞에서 언급한 것처럼 67세 때 갑자기 삼례서에 대한 차의와 「의제론」을 저술하였고, 또 다음 해에 『사례집요』를 거듭 교감하였는데, 이것은 1884년 조정에서 내린 변복령變服令과 직접 연관성이 있다. 그는 나라에서 변복령이 내리자 고례를 깊이 연구하여 그 부당함을 밝히는 「의제론」을 지었으며, 이때 연구한 삼례서의 내용을 이듬해 1차 완성해 놓은 『사례집요』에다 포함시켰던 것이다.

『사례집요』에는 곧장 눈에 띄는 것이 책 첫 장을 펴면 목록 앞에다 '도식圖式'과 '인용서목引用書目'을 둔 것이다.[11] 그는 '도식'에다 70여 개

---

11 『寒洲全書』 2, 『四禮輯要』 참조.

의 도를 그려놓았는데, 그 내용이 모두 상례·제례와 관계된 것이다. 그리고 '인용서목'에는 자신이 이 책을 저술하면서 참고하고 인용한 중국 서적 80여 종과 우리나라 서적 86여 종의 서목을 낱낱이 나열하고 있다. 맨 앞에는『의례儀禮』를 두었고, 그 중 참고한 편명을 적시한 뒤 참고한 전傳과 주註, 소疏, 통해通解, 도식圖式도 나누어 각각 밝혀 놓았다. 그야말로 친절함과 상세함을 다했다고 볼 수 있겠다. 우리나라 서적 가운데 참고한 것을 보면, 이황 이전부터 남인·기호 예학 가릴 것이 없이 망라하고 있으며 바로 당시 인물[12]의 저서까지도 포함되어 있다.

이진상은『사례집요』서문에서 "예의 쓰임은 천리의 찬연함에서 나오고 인심의 자연함에서 근본하므로 인심이 따르게 되면 천리가 온전해진다"는 말로 말문을 열고 있으며, 주희가 자기 집안에서 실행할 예를 만들기 위해『주자가례』를 편찬하게 되었는데 예의 본질을 중시했고 고의古意를 간직하면서도 시의時宜에 맞게 만들었다고 일단 평가한 뒤, 그러나 주희 스스로 미진함이 있다고 생각하여 만년에는『의례』를 공부하였으며 자기 상례를『의례』에 따라 치를 것을 유언하였다고 말하였다.[13] 이에 따라 이진상도『의례』가 '예의 근본을 얻었다'(得禮之本)고 생각하여 자신이『사례집요』를 지으면서도『의례』를 보다 중시하였다. 그것은 그가 '범례凡例'에서 직접 "이 책은『의례』를 위주로 하

---

[12] 許傳의『士儀』를 들 수 있다.
[13]『寒洲全書』2,「四禮輯要序」참조.

였으며", "고례와 (주자)가례가 조금 차이가 있을 때는 먼저 고례를 쓴 뒤 (주자)가례를 받아들였다"고 밝힌 것에서도 알 수 있다.[14]

우리나라에서는 고려 말 주자학이 들어오면서 주희의 『주자가례』도 함께 들어와 사대부가를 중심으로 확산되어 나갔다. 이황에 이르러 그것이 한차례 정리되는데, 그 내용은 그의 제자들이 문답하거나 흩어져 있는 내용을 한데 모아 편찬한 『퇴계상제례문답退溪喪祭禮問答』 속에 들어 있다. 그의 예학적 태도는 『주자가례』만을 따르지 않고 주희 이전 송유宋儒들이나 『의례』·『예기』 등과 같은 고경에 침잠하여 예의 근원을 정확히 이해하고자 한 점이다. 이황의 제자들도 예학에 많은 관심을 가졌는데,[15] 그의 후예들도 『주자가례』를 절대시하는 것보다는 고경과의 조화를 꾀했고, 또한 예의 근본정신을 간편함과 검소함을 추구하고 의리義理와 인정人情을 살리는 데 있다고 보았으며, 예경이나 예서에 정해지지 않은 변례變禮에도 관심을 쏟았다.

이진상이 『의례』를 중시한 것은 이황의 문하 남인 예학의 전통을 잇고 있는 것이라고 볼 수 있으며, 한편으로 『의례』를 『주자가례』보다 분명히 앞세운 것은 그의 예학의 한 특징이라고 볼 수 있다. 그는 그 정당성을 주희 자신이 이미 그랬던 것에서 찾고 있는데, 이것 또한 성리설뿐만 아니라 예학에서도 주자만년설朱子晚年說을 적용한 한 예

---

[14] 『寒洲全書』 2, 「四禮輯要·凡例」 참조.
[15] 대표적인 것으로 鄭逑의 『五先生禮說分類』가 있으며, 이밖에도 金誠一의 『喪禮考證』, 柳成龍의 『喪禮考證』, 曺好益의 『家禮考證』, 李德弘의 『家禮註解』 등이 있다.

라고 볼 수 있겠다.

　이진상의 예학에서 또 하나의 특징으로 볼 수 있는 것은 예설을 전문적으로 논의하는 『사례집요』에서 홀기笏記를 수록하고 있는 점이다. 그러한 사례는 도우였던 장복추의 『가례보의家禮補疑』에서도 볼 수 있는데, 두 사람은 예의 문제를 가지고 여러 차례 질문을 주고받은 적이 있다. 이진상은 『사례집요』에서 관혼례는 물론 사당의 삭참朔參과 분황焚黃, 상례의 습襲과 소렴小殮, 대렴大殮, 우부상담虞祔祥禫과 제례의 시제時祭와 기제忌祭의 설찬設饌에서부터 철찬徹饌에 이르기까지 모두 홀기를 정리해 놓았다. 그것은 그가 이 책의 맨 앞에 '도식'을 둔 것과 마찬가지로 예를 행함에 있어서 이해를 돕고 간편함을 주기 위한 것이었다. 곧 이진상은 먼저 『의례』를 중심으로 엄정한 예설을 만든 뒤 행례行禮를 중시하면서 『사례집요』를 저술하였음을 알 수 있다. 이 책은 1906년 7월에 삼봉서당三峯書堂에서 간행되었다.

◀ 삼봉서당

3) 『춘추집전』・『춘추익전』와 역사학 분야 저술

이진상은 58세(1875) 겨울에 『춘추집전春秋集傳』을 지었으며, 이어 2년 뒤 『춘추익전春秋翼傳』을 지었다.[16] 1913년에 『춘추집전』만 주자鑄字로 간행되었다.

원래 『춘추』의 전은 좌전左傳・공양전公羊傳・곡량전穀梁傳의 삼전三傳이 있었다. 이 중 좌전은 사실事實에 대해서는 자세히 서술하였으나 문사文辭에 치우쳤다는 비판이 있었고, 공양전과 곡량전은 의리義理를 중심으로 해석하였으나 사실에 오류가 많았다는 지적이 있었다. 이에 송나라의 호안국胡安國이 삼전의 장점을 취하여 집전을 만들었는데 춘추의 뜻을 잘 밝혔다는 호평을 들었지만, 주희는 이에 대해 견강부회한 곳이 있다고 비판하였다. 주희는 자신이 직접 춘추전을 쓰지는 않았지만 『주자어류朱子語類』나 『주자대전朱子大全』 등에 춘추에 대해 논한 것이 많았다. 이진상은 주희의 뜻에 따라서 사실은 좌전에 의거하되 의리는 호안국의 집전에 의거하고, 주희의 말을 절충하여 『춘추집전』을 저술하였다. 그러면서 그는 춘추삼전은 물론 『사기史記』 등 많은 역사서와 정주程朱 이래 송대의 춘추 논설들을 널리 참고하였다.

『춘추집전』의 형식은 먼저 경문經文의 글자 의미를 밝힌 뒤 『좌전』으로 사실을 밝혔으며, 호안국의 전으로 논단하되 미진한 곳이 있으

---

[16] 이에 대한 해제는 송찬식의 해제가 상세하므로 그것을 바탕으로 정리하였다. (『寒洲全書』 1, 「해제」 참조)

면 선유의 설로 보충하거나 자신의 견해를 덧붙였다. 이 책은 춘추사전이 모두 포함되어 있어 춘추를 이해하는 데 정확하고 친절한 해설서 역할을 하기에 충분하다.

『춘추익전』은 공자가 『춘추』에서 노魯나라 역사를 쓰면서 빠진 시기나 빼버린 내용을 보태 저술한 책이다. 공자는 원래 노나라 전체 역사를 쓴 것이 아니라 은공隱公 1년부터 애공哀公 14년까지 12대 242년간의 역사만 『춘추』에서 썼으며, 또한 나라의 잘못을 피하는 뜻과 함께 여러 가지 이유에서 사실에 대해 빼버린 것이 있었다. 노나라 역사를 정확히 이해하기 위해서는 은공 이전의 춘추전사春秋前史와 애공 15년 이후의 춘추후사春秋後史에 대해서도 알 필요가 있으며, 빼버린 사실도 알 필요가 있다고 생각하여 이진상은 이 책을 짓게 된 것이다.

춘추후사는 주희의 강목綱目이 있지만 강목은 애공 15년부터 쓰지 않고 목공穆公 7년부터 시작하였으므로, 『춘추』에는 노공魯公 백금伯禽으로부터 혜공惠公 46년까지 393년간의 전사가 빠져 있으며, 강목은 애공 15년부터 목공 6년까지 68년간의 역사가 빠져 있다. 이 때문에 『춘추익전』에서는 전편前篇에서 노공 1년부터 혜공 46년까지 393년간의 노나라 역사를 기술하였으며, 내편內篇에서는 춘추에서 빠진 내용을 『좌전』과 『국어國語』, 『사기』 등에서 뽑아 모아 은공 1년으로부터 애공 14년까지의 242년간의 노나라 역사를 보충하였으며, 후편後篇에서는 애공 15년부터 목공 7년까지 79년간의 노나라 역사를 기술하였다. 목공 8년 이후의 노나라 역사는 강목에서 서술하였으므로 중복하지 않았다.

『춘추익전』의 서술은 『춘추』의 예를 따라 편년체編年體로 서술하였으며, 강과 목을 나누어 기술하되 강을 특별히 표기하지 않고 목과 이어서 쓴다거나 매년에 춘왕春王이라는 용어를 쓰지 않은 것은 『춘추』의 경문經文을 구분하기 위해서였다. 필사본으로 남아 있다. 이와 더불어 그의 역사학 분야 저술로 『천고심형千古心衡』이 있는데, 60세 때 완성하였으며 중국사에 대한 저자의 논평을 모아 편찬한 것이다.

역사학 분야와 관련된 이 3권의 책은 이진상이 단순히 성리학에만 매몰된 주자학자가 아님을 잘 말해준다. 순수히 『춘추』에 대한 연구사에서도 중요한 의미를 가지겠지만, 특히 그가 이 책을 저술한 때가 외세의 압력이 가해지면서 전국적으로 척사위정운동이 불타오르고 그 역시 거기에 뛰어들 무렵이었음을 감안할 때 이러한 저술을 통해 춘추대의春秋大義를 널리 드러내고자 하는 충정이 있었음을 알 수 있다.

4) 『묘충록』과 경세학 분야 저술

1862년 진주를 위시한 삼남 지방에 민란이 일어나자 조정에서는 삼정이정청三政釐整廳을 세운 뒤 삼정의 폐단을 구할 방책을 전국 유생들에게까지 묻는 교지를 내리게 된다. 이에 이진상은 「응지대삼정책應旨對三政策」을 지었으나 올리지 않았다.[17] 그리고 4년 뒤 자신의 구상을 더욱 가다듬어 마침내 49세(1866) 때 『묘충록畝忠錄』[18]을 완성하였

---

[17] 『寒洲全書』 1, 附錄, 卷1, 「年譜」 壬戌年 참조.

다. 그는 이 책을 조정에 올리려고 소문疏文[19]까지 작성하였으나 끝내 올리지 않아 크게 빛을 보지 못한 안타까움이 있다.

'묘충畝忠'이라는 말뜻은 '전야에 묻혀 살면서 충성을 다한다'[20]는 뜻으로, 재야 유생의 신분으로서 자신의 경세관을 밝히고 있음을 나타낸다. 이진상은 고대 경전의 내용을 바탕으로 하되 당시 현실에 맞는 개혁안을 이 책에다 마련하였다. 당대 명류이자 고관이었던 이건창李建昌이 그를 한차례 방문한 적이 있는데,[21] 그 인연으로 그가 서문을 썼다. 이건창은 그의 개혁안이 유형원柳馨遠(호 磻溪)의 개혁안에서 일정한 영향을 받고 있지만 이상에 치우치지 않아 훨씬 더 현실적이라고 평가하였다. 그는 『묘충록』의 개혁안 요체가 나라의 부세를 균등하게 하고 쓰임을 절약하는 데 있다고 파악한 뒤, 구체적으로 위로는 궁부의 비용을 줄이고 아래로는 겸병의 권한을 억제하여 항시 풍족한 축적이 있도록 하며, 녹봉을 늘여 현명한 선비들을 대하고, 군량을 더하여 무력을 기름으로써 외세를 막고 내부를 부강하게 하는 바탕으로 삼으려 한다고 정리하였다.

『묘충록』에서는 국정을 크게 강리원疆理原, 교선원教選原, 분직원分職原, 제록원制祿原 넷으로 나누고, 각각에 해당하는 제반 규정과 방식

---

[18] 『묘충록』에 대한 연구는 우인수의 「한주의 경세론-묘충록에 나타난 한주의 국정개혁론」(『한주 이진상 연구』, 경북대 퇴계연구소 편, 2006) 참조.
[19] 『寒洲全書』 2, 「擬陳時弊仍進畝忠錄疏」 참조.
[20] 남송 眞德秀의 '畎畝寓忠情之義'에서 뜻을 취했다고 하며, 주희의 '東阡北陌尙難忘畎畝之忠'이란 말에서 뜻을 취했다는 설도 있다.
[21] 『寒洲全書』 1, 附錄, 卷1, 「年譜」 壬午年 참조.

을 제시하였다. 강리원은 각종 부세제도와 관계된 것이고, 교선원은 교육과 인재 선발에 관계된 것이며, 분직원은 관직과 관계된 것이고, 제록원은 행정에 관계된 것이다. 각 규정과 방식 아래에는 다시 각각 조례를 두어 이를 시행하는 데 필요한 세부 사항을 덧붙이고 있으며, 필요한 경우에는 '각도가령各道假令' 또는 '각년가령各年假令'이라 하여 각도나 각년의 규정을 가상假想하여 제시해 두고 있으며, 필요한 경우 그 끝에 '부후설附後說'이라 하여 자신의 생각을 첨부하여 보충 설명을 하였다. 그런데 『묘충록』 속에 담긴 이진상의 개혁안 내용은 그의 상소문 속에서 더 잘 파악할 수 있다. 이 속에서 그는 당시 국정의 폐단으로 관방官防, 과거科擧, 부세賦稅, 군정軍政, 서리胥吏 5가지 방면에서의 제도적 폐단을 들고 각각에 대한 개혁안을 제시하였다.

이진상은 두 차례나 직접 민란의 피해를 겪었다. 따라서 개혁의 필요성에 대한 절실함은 누구 못지않게 느꼈을 것이다. 그는 재지 사족의 관점에서 근본적 개혁보다는 눈앞의 현실적 폐단을 구하는 데 더 관심을 두었다고 볼 수 있다. 한편 우리는 이 책이 그의 성리학 저술과 표리表裏·체용體用의 관계에 있음을 알 수 있다. 이 책은 문집 초간본 때 포함되어 간행되었으나 재간본 때는 체제상 맞지 않다 하여 빠졌다.

5) 문집의 발간과 수난

이진상의 문집은 그의 저술 가운데 가장 먼저 1895년 12월 곽종석

▲ 도남서원

과 이승희가 중심이 되어 거창의 원천정原泉亭에서 목주자본木鑄字本으로 발간되었다. 이어 이듬해에 그의 대표 저술인 『리학종요理學綜要』도 고령 회보계會輔契에서 발간되었다.

이렇게 그의 문집과 대표 저작이 발간되어 나오자 곧바로 그의 학설에 대한 비판이 제기되었다.[22] 대표적인 이로 이황의 후손이자 퇴계학을 묵수한 안동 출신의 이만인李晩寅이 그의 성리설을 조목조목 들어 이황의 학설과 다르다고 비판하였던 것이다. 도산서원에서도 그의 문집을 환송해 왔다. 이에 대해 이진상의 제자들은 적극적으로 스승을 설을 옹호하며 맞섰다. 곽종석은 이진상이야말로 '도산순신陶山純臣'이라고 주장하였으며,[23] 그의 학설에 문제가 있다면 반드시 도산서원에서 문제를 삼을 것이 아니라 천하 사람들에게 보여 객관적인 판단을

---

[22] 권오영, 「한주 이학의 전통과 사상사적 의의」, 『한주 이진상 연구』(경북대 퇴계연구소 편, 2006), 75~78쪽 참조. 도산서원의 이진상 문집 환송과 그 전후 사정에 대해서는 內山弘一의 「이진상의 심즉리설과 영남학파」(『벽사이우성교수 정년퇴직기념, 민족사의 전개와 그 문화』, 창작과 비평사, 1990) 참조.

[23] 郭鍾錫, 『俛宇文集』, 卷36, 書, 「答李子翼」戊戌 참조.

▲ 도남서원 전경

받는 것이 온당하다고 주장하였다.[24] 이승희는 「선록조변宣錄條辨」 등을 통해 비판에 대응하였고,[25] 나머지 문인들도 적극적으로 동참하였다.[26] 한편으로 그들은 갑오농민전쟁 중에 서둘러 문집을 간행하느라 미진한 부분이 있다고 생각하여 재간행할 것을 계획하기도 하였다.

하지만 1902년 11월 박해령朴海齡, 이중화李中華, 유만식柳萬植 등이 중심이 되어 이진상의 학설을 이단으로 몰고서 마침내 상주에서 그의 문집을 불태우는 사건이 일어났다. 그의 아들 이승희는 이 소식을 듣고 비통해하며 흰 관복으로 3일 동안 아버지의 사당에서 곡을 하였

---

[24] 郭鍾錫, 『俛宇文集』, 卷36, 書, 「答李子翼」 己亥 참조.
[25] 李承熙, 『韓溪遺稿』 6, 辨, 「宣錄條辨」 참조.
[26] 대표적인 것으로 이만인의 비판에 대해 축조 분석한 尹胄夏의 「反究錄」이 있다.

다.²⁷ 이후 이승희는 『한주문집』을 수정하고 근거 없는 비판을 변론하는 글을 실어 완본을 만들려고 하였다. 중국 망명으로 이 일이 미뤄지다가 1916년 아들 이기원李基元으로 하여금 봉천에 사는 곳으로 문집을 가져오게 해 교감을 하다가 마무리를 하지 못하고 세상을 떠났다. 1916년 도산서원에서 삼봉서당三峯書堂에 편지를 보내 지난날 『한주문집』을 불태운 일은 한두 명의 손에 의해 이루어진 것이지 도산서원의 공의에 따른 것이 아니었음을 전해 왔다. 『한주문집』은 재간본은 마침내 1928년 삼봉서당에서 간행되었다. 이후 1980년에 이진상의 기 간행본과 미간행의 필사본을 합쳐 『한주전서寒洲全書』(전5권)란 이름으로 아세아문화사에서 간행하였다.

27 李承熙, 『韓溪遺稿』 7, 「年譜」, 壬寅 참조.

- 제2부 -
철학사상과 그 계승

제1장 철학사상

1. 삼간법과 통간・활간의 강조

이진상은 독창적인 성리설을 제기한 것으로 유명하다. 하지만 이러한 독창적인 성리설이 제기되는 데에는 그의 독창적인 방법과 관점이 있었기 때문에 가능했다. 그의 성리설 전체에 이러한 그의 방법과 관점이 관통하고 있는 것이다. 따라서 우리는 그의 성리설을 체계적으로 이해하기 위해서는 반드시 그의 방법과 관점을 먼저 이해할 필요가 있겠다. 그런데 이러한 그의 성리학 연구 방법과 관점은 그 독창성 때문에 그 자체만으로도 충분히 의미 있는 것이어서 자세히 살펴볼 필요가 있다.

이진상은 통간通看과 활간活看을 중시하였다. 그렇다고 해서 그가 자의적으로 경전이나 선유의 설들을 해석했다고 단언하기는 어렵다. 그는 전통의 이간離看과 합간合看의 방법 위에 수간豎看・횡간橫看・도간倒看과 순추順推・역추逆推의 방법을 고안했으며, 주희의 학설을 초년・중년・만년의 설로 나눈 뒤 그의 만년설이 정론임을 확정한 바탕 위에서 통간하고 활간할 것을 주장하였던 것이다. 그는 이를 통해 선유의 설들을 분류한 뒤 자신의 설을 주장하는 한편 자신과 다른 견해를 비판해 나갔다.

이진상은 수간과 횡간의 방법이 자신이 고안한 것임을 말하면서, 그 내용에 대해 다음과 같이 말하였다.

내가 지은 횡간과 수간 두 설은 본래 옛 학설의 장점을 모으고 오늘날의 학설을 조금 보태 종합한 것이다. 대개 천하의 사물은 홀로 있는 것이 없고 항상 짝이 있는 법이어서, 짝이 되는 것이 어떤 것은 '수豎'로써 짝을 이루고, 어떤 것은 '횡橫'으로써 짝을 이루고, 또 어떤 것은 '측側'으로써 짝을 이룬다. '수로써 짝을 이루는 것'(豎對)은 아버지와 자식, 임금과 신하의 관계와 같고, '횡으로써 짝을 이루는 것'(橫對)은 사물과 나, 손님과 주인의 관계와 같고, '측으로써 짝을 이루는 것'(側對)은 요와 걸, 순과 도척의 관계와 같으니, 하나만을 가지고 다 말할 수는 없다. 태극이 비록 지극히 높아 상대가 없으나 음양을 생하게 되면 곧 음양과 짝을 이루게 된다.[1]

이진상은 여기에서 존재하는 모든 것은 짝이 있기 마련이라는 주장을 펴고 있으며, 다만 짝을 이루는 양상과 양태가 다를 뿐인데 크게 보면 '수대'와 '횡대', '측대'로 나누어 볼 수 있다고 말하였다. 그는 여기에서 어느 하나의 것만 가지고 전체를 말할 수는 없다고 말하였는데, 바로 이러한 것이 그가 강조하는 통간·활간으로 통하는 것이다.

이진상은 다시 물의 비유를 통해 수간·횡간·도간을 다음과 같이 설명하였다.

여기 하나의 물이 있는데, 위로부터 수간하면 샘으로부터 바다에 이르기까

---

[1] 『寒洲全書』 1, 卷16, 「答李舜文」.

지 물줄기가 수없이 많으나 똑같이 샘물이 흘러간 것이다. 가운데로부터 횡간하면 물이 샘에 있는 것은 말할 수 없으나 샘물이 흐르기 시작하면 나눠지기 시작하므로 장강長江이 흘러(發) 타수沱水가 따르며(隨) 황하黃河가 흘러(發) 제수濟水가 탄다(乘)고 해도 또한 옳지 않음이 없다. 그 아래로부터 도간하면 물의 원천이 멀어서 볼 수 없고 물줄기가 많아서 헤아릴 수는 없지만, 그 물이 같다(同)는 사실은 알 수 있다. 그럼에도 억지로 한 가지(一)로 여기려 든다면, 제수를 황하로 알고, 위수渭水를 가리켜 경수涇水라고 하는 것과 같으니 마침내 물을 알지 못하는 사람이 되고 말 것이다.[2]

여기에서 이진상은, 수간은 물을 원천에서 바라보는 것으로 자신의 리발일도설理發一途說이 여기에 해당하고, 횡간은 강물의 원천이 어디인지는 모르지만 타수가 장강에 따라 흐르고 황하가 흐르는 데 제수가 합류하는 것과 같은 것으로 이황의 리기호발설理氣互發說이 여기에 해당하며, 도간은 강물의 원천이 어디인지 모르고 도대체 어느 강줄기인지도 모르지만 모두가 물이라는 사실은 알 수 있는 것과 같은 것으로 이이의 기발일도설氣發一途說이 여기에 해당한다고 보았다. 여기에 볼 수 있다시피 그는 수간・횡간・도간의 방법에 따라 선유와 자신의 설을 분류하고 설명하는 데 그치는 것이 아니라 자신의 설이 가장 옳은 것임을 말하기도 하였다.

아울러 이진상은 이러한 삼간법三看法이 전통의 합간合看・이간離看의 관점을 계승한 것임을 말하기도 하였다. 곧 그는 리와 기가 '서로

---

[2] 『寒洲全書』 4, 『求志錄』, 卷11, 「太極圖箚義・後說」.

떨어지지 않은 곳'(不相離處)에서 함께 보면 그것이 횡간의 관점이며, '서로 섞이지 않은 곳'(不相雜處)에서 리만 보면 그것이 바로 수간의 관점이라는 것이다.³ 이러한 합간·이간의 관점을 특히 중시한 사람은 그의 숙부이자 스승인 이원조李源祚였다. 이원조는 합간과 이간을 '혼륜간渾淪看'과 '분개간分開看'이란 말로 썼는데, 리기와 사칠을 논할 때 반드시 어느 한쪽에 치우치지 말고 반드시 통간·합간해야만 병통이 없다고 말하였다.

> 혼륜·분개의 4글자는 제일의 안장眼藏이다. 리와 기를 나누어 보고 합쳐 보며, 횡설하고 수설하는 것은 주자와 퇴계의 법문이다. 율곡이 사단과 칠정을 따질 것 없이 모두 기발氣發이라고 하는 것도 역시 주자의 설명을 증거로 삼고 있으나, 그 말이 특히 주기主氣에 치우쳤기 때문에 주자·퇴계의 본래 취지와 상반된 것이다. 영남의 여러 선배가 전수傳守하고 논변한 것이 오로지 당파적 논쟁으로 다른 의견을 내세운 것이 아니다.⁴

이원조는 여기에서 간법에는 혼륜간과 분개간, 횡설(횡간)과 수설(수간)이 있는데 어느 하나에 치우치지 않고 합간하는 것이 필요하며 그것이 바로 주희와 이황의 관점이라고 말하였다. 이진상도 이러한 간법을 이어받고 있으며 합간의 중요성을 말하였다. 하지만 이진상은 궁극적으로 분간을 통한 수간이야말로 가장 정확한 간법이며, 자신의

---

³ 『寒洲全書』 1, 卷5, 「上崔海庵(癸丑)別紙」 참조.
⁴ 李源祚, 『凝窩全書』 1, 卷8, 「答崔幼天」.

새로운 이론은 모두 수간법에 따라 제기하였다. 여기에서 양자간의 질적 차별성이 발생한 것이다. 이원조가 그의 문집에서 삼간법을 말하고 있지만, 이것은 그의 견해가 아니라 이진상의 것을 받아 쓴 것이며 이진상을 비판할 때 주로 사용하였다. 그는 혼륜간과 분개간이라는 말을 주로 사용하였다.[5]

리가 발하매 기가 거기에 따르고 기가 발하매 리가 거기에 타는 것을 횡간이라 한다. 대개 수간하면 리에 편주偏主하게 되고, 도간하면 기에 편주하게 되며, 횡간하면 리와 기가 각각에 소주所主가 있게 된다.[6]

이진상은 이러한 수간·횡간·도간의 삼간설을 다시 순추·역추의 설과 연결시켜 말하였다.

사물에서 보는 것은 역추이고, 그 근본에서 미루어 나아가는 것은 순추이다. 역추하는 것은 사람들의 입장에서 보는 것이고, 순추하는 것은 천리의 근원에서 보는 것이다. 사물상에서 역추하면 그 겉모습에 매달리게 되고, 이치에 따라 순추하면 참모습을 얻을 수 있다.[7]

이진상은 여기에서 수간을 순추로, 횡간과 도간을 역추로 보고 있

---

[5] 이상하, 「한국 성리학 칠정리발설의 계보 상에서의 응와 이원조」, 『응와 이원조의 삶과 학문』, 213쪽 참조.
[6] 李源祚, 『凝窩全書』 1, 卷10, 「批震姪與答崔幼天問答心經疑義」.
[7] 『寒洲全書』 2, 『理學綜要』, 卷1, 「天道第一上」.

제1장 철학사상 127

으며 수간의 순추를 통해서만 참모습을 볼 수 있다고 말하고 있다. 이러한 생각은 이원조가 경계해마지 않았던 간법인 것이다. 이진상은 이와 같이 삼간법을 말하고, 또한 통간·합간을 주장하면서도 수간이 가장 중요하며, 이것이 바로 순추의 방법이라고 말하였다. 이와 더불어 그는 주희의 만년설이 정안임을 내세워 선유의 학설을 종횡으로 파고들었으며, 자신의 새로운 학설을 제기하였던 것이다.

2. 태극동정설과 리유체용설

리의 동정 문제가 한국 주자학에서 중요한 논란거리가 된 것은 이황이 리의 직접적인 동정動靜을 주장하고 나왔기 때문이다. 그는 자신의 설을 정당화하기 위해 주돈이周敦頤가 『태극도설太極圖說』에서 "태극이 동하여 양을 낳고 동함이 극에 이르면 정하게 되는데, 정하여 음을 낳는다"[8]는 말고 주희가 "리에 동정이 있는 까닭에 기에 동정이 있다. 만약 리에 동정이 없다면 기가 어떻게 스스로 동정함이 있겠는가"[9]라고 한 말을 끌어오기도 하고, 리유체용설理有體用說을 제기하여 리의 동정을 리의 용에다 연결시키는가 하면, 만약 리가 동정하지 않는다면 '죽은 사물'(死物)이 되고 말 것이라 하여 당위론적으로 정당화하기

---

[8] 『太極圖說』, "太極動而生陽, 動極而靜, 靜而生陰."
[9] 『朱子大全』, 卷56, 「答鄭子上」, "理有動靜, 故氣有動靜. 若理無動靜, 氣何自而有動靜乎."

도 하였다. 이황의 후예들은 그의 설을 굳건히 지켜나갔다. 하지만 일찍이 주희는 "태극은 리이고, 동정(하는 것)은 기"라고 말하였으며, 또한 "동정하는 것이 태극이 아니라 동정하게 하는 것(所以動靜者)이 곧 태극"이라고 말하였다. 율곡栗谷 이이李珥와 그의 후예들은 주희의 이 말을 바꿀 수 없는 정안이라고 생각하여 이황 및 그의 후예들의 주장을 끝내 받아들이지 않았다.

이진상은 퇴계학파의 후예로서 리유동정설理有動靜說을 적극적으로 계승하였다. 그는 먼저 리기동정의 문제는 주돈이의 『태극도설』에 뿌리를 두고 있다면서 그에 대한 자기 나름의 해석을 다음과 같이 내리고 있다.

> 살펴보건대 '리기동정'의 이론은 사실 주자周子의 『태극도설』에 뿌리를 두고 있다. 태극은 리요 음양은 기이며 동정은 리기가 만나는 곳이다. 기라는 것은 태극이 동하여 낳고 정하여 낳는 것이니, 동도 태극의 동이요 정도 태극의 정이다. 태극은 본체를 가리키는 것이며, 동정은 유행을 가리키는 것이다.[10]

이진상은 여기에서 『태극도설』의 내용을 바탕으로 동하는 것도 정하는 것도 모두 태극이 동하고 정하는 것으로, 태극은 본체를 가리키고 동정은 그 유행을 가리킬 따름이라고 말하였다. 이것은 동정이 음양, 곧 기와는 상관이 없다는 말이다. 오직 태극의 동정만을 인정하는

---

[10] 『寒洲全書』 2, 『理學綜要』, 卷1.

것이다. 이것은 태극(리)도 동정하고 음양(기)도 동정한다는 이황의 생각보다 한 걸음 더 나아간 것이다. 그는 태극의 동정을 다음과 같이 말하기도 하였다.

> 이 기가 아직 있기 전에 먼저 이 리가 있었다. 이 리가 있어야 비로소 동정이 있을 수 있다. 그러니 동도 태극의 동이고 정도 태극의 정이다. 동하면 곧 양을 낳고 정하면 곧 음을 낳는다. 동정으로 말미암아 기라는 이름이 있게 되는데, 항상 리가 주主가 되고 기는 자資가 된다. 동도 없고 정도 없으면서 동정의 묘妙를 함축하고 있는 것이 리의 체이고, 동할 수 있고 정할 수 있는 조짐이 리의 용이다. 기는 동하면 정할 수 없고 정하면 동할 수 없으니, 결코 스스로 동하거나 정할 수 있는 것이 아니다.[11]

이진상은 태극만이 동정한다는 것에서 한 걸음 더 나아가 리주기자理主氣資를 말하고, 다시 리의 체용설體用說을 들고와 직접적으로 동정하는 것은 리의 용이고 직접 동정하지 않으면서 동정의 묘를 가지고 있는 것은 리의 체라고 말하였으며, 이러한 리의 동정은 스스로 동정하는 것으로 스스로 동정하지 못하는 기의 동정과 다름을 말하고 있다. 곧 기는 동정하되 리처럼 자동자정自動自靜하는 것이 아니기 때문에 사실상 동정한다고 말할 수 없다는 것이다. 여기에서 우리는 그가 태극의 동정과 음양의 동정 간 질적 차별성을 두고 있음을 알 수 있다.

---

[11] 『寒洲全書』 1, 卷9, 「與李肯庵書」.

이진상은 다시 태극·음양의 동정 문제를 사람이 말을 타고서 출입하는 것과 비유하여 설명하고 있다.

> 태극은 사람과 같고 음양은 말과 같다. 리가 기를 타고 동정하는 것은 사람이 말을 타고 출입하는 것과 같다. 기가 한 번 동하고 한 번 정하면 리 또한 그와 더불어 한 번 동하고 한 번 정하며, 말이 한 번 들어오고 한 번 나가면 사람 또한 그와 더불어 한 번 나가고 한 번 들어온다. 이것은 기 위에서 리를 본 논의와 같지만, 실은 사람이 출입의 주主가 되고 말은 출입의 자資가 되니 다만 사람의 출입만을 이야기할 수 있다. 리는 동정의 주가 되고 기는 동정의 자가 되니 다만 리의 동정만을 이야기할 수 있다.[12]

원래 주희는 태극을 사람에 비유하고 동정을 말에 비유하였다.[13] 이것은 실제로 가는 것은 말이고 사람은 말에 의지하여 가는 것이어서, 리에는 동정이 없고 기에만 동정이 있다는 비유로 쓰였던 것이다. 그런데 이진상은 여기에서 이 구절을 자신의 철학에 맞춰 해석하고 있다. 그는 음양을 말에 비유하고, 동정을 출입에 비유하였다. 원래의 비유 그대로 받아들이면, 그것은 리와 기의 유행처에서 말하는 것으로 횡간의 논법이며, 기에서 리를 추구하는 역추의 논리라고 말하면서,[14] 말이 비록 사람을 싣고 집을 드나들지만, 그것은 사람이 시켜서 드나든 것이기 때문에 말이 집을 드나든 것이 아니라 어디까지나 사

---

[12] 『寒洲全書』 2, 『理學綜要』, 卷1, 「天道」.
[13] 『朱子語類』, 卷94, 「周子之書·太極圖」.
[14] 『寒洲全書』 1, 권9, 「與李謹休(癸丑)·附動靜說條辨」.

람이 드나든 것이라고 말하였다. 사람의 출입과 말의 출입 간 질적 차이가 있다는 것이다. 태극과 음양, 리와 기의 동정도 이와 같으므로 진정으로 동정하는 것은 태극(리)일 따름이라는 것이다.

이진상은 마침내 자신의 독창적인 수간竪看·횡간橫看·도간倒看의 삼간법三看法을 들고 나온다.

> 수간하면 리가 기에 앞서 있으며 리가 기의 주가 되니, 정은 리의 체이고 동은 리의 용이다. 횡간하면 리와 기는 번갈아 앞뒤가 되고 손님과 주인이 되니, 혹 리가 동하여 기가 끼이고 혹 기가 동하여 리가 따른다. 도간하면 리와 기는 한 사물이어서 나눌 수 없으니, 발출할 때 기가 앞에 있고 리는 뒤에 있으며, 기가 주인이 되고 리는 손님이 되며, 동하는 것 역시 기이고 정하는 것 역시 기여서, 리는 빌려 타는 죽은 사물이 되고 만다.[15]

이진상은 다른 곳에서는 "수간하고 횡간하지 않으면 하나이면서 둘인 묘를 보지 못하고, 횡간하고 수간하지 않으면 둘이면서 하나인 실상을 보지 못한다"[16]고 하여 수간과 횡간을 합간合看·통간通看할 것을 말하였지만, 이곳에서는 수간만이 올바르며 바로 자신의 리발일도설이 여기에 입각해 있음을 말하는 반면 리기호발설은 횡간한 것이고 기발일도설은 도간한 것이라 하여 비판적으로 보고 있다. 특히 수간을 따를 것 같으면 리는 아무런 힘도 갖지 못한 채 그냥 죽은 사물과

---

[15] 『寒洲全書』 4, 『求志錄』, 卷11, 「太極圖箚義·後說」.
[16] 『寒洲全書』 4, 『辨志錄』, 卷2, 「四七辨」.

다를 바 없이 되고 만다고 하였다.

또 이진상은 주희의 초년설과 만년설의 논리를 들고 나왔다. 늘 그들에 대한 비판적 논거가 되었던 주희가 "동정하는 것이 태극이 아니라 동정하게 하는 것(所以動靜者)이 곧 태극"이라고 말한 것을 그의 초년설로 규정하면서 태극을 체로 보고 동정을 용으로 보는 견해에서 나온 것이라고 하였다.[17] 그리고 그는 주희가 다음과 같이 자신의 설을 수정한 것을 찾아내었다. 곧 주희가 "지난번에 태극을 체, 동정을 용이라고 한 것은 잘못된 것이다. 이후에 고쳐서 말하면 태극은 본연의 묘이고 동정은 타는 바의 기틀이다. 태극이 동정을 품고 있다고 할 수도 있고 태극에 동정이 있다고 할 수도 있다"고 한 말이다.[18] 그는 앞의 것이 초년의 구설에 해당하는 것이고, 뒤의 것이 만년설로 그의 정론이라고 주장하였다.

이상에서 우리는 이진상이 이황의 리유동정설의 입장을 이어받아 더욱 발전시켜 나가는 것을 보았다. 이황은 기만 동정하는 것이 아니라 리도 동정한다는 입장을 가지고 있었다. 그렇게 해야만 리가 죽은 사물처럼 되지 않는다고 생각했기 때문이었다. 이진상은 이황의 이러한 생각을 이어받으면서도 한 걸음 더 나아가 리(太極)의 동정과 기(陰陽)의 동정 간 질적 차이를 두어 자동자정하는 리의 동정만이 진정한 동정이라는 생각에 리만이 동정한다고 주장하였다. 이를 설명하기 위

---

[17] 『寒洲全書』 1, 권9, 「與李謹休(癸丑)・附動靜說條辨」.
[18] 『寒洲全書』 2, 『理學綜要』, 卷1, 「天道・明理之頭腦」.

해 리유체용설과 리주기자론을 들고 나왔으며, 주희의 사람이 말을 타고 드나드는 비유를 자기의 철학 내용에 맞춰 해석하고, 삼간법을 통해 자신의 주장은 수간에 따른 것이며, 또한 주희의 만년정론에 따른 것이라고 주장하였다.

3. 심즉리설과 리발일도설

심에 대한 주희의 언명은 너무나 많았다. 리와 기의 관점에서 보아도 그가 말한 심은 양쪽으로 읽힐 수 있는 여지가 많았다. 이에 이황李滉은 포괄적으로 심을 리와 기를 아우르는 것(理氣之合)으로 보았다. 이왕에 '심통성정론心統性情論'도 있고 해서 큰 무리가 없을 법한 견해였다. 그런데 한편에서는 심을 기로 보아야 한다는 주장(心是氣)이 대두되었다. 그들은 특히 주희가 "심은 기의 가장 알맹이 부분이다"(氣之精爽)고 한 말을 들고 나와 비록 알맹이기는 하지만 기는 분명히 기라는 주장을 폈던 것이다. 이이李珥와 그의 후예들이 이 입장을 고수하면서 이황의 심합리기설과 줄곧 대립해 왔다. 그들이 그런 입장을 가지게 된 것은 주희가 한 말도 있지만, 심을 리의 측면에서 바라보게 되면 성의 위치가 불분명해진다고 생각하였기 때문이다. 특히 주자학의 대명제라고 할 수 있는 '성즉리性卽理'의 명제에 따르면 성만이 지고지선한 리일 수 있는 것이다. 어찌 보면 그들에게서 심은 성의 굳건한 자리를 마련해 주기 위해 어쩔 수 없이 기의 위치로 떠밀려 난 꼴이라고 볼 수도 있다.

그런데 주자학에서는 '성즉리'와 더불어 '심통성정'의 명제 또한 바꿀 수 없는 진리로 받아들여져 이미 두 명제 속에 모순과 갈등의 싹을 품고 있었던 것이다. 이러한 가운데 주자학을 비판하면서 등장한 양명학에서는 '심즉리心卽理'를 들고 나왔다. 이렇게 되면서 주자학 진영에서는 더욱 더 '성즉리'의 성벽을 높이 쌓는 한편 심에 대해서는 기로 바라보게 되었다. 이러한 분위기 속에서 주자학자인 이진상이 '심즉리'를 주장하고 나온 것이다. 그는 44세 때 지은 「심즉리설」의 첫머리에서 다음과 같이 말하였다.

심을 논할 때 심즉리心卽理보다 더 좋은 것이 없고, 심즉기心卽氣보다 더 나쁜 것이 없다. 저 심즉기의 설은 사실 근세 유현들로부터 나왔는데 세상에서 우리 유학을 공부하는 자들 가운데 많은 이들이 그 학설을 따랐다. 이른바 심즉리와 같은 것은 양명학의 무리들이 미쳐 날뛰며 떠들어댔던 주장이니, 우리 주자학을 하는 사람들이 그것이 도를 어지럽히는 것이라고 여겨 배척하지 않음이 없었건만, 지금은 일체가 이와 반대가 되었으니 이 어찌된 일인가?[19]

이진상은 자신의 입론을 제기하면서 마치 큰 깨달음을 설파하는 것 같기도 하고, 무슨 큰 선언을 하는 것 같기도 하다. 비장감이 느껴진다. 그는 자신에게 닥쳐올 운명을 충분히 예감하고 있었는 듯하다.

---

[19] 『寒洲全書』 1, 卷32, 「心卽理說」.

그는 먼저 "'심즉리' 세 글자는 진실로 천성千聖이 서로 전해 온 적결的訣이다"[20]는 말로 시작하고 있다. 지금 자신이 심즉리설을 제기하지만, 이것은 자신의 창견이 아니라 먼 성현들로부터 전해 내려온 진리 중의 진리라는 것이다. 그는 이렇게 심즉리가 도통상전道統相傳의 내용이며, 자기가 바로 그 도통을 이어받고 있음을 말하고 있는 것이다.

이진상이 이렇게 심즉리를 주장하는 근거는 주희를 위시한 선현들의 "심이 태극이 된다"(心爲太極)는 말과 "심이 성과 정을 통섭·통수한다"(心統性情)는 말, 그리고 "심·성·정은 하나의 리"(心性情一理)이며, '심의 대본大本은 리'라는 말 등이다. 먼저 그는 다음과 같이 말하고 있다.

> 심·성·정을 놓고 말한다면, 심은 태극이고 성은 태극의 정靜이며 정情은 태극의 동이다. 심은 리일理一이고 성과 정은 분수分殊이다. 심과 성을 놓고 말한다면, 주재가 항상 정해져 있는 것이 심이고 리일이며, 발출이 부동한 것이 성이고 분수이다. 성과 정을 놓고 말한다면, 성은 체지일體之一이고, 정은 용지수用之殊이다. 각각 들어서 단언하면 또한 모두 리일분수가 있다.[21]

주자학에서 심성론의 중심 개념인 심·성·정은 그 관계가 그야말로 복잡하고도 미묘하다. 이진상은 이곳에서 그 관계의 정리를 시도하였다. 그는 심·성·정의 관계를 전체적으로 말한 뒤 이어 심과 성, 성과 정의 관계를 말하였다. 심과 정의 관계는 빠져 있다. 먼저 그는

---

[20] 『寒洲全書』 2, 『理學綜要』, 卷8, 「心」.
[21] 『寒洲全書』 1, 卷19, 「答郭鳴遠疑問」.

심·성·정의 관계를 말하면서, 심은 태극이자 리일의 리이며, 성·정은 모두 분수의 리이자 각각 태극의 정과 동이라고 하였다. 여기에서 중요한 것은 심과 성의 관계이다. 이어 심과 성의 관계를 논하는 곳에서도 말하고 있지만, 성은 분수의 리인 반면 심이 리일의 리라는 것이다. 그리고 성은 정과 상대되는 태극의 정靜인 반면 심은 동과 정을 모두 포함하고 있는 태극 그 자체라는 것이다. 따라서 주재성도 심으로 귀속되어 버린다. 심이 성보다 우위에 있음을 부인하기 힘들 것이다. 이것은 율곡학의 입장에서 보든 퇴계학의 입장에서 보든 위치가 뒤집힌 것임은 분명하다. 여기에는 '심통성정론'의 그림자가 짙게 드리워져 있다.

이진상은 다시 '심통성정'으로 그 관계를 말하고 있다.

> 살펴보건대 '통'에는 겸포兼包와 관섭管攝의 의미가 있다.…… 대개 체용으로 말하면 심의 본체는 성이며, 심의 묘용은 정이다. 성정 이외에 다른 심은 없다. 이것이 통을 겸한다는 의미로 풀이한 이유이다. 주재로서 말하면 심이 주재할 수 있는 이유는 그 속에 지知가 있기 때문이다.[22]

이진상은 앞에서 심과 성의 관계를 리일의 리와 분수의 리, 태극 자체와 태극의 정靜으로 보았는데, 여기에서는 체용론을 통해 심과 성을 각각 체용일원과 심의 체로 보고 있다. 그리고 심의 주재성을 거듭

---

[22] 『寒洲全書』 2, 『理學綜要』, 卷8, 「心」.

강조하면서 심이 주재할 수 있는 이유를 심이 지를 가지고 있기 때문이라고 하였는데, "리와 기가 합해져야 진실로 지각할 수 있지만, 지의 근본은 리에 있지 기에 있는 것이 아니다"[23]고 하여 심의 지각마저 리로 해석하는 모습을 볼 수 있다. 이진상은 계속 '심통성정'을 통해 심의 주재성을 다음과 같이 말하고 있다.

> 심은 일신을 주재하는 것인데 주재하는 것을 기에다 속하게 하면, 천리가 형기의 명을 듣게 되고 많은 추악한 것이 영대靈臺(심)에 의거하게 된다. 심은 체가 없어 성을 체로 삼는데 지금 그것을 기라고 한다면, 성을 기로 여기는 고자의 견해와 같아지니 사람이 자연히 금수와 다름이 없게 된다. 심은 성과 정을 아우른 이름인데, 심을 기로 여긴다면 대본달도大本達道가 모두 기에 귀속되어 리는 죽은 사물이 되고 공적에 빠지게 된다.[24]

'심통성정'에서 볼 때 주재성을 가진 심이 기가 된다면 리인 성을 통수·주재할 수 없으며, 리는 끝내 죽은 사물이 되고 만다는 것이다. 심이 리일 때 그 주재성을 제대로 발휘할 수 있다는 말이기도 하다.
이진상은 자기가 말하는 심즉리는 모든 심을 가리키는 것이 아니라 그 진체眞體를 가리키는 것이며, 그것은 미발의 심이기도 하다면서 다음과 같이 말하고 있다.

---

23 『寒洲全書』 1, 卷8, 「答尹士善別紙」.
24 『寒洲全書』 1, 卷32, 「心卽理說」.

진실로 심의 진체를 분명하게 말하지 못하고 막연히 심즉리로 삼는다면, 심이 미발일 때에는 혼매잡요昏昧雜擾하고 이발일 때에는 방벽사치放辟奢侈하니 어찌 리이겠는가? 퇴계는 리와 기를 겸하여 심을 말하였으나 한편으로 심의 미발일 때 기가 용사用事하지 않는다면 오직 리일 뿐이다고 하였으니, 심의 대본大本은 오로지 리에 있지 않겠는가?[25]

이진상은 심즉리의 심이 바로 심의 진체와 대본을 가리킨다면서, 그것은 다름 아닌 성이고, 미발의 심이라는 것이다. 이황도 비록 심을 리와 기가 합해진 것이라 했지만, 이러한 진체·대본의 미발지심은 리라고 하였다고 주장하였다.

이진상이 심즉리를 주장하기 위해서는 심과 성만을 논해서는 미진한 점이 있다. 심 속에는 성만 있는 것이 아니라 정도 있기 때문이다. 이 정이 기로만 설명되면 불완전한 심즉리가 될 수밖에 없기 때문이다. 이에 그는 정을 리로 설명하는 시도를 한다. 이것은 '심·성·정이 하나의 리'라는 것과 전래의 '성발위정론性發爲情論'을 적극적으로 해석하면서 해결해 나간다.

성은 미발의 리요 정은 이발의 리이다. 성이 발하여 정이 되니 단지 하나의 리일 따름이다. 비유하자면 주인이 남의 집에 가면 손님이 되는 것과 같으니 단지 한 사람일 뿐이다. 참으로 성·정의 실상을 탐구하면 리발은 있어도 기발은 없다.[26]

[25] 『寒洲全書』 1, 卷18, 「答李聖養」.

이진상은 정이 이발己發의 리일 뿐 그것은 어디까지나 리라고 말하고 있다. 이러한 주장은 바로 '성발위정론'에 따른 것이다. 리인 성이 발하면 정도 그대로 리라는 것이다. 따라서 심과 성은 물론 정도 리라고 그는 주장하였다. 이것은 곧장 '칠정리발론七情理發論'[27]으로 이어진다. 사단만이 아니라 칠정도 리발이라는 것이며, 이렇게 되면 이것은 다시 리발일도설理發一途論로 이어질 수밖에 없게 된다. 여기에서 이황의 리기호발설理氣互發說과 균열이 생겨난다. 그러나 그의 리발일도설의 출발점이 이황의 리기호발설이었음은 분명하다. 이것을 '적극적' 계승이라는 말로 표현할 수 있을 것이다.

이진상은 이렇게 자신의 심즉리설을 확고히 다진 후 그것이 바로 주희의 만년설에 근거한 것임을 말하였다. 그는 주희가 "심은 이발己發이고 기이며, 성은 미발未發이고 리"이며, "성은 태극과 같고 심은 음양과 같다"고 한 것을 초년설로, 계축연간에 "기의 영묘함을 심"이라 한 것을 중년설로 보아 그것은 각각 기호학파의 호론湖論과 낙론洛論에 해당한다고 보았다.[28] 반면 만년설로 주희가 여자약呂子約에게 답하는 편지에서 "미발은 태극의 정이고, 이발은 태극의 동이다"고 말한 것과 오회숙吳晦淑에게 답하는 편지에서 "태극은 성·정의 묘며, 한

[26] 『寒洲全書』, 1, 卷32, 「四七原委說」.
[27] 七情理發論은 정경세와 이상정, 정종로, 이원조를 거쳐 그에게 전해진 것으로 학통 연원을 밝히는 데 중요한 근거가 된다. 하지만 그와 이원조 간에는 균열의 모습도 보인다. 자세한 내용은 이상하, 「한국 성리학 칠정리발설의 계보 상에서의 응와 이원조」(『응와 이원조의 삶과 학문』, 경북대 퇴계연구소, 2006) 참조.
[28] 『寒洲全書』, 1, 卷27, 「答李肅明別紙」.

번 동하고 한 번 정하는 것은 이발과 미발의 리이다"고 한 것,²⁹ 그리고 임기손林變孫이 정사년에 "심은 주재하는 것이고, 주재하는 것은 리이다. 이 심밖에 달리 리가 없고 리밖에 달리 심이 없다"고 한 것 등을 들었다.³⁰

이진상은 이상의 논의를 바탕으로 옥석玉石의 비유를 통해 자신의 심즉리설과 함께 이황의 심합리기설과 이이의 심시기설을 설명하였다.

> 무릇 옥은 천하의 지극한 보배이다. 그러나 세상에는 돌을 옥으로 아는 자가 있다. 형산의 옥은 돌 속에 싸여 있어 오직 변화卞和만이 그것이 옥이라는 사실을 알아서 왕에게 바쳤는데, 왕이 옥공玉工을 불러 보이니 돌이라고 하였다. 이것은 그 겉의 돌만 보고서 그 안의 옥을 알지 못한 것이다. 조정에서 조금 옥과 돌을 구별할 줄 아는 자가 있었는데, 역시 모두 돌이라고 했다.³¹

이진상은 위의 예문에서 자신의 심즉리설은 돌 속에 옥이 있다는 사실을 안 변화에 비유하고 이이의 심시기설은 돌 속에 옥이 있다는 사실을 모른 옥공에 비유하고 있다. 이것은 곧 이이의 심시기설이 심의 알맹이는 보지 못한 채 겉껍데기만 보고 한 말이라는 비판이다. 그리고 옥과 돌을 조금은 구별할 줄 알지만 역시 돌이라고 한다는 것

---

29 『寒洲全書』 1, 卷23, 「答張舜華別紙」.
30 『寒洲全書』 1, 卷23, 「答張舜華別紙」.
31 『寒洲全書』 1, 卷32, 「心卽理說」.

은 이황의 심합리기설을 곧이곧대로만 받아들인 사람을 가리키고 있음도 알 수 있다. 이것은 이황의 심합리기설에 대해 직접적으로 비판한 것이라기보다는 그의 심합리기설을 문자에만 매달려 고지식하게 추종하는 그의 후예들을 비판한 것이다. 동시에 자신이야말로 퇴계 심합리기설의 참뜻을 알아 심즉리설을 통해 이황의 심설을 진정하게 이어받았다는 생각을 담고 있다. 곧 이황의 심설을 활간하였다는 것이다. 한편 양명학의 심즉리설은 엉뚱하게도 돌을 보고 옥이라 하고, 기를 보고 리라고 하는 잘못을 범하고 있다고 비판하였다.[32] 따라서 자신의 입장에서 보면 양명학의 심즉리설은 곧 심즉기설이 되고 만다고 말하였다.

---

[32] 『寒洲全書』 1, 卷32, 「心卽理說」 참조.

제2장 한주학의 계승

1. 강학 활동과 직전제자

1) 강학 활동

이진상이 44세 때 「심즉리설心卽理說」을 저술하고서부터 그의 이름은 서서히 주위로 퍼져 나가기 시작하였다. 이 무렵을 전후하여 서서히 그의 문하에 하나둘 제자들이 모여들기 시작하다가,[1] 50대가 넘어서면 그의 문하는 성시를 이루게 되었다.

이진상의 문하에 이렇게 많은 제자가 몰려들면서, 그는 강학과 문답 그리고 향음주례鄕飮酒禮와 같은 행사를 주관하는 경우가 잦아져 바쁜 시간을 보내게 되었다. 강학과 향음주례의 경우 그가 50대 중반으로 넘어서면서 활발한 활동을 보였다. 그것을 연대별로 보면 58세 때 창녕 강림재江林齋에서 향음주례를 행한 뒤 『소학』을 강론하였고, 같은 해 고령 종산재鍾山齋에서도 향음주례를 행한 뒤 『대학』을 강론하였으며, 60세 때는 남사리南沙里에서 향음주례를 행한 뒤 『태극도설太極圖說』을 강론하고 또 중평에서는 최정기崔正基 등과 함께 『중용』을

---

[1] 「연보」에 따르면 이진상이 38세 때 金希鎭이 첫 제자로 及門하였으며, 이어 43세 때 李祚鉉이 급문하였다.

▲ 회연서원 편액

강론하였다. 61세 때 다시 종산재에서 『중용』을 강론하고, 같은 해 회연서원檜淵書院에서 향음주례를 행한 뒤 『근사록近思錄』을 강론하였으며, 63세 때는 이연재伊淵齋에서 향음주례와 함께 강론을, 다시 같은 해 고령 반룡사盤龍寺에서 『논어』를 강론하였다. 이후에도 그는 69세로 세상을 떠나기 직전까지 고령 관동館洞에서 『중용』과 『대학』을 강론하고, 갈천서당葛川書堂과 종산재, 각산覺山, 단산서원丹山書院 등에서도 향음주례와 강론을 행하였다.

여기에서 우선 눈에 띄는 것은 이진상이 강학과 향음주례를 행한 지역이 성주이거나 창녕과 고령, 거창 등 주로 성주 인근을 벗어나지 못했으며, 또한 그가 살았던 성주 땅 북쪽 지역으로는 전혀 나아가지 못했다는 것이다. 이것은 그의 학문적 영향력이 미치는 것과 일치하는 것으로, 성주 북쪽 지역은 '퇴계학'의 영향력이 강하게 남아 있어서 '한주학'의 진입을 허용치 않았던 것이다. 결국 그의 한주학은 남쪽의 영남우도 지방으로밖에 퍼져 나갈 수 없게 되었다. 그의 제자들의 출신 지역을 보아도 그대로 일치한다.

▲ 회연서원 전경

 이러한 가운데 하나 예외적으로 보이는 것이 비록 영남 우도지역이기는 하지만 성주 인근을 떠나 멀리 진주 부근 남사리와 중평에서 이진상이 향음주례와 함께 강학을 한 것이다. 물론 그가 그곳에 가게 된 것은 지리산 여행길 도중에 있었기 때문이었다. 하지만 단순히 여행 중에 잠시 들린 것으로 보기에는 무리가 있다. 그의 여행길에는 처음부터 김희진金希鎭이 배종을 하였으며, 그가 지나가는 곳마다 제자나 학자들이 나와 맞이하며 예우하였다. 바로 오도동에 있던 허유와 박치복朴致馥이 찾아와서 뵙고, 정재규鄭載圭와 김진호金鎭祜는 길위에서 배알하였다. 도중에 김인섭金麟燮(端磎)도 만났다. 다시 곽종석이 하용제河龍濟와 함께 와 그를 모시고 적벽강을 건너 남사리에 가서 향음주례를 행하고 『태극도설』을 강론했던 것이다. 이들 중 허유와 곽종

제2장 한주학의 계승　145

석은 이미 그의 문하에 출입하고 있었지만 박치복과 김진호는 허전許傳(호 省齋)의 제자였고, 정재규는 기호학파 기정진奇正鎭의 제자였다. 하지만 그들은 이진상을 강우 지역의 대현으로 생각하여 이렇게 예를 다했던 것이다.[2] 이번 만남을 인연으로 김진호는 다음 해 그의 문하로 들어왔다. 그는 이때 만난 여러 학자들과 어울려 같이 지리산을 오르며,[3] 남명南冥 조식曺植의 사당을 배알하고 산천재山川齋에서 강학 모임[4]을 가짐으로써 조식 및 강우 학자들과 깊은 인연을 맺었다.[5] 이후 이 지역 출신 그의 제자들인 허유와 곽종석, 김진호 등은 조식을 기리는 사업에 앞장섰다.[6] 이렇게 볼 때 그의 강우지역 지리산 여행은 단순한 여행 그 이상의 의미가 있었다고 볼 수 있겠다.

이진상은 이듬해인 61세(1878) 때 또 한 차례 중요한 강학 모임을 가졌다. 이번 모임 장소는 그가 사는 인근의 선석사禪石寺[7]였다. 곽종석, 김진호, 이종기李種杞(호 晚求) 등 15명[8]이 참석하여 10일 동안 강회

[2] 『寒洲全書』 1, 附錄, 卷1, 「年譜」 丁丑年 참조.
[3] 許愈, 『后山文集』, 卷5, 雜著, 「頭流錄」 참조.
[4] 당시 참석자는 이진상을 위시하여 朴致馥, 金麟燮, 權輹成, 朴尙台, 尹永燁, 許愈, 郭鍾錫, 金鎭祜, 河龍濟, 趙性家, 河載文, 河洪運, 河夾運 등 30여 명에 이르렀다. 이들 중 박치복·김인섭·김진호·허유(이때 허유는 이진상 문하에도 출입)는 허전의 제자들이며, 조성가는 정재규와 더불어 이 지역의 대표적인 奇正鎭의 제자이다.
[5] 『寒洲全書』 1, 卷2, 「山川齋」 등 참조.
[6] 권오영, 『조선후기 유림의 사상과 활동』, 456~461쪽 참조.
[7] 경북 성주군 월항면 인촌리에 있으며, 神光寺라고도 부른다.
[8] 李承熙와 李萬洙, 李奎應, 宋宗翼, 李祚鉉, 李德厚, 宋晉翼, 宋濟翼 등으로 대부분 이진상의 문인들이다.

를 열었는데, 장복추와 허훈許薰 부자도 함께 참석하였다. 이진상과 장복추가 강장이 되어 『중용』과 『심경』 등을 강론하였으며, 동유록同遊錄을 남겼다.⁹ 이 강학 모임이 끝난 뒤 이진상은 그 감회를 "위엄 있는 봉황과 상서로운 기린이 이곳에 많이 모였으니, 천운이 응당 회복되어 유학을 일으킬 것이다"¹⁰라고 읊었다.

이진상은 이와 같이 숙부 이원조가 세상을 떠난 뒤 50대 중반으로 접어들면서 잦은 향음주례와 강학 등의 모임을 통해 자신의 학파 영역을 적극적으로 넓혀 나갔다. 이와 더불어 그는 인근 원로 인사들과도 돈독한 관계를 맺어 나갔다. 그 예로 66세 때 선석사에서 허훈 등과 구로계九老契를 만들었으며, 이듬해 67세 때는 역시 선석사에서 장복추 등 향우들과 만나 수십 일 동안 학문을 강론하였고, 68세 때는 향리 사우들과 힘을 합해 향약鄕約을 시행하였으며, 69세 때는 그들과 정구鄭逑의 유지인 무흘서당武屹書堂에서 계모임을 가졌다.¹¹ 그는 이러한 활동을 통해 자기 학파의 세력을 넓혀 나갔고, 재지 사족으로서의 토대를 굳건히 다져 나갔던 것이다.

2) 급문 제자와 '주문팔현'

이진상이 38세 때 김희진金希鎭이 처음으로 급문하여 제자가 되었

---

⁹ 李種杞, 『晩求文集』, 卷8, 「遊禪石錄」 참조.
¹⁰ 『寒洲全書』 1, 卷2, 詩, 「與郭鳴遠金致受鎭祜會神光寺邀張景退許舜歌講中庸」.
¹¹ 『寒洲全書』 1, 附錄, 卷1, 「年譜」 甲申年, 乙酉年, 丙戌年, 丁亥年 참조.

다. 다음 해 그는 김희진의 「논주재서論主宰書」에 답하기도 하였다. 이어 그가 43세 때 이조현李祚鉉이 급문하였다. 본격적으로 그의 문하에 제자들이 찾아들기 시작한 것은 50대에 접어들어서였다. 그가 53세 때인 1870년 봄에 허유許愈(호 后山)가 문하에 들어온 뒤 허유의 권유[12]로 그해 겨울에 곽종석郭鍾錫(호 俛宇)이 문하에 들어왔다. 이정모李正模(호 紫東)는 이진상의 심즉리설에 확신을 가지지 못하다가[13] 마침내 그가 55세 때 허유·곽종석과 함께 찾아와 급문하였다. 58세 때 이두훈李斗勳(호 弘窩)이, 59세 때 윤주하尹胄夏(호 膠宇)가, 이어 61세 때 김진호金鎭祜(호 勿川)와 장석영張錫英(호 晦堂)이 그의 문하에 들어왔다.[14] 그의 아들 이승희李承熙를 포함하여 이 여덟 명을 세상에서는 흔히 '주문팔현洲門八賢'이라고 부른다. 「연보」에 보면 이들 이외에도 이덕후李德厚, 곽세명郭世明 등의 급문 제자 이름들이 나와 있는데 그의 문인록에는 총 137명의 이름이 올라 있다.

이진상의 뛰어난 학문적 성취와 더불어 적극적인 강학 활동과 향내외 활동으로, 그가 60대에 이르면 그의 '한주학파'는 강우 지역 최대의 학파로 성장하였으며, 영남 좌도 안동의 유치명柳致明(호 定齋)의 뒤를 이은 김흥락金興洛의 서산西山 학단과 비견될 위치에까지 올랐다. 이후 그의 재전제자들로 가면 사실상 영남 지방 최대 학파일 뿐만 아니

---

[12] 許愈, 『后山文集』, 卷5, 書, 「答郭鳴遠鍾錫」, 庚午 참조.
[13] 李正模, 『紫東文集』, 卷3, 書, 「答李器汝」 辛未와 「與李器汝」 壬申 참조.
[14] 이들의 급문 시기가 자료에 따라 약간씩 차이가 있다. 여기에서는 「연보」를 중심으로 정리하였다.

라 전국적으로도 최대 학파로 커 나가게 된다. 그는 급문 제자들에게 직접 강학하는 것과 더불어 서면을 통한 질의에도 성의껏 응했으며, 자신과 학설을 달리하는 사람들에 대해서도 적극적으로 답변하고 토론하였다.

이진상의 제자들은 강학과 문답을 통해 자신의 학문을 다지고 스승의 학설을 이어받는 한편 스승 이진상과 견해를 달리하는 학자들과 적극적으로 토론하면서 스승의 학설을 지켜나갔다. 이미 이진상의 문하에 들어온 곽종석은 1872년 스승과 견해가 다른 김인섭金麟燮에게 다음과 같이 말하였다.

> 오늘날 학자들의 병통은 오로지 '주기主氣' 두 글자에 있습니다. 심즉기心卽氣, 기본선氣本善의 설을 공공연하게 떠들고 드러나게 행하여 그 극한에 이르러서는 기가 천리天理가 되고, 기가 대본大本이 되고, 양지良知도 기이고, 명덕明德도 기라고 하여 마음대로 망령되게 행동하고자 하여 막을 수 없으니, 그 피해가 장차 홍수나 맹수보다 심할 것입니다. 배운 사람들의 탄식이 어찌 끝이 있겠습니까?[15]

곽종석은 이미 이때에 '한주학'의 전도사요 전사가 되어 있었다. 이러한 모습은 여타 제자들에게서도 마찬가지로 나타났다. 허유는 이진상의 심즉리설을 이어받아 사람이 물物과 다른 까닭은 의리義理의 심이 있기 때문인데, 이 심을 기로 인식하거나 기와 섞인 것으로 인식하

---

[15] 郭鍾錫, 『俛宇文集』, 卷15, 書, 「與金獻納」.

면 사람과 물의 구별이 없게 된다고 주장하였으며,[16] 또한 명덕주리설 明德主理說을 이어받아 성은 사람과 물이 다 가지고 있지만 명덕은 오직 사람만이 가지고 있어서 명덕을 기라 하거나 기와 겸했다고 말하면 사람과 물의 구별이 없게 된다고 주장하였다.[17] 장석영도 허훈과 논변하면서 이진상의 설을 이어받아 칠정리발七情理發을 주장하였으며,[18] 도예숙과 논변하면서는 이진상의 수간豎看·도간倒看과 순추順推·역추逆推의 관점을 이어받아 순추하여 수간하면 리와 기는 결단코 다른 사물이고 리가 먼저이며, 동정함은 어디까지나 태극의 체용으로 리가 동정하기 때문에 기가 동정하는 것이며 리 없이 기 스스로 동정할 수는 없다고 주장하였다.[19] 이진상 사후에도 제자들은 스승의 학설을 계승하고 확산하는 노력을 게을리 하지 않았다. 그런데 그때까지만 해도 문답과 논변의 상대가 대부분 강우 지역 학자들에 국한되어 있었음을 볼 수 있다.

이진상이 세상을 떠나자 그의 제자들은 스승의 대표 저술인『리학종요理學綜要』를 발간하기 위해 교감 작업을 하였다.『리학종요』는 이진상이 죽기 직전까지 교감을 거듭했던 책인데, 그가 죽은 뒤 1889년 5월 아들 이승희와 허유·이종기·곽종석·윤주하·장석영 등의 문인제자들이 한개 본가에 모여 수십 일 동안『리학종요』를 교감하였

---

[16] 許愈,『后山文集』, 卷12, 雜著,「心合理氣說」참조.
[17] 許愈,『后山文集』, 卷5, 雜著,「縣學講義」참조.
[18] 張錫英,『晦堂集』, 卷3,「答許舫山」참조.
[19] 張錫英,『晦堂集』, 卷5,「答都藝淑」참조.

다. 이후 몇 차례 더 교정 작업을 거쳐 마침내 1897년 고령 회보계會輔契에서 발간하였다. 그들은 이미 2년 전인 1895년에 문집을 발간한 상태였다. 이렇게 문집과 그의 주저인 『리학종요』가 발간되어 나오자 비로소 심즉리설 등 이진상의 학설이 널리 알려지게 되었다. 그러면서 동시에 그의 학설에 대한 비판도 전국적으로 제기되었다.

그 가운데서도 가장 격렬하게 비판이 제기된 것이 앞에서 살펴본 대로 같은 퇴계학맥의 안동지방 유림과 학자들이었다. 이들은 퇴계학을 묵수한 채 '한주학'을 비판했던 것이다. '한주학'은 결코 '퇴계학'을 계승한 것이 아니라는 것이 이들 주장의 핵심이었다. 이렇게 보면 이들간의 논란은 결국 퇴계학파 내 정통성의 시비라고 볼 수도 있다. 이들의 '한주학' 비판에 곽종석과 이승희는 앞장서 대응하였으며,[20] 나머지 제자들도 적극적으로 참여하였다. 한주학 비판의 대표 인물이 이만인李晩寅인데, 그는 이진상의 학설을 조목조목 들어 퇴계학과 다름을 지적하였다.[21] 이에 대해 곽종석과 이승희는 물론 윤주하도 하나하나 세밀히 따져 가져 스승의 학설을 옹호하였다. 윤주하는 그 내용을 「반구록反究錄」[22]에다 묶어 후세에 남겼다.

한편 이진상의 제자들은 기호학파의 심설을 비판하였다. 기호학파에서는 전통적으로 '심시기心是氣'의 입장이 율곡 이이의 정안이라는 생

---

[20] 곽종석과 이승희의 대응은 다음 장 참조.
[21] 李晩寅, 『龍山文集』, 卷6, 雜著, 「寒洲李氏動靜說條辨」 등 참조.
[22] 尹冑夏, 『膠宇文集』, 卷16, 雜著, 「反究錄」.

각을 가지고 있었다. 특히 율곡학통의 적통임을 자임하는 전우田愚(호 艮齋)는 '심시기'의 입장에 따라 '성사심제설性師心弟說'을 제기하였던 터여서, '심즉리' 입장을 가진 한주학파 쪽에서 그들을 비판하게 된 것이다. 곽종석과 그의 제자[23]들이 그에 대해 적극적으로 비판에 나섰으며, 장석영[24] 같은 이도 비판에 동참하였다.

또한 이진상의 후예들은 이항로李恒老의 화서학파華西學派 내 심설 논쟁에도 뛰어 들었다. 조선 말 척사위정운동과 의병운동을 주도했던 화서학파에서는 이항로가 죽자 김평묵金平默(호 重庵)을 중심으로 한 계열과 유중교柳重教(호 省齋)를 중심으로 한 계열 간 심설 논쟁이 일어났던 것이다. 전자가 심을 주리적主理的으로 해석한 반면 후자는 율곡학통의 전통적 입장에 서서 심을 주기적主氣的으로 해석하였다. 이진상의 후예들은 김평묵 계열의 심주리 입장이 자신들의 심즉리와 일치한다고 생각하여 편을 드는 한편 심주기의 유중교를 비판하였던 것이다.[25] 이렇게 이진상의 후예들이 기호학파의 논쟁에까지 끼어들면서 이제 한주학은 전국적으로 그 위상을 가지고 된 것이다.

이처럼 이진상의 제자들은 '심즉리설' 등 스승의 학설을 함께 굳건히 지켜나가면서 학파적 유대감을 강하게 가지고 있었다. 이를 바탕으로 그들은 현실 인식과 실천에서도 보조를 같이하였다. 그들이 주

---

23 대표적인 이로 河謙鎭, 金榥 등이 있다.
24 張錫英, 『晦堂集』, 卷22, 「性師心弟辨」 참조.
25 郭鍾錫, 『俛宇集』 3, 卷130, 「柳省齋心說辨」 참조.

로 활동한 시기는 1890년대 중반 이후 대한제국 시기와 일제강점기로 접어든 무렵이었다. 그들은 유학과 스승의 학설을 손에서 놓지 않은 채 능동적으로 근대를 살아갔던 것이다. 그들의 스승 이진상은 여느 재야 유생들과 다를 바 없이 살았지만, 그들로 오면 더 이상 재야 유생들과는 다른 현실 인식과 실천의 모습을 보였다. 무엇보다 의병운동에 동참하지 않은 것이다. 대신에 만국공법萬國公法에 호소하는 길을 택하였다. 을미사변 후에도 그러했고, 을사보호조약이 맺어졌을 때도 그러했다. 곽종석, 이승희, 이두훈, 장석영 등이 이 시기 서울을 오르내리며 활동에 참가하였다. 일제강점 후 곽종석이 파리장서사건에 앞장섰을 때도 사우였던 장석영과 그의 제자들이 이에 적극적으로 참가하였다.

2. 곽종석과 한주학의 계승

1) 생애와 활동

곽종석郭鍾錫(자 鳴遠, 호 俛宇)은 1846년 단성현丹城縣 초포草浦(현 경남 산청군 단성면 사월리 초포)에서 현풍玄風 곽씨 곽원조郭源兆의 아들로 태어났으며, 1919년 3·1운동 뒤 일어난 '파리장서사건'으로 투옥되어 병보석으로 풀려난 2개월 여 뒤 다전茶田(현 경남 거창군 가조면)에서 향년 74세로 생을 마감하였다.

▲ 다천서당 편액

　곽종석은 어머니의 권유에 따라 20세 때 한차례 서울에 가 과거에 응시한 적이 있지만 이후 벼슬길에는 뜻을 두지 않았으며, 비안현감比安縣監(50세)과 중추원의관中樞院議官(54세), 비서원승秘書院丞(58세) 등의 관직에 내렸으나 끝내 나아가지 않고 처사로서 일생을 살았다.

　곽종석은 25세(1870) 때 허유許愈(호 后山)를 통해 이진상의 학문을 알고 성주 한개마을로 찾아가 급문及門하였으며, 이진상은 "지금 온 천하가 어지럽고 기학氣學이 날뛰는 이때에 그대를 얻었으니 이는 실로 우리 도의 다행이라"고 말하며 기뻐하였다. 두 사람은 첫 만남 자리에서부터 "리기理氣에 대한 학설이 서로 합치되어 두 사람의 무릎이 맞닿도록 자리가 가까워져도 미처 알아차리지 못할 정도였다"는 말이 전한다. 또 사제간의 정이 남달랐음은 곽종석이 봉화 춘양에서 살고 있을 때 스승의 별세 소식을 들었는데, 그가 허겁지겁 빈소에 닿으니 빈소의 문이 저절로 열렸다는 이야기로도 전한다. 그는 이진상과 주고받은 편지 내용을 『지의록贄疑錄』이란 이름으로 묶어 스승의 인가를 받

▲ 다천서당 전경

앉으며, 스승 사후 장문의 「행장行狀」을 짓고 문집과 저술의 발간에 힘을 합했으며, 스승의 학설에 대한 비판이 일어나자 앞장서 변론에 나섰다. 이렇듯 그는 한주학통의 적전嫡傳이요 한주학맥의 종장宗匠으로서 망국이라는 현실의 소용돌이 속을 살아나갔던 것이다.

곽종석은 이진상으로부터 성리학을 이어받고 도학자로서 일생을 살아갔지만 현실에 대한 인식과 실천은 여느 도학자들과 좀 다른 면이 있었다. 그가 50세 때인 1895년 민비가 시해된 을미사변乙未事變이 일어나고 뒤이어 단발령이 내리자 전국적으로 재야 유생들에 의한 의병운동이 일어났다. 영남 지방에서도 안동의 권세연權世淵과 김도화金道和 등이 의병을 일으켜 그에게 부장副將이 되어 달라는 요청을 해 오게 된다.[26] 그러나 그는 포의의 신분이고, 신하의 입장에서 임금의 군대에 맞설 수 없으며, 때로 보아서도 오히려 나라를 어지럽힐 수 있다는 등의 이유를 들어 의병에 참가하지 않았다. 반면 그는 사우인 이승희, 이두훈과 함께 상경하여 각국 공관에 일본의 패역을 성토하고 그 죄를 다스릴 것을 호소하는「열국공관서列國公館書」를 보냈다.

그 후 곽종석은 60세 때인 1905년 을사보호조약乙巳保護條約이 맺어진다는 소식을 듣고서는 '청뢰거보호명정국체請牢拒保護明正國體'라는 제목의 차자箚子를 고종황제에게 올리며, 황제로부터 즉시 조정으로 부임하라는 명을 받고 상경하던 중 조약이 맺어졌다는 소식을 듣고서는 매국적신을 참할 것과 만국공법에 호소할 것을 청하는「청참매국적신개덕열국공관소請斬賣國賊臣開德列國公法疏」를 올렸다.

곽종석은 1906년 기호지방 화서학파의 후예인 최익현崔益鉉(호 勉庵)으로부터 이전 1896년에 이어 다시 의병에 참여해 달라는 청을 받았으나 역시 다음과 같이 거절하였다.

> 저는 오늘에 있어 필사必死를 정법定法으로 생각하지 않으며, 또한 불사不死를 변계便計로 여기지도 않습니다. 감히 힘이 미치지 않는 것을 가지고 군부君父에게 화를 불러들이거나 생령生靈들에게 독이 미치지 않도록 하렵니다. 오직 때와 장소에 따라 의義에 합당한지를 살펴 자신의 분수를 잃지 않기를 바랄 따름입니다.[27]

---

[26] 권대웅,「한말 영남유학계의 의병활동」,『한말 영남유학계의 동향』(영남대학교 민족문화연구소, 1998), 184쪽과 김희곤,「안동의병장 척암 김도화의 항일투쟁」,『민족 위해 살다간 안동의 근대 인물』(안동청년유도회, 2003), 292쪽 참조.

[27] 郭鍾錫,『俛宇集』, 卷19,「答崔贊政」.

자신은 자정自靖의 길을 걷겠다는 뜻을 분명히 밝히고 있다. 그가 밝힌 의병에 참여하지 않는 이유는 지난 번 을미의병 때와 별반 차이가 없다. 일제 강점이 된 후인 1912년에도 그는 다시 고종의 밀지를 받은 안동의 김세동金世東으로부터 함께 의병을 일으키자는 제의를 받았으나 역시 거절하면서, 고종에게 비밀리에 올리는 상소에서 "신은 도로써 임금을 섬기는 처지에 있으니 신이 책임질 것은 도입니다. 나라는 망하여도 도는 망하지 않으며, 군주는 굴복할지라도 도는 굴복하지 아니하나니 단지 불사이군으로 신의 소신을 삼겠습니다"[28]라고 답하였다. 이러한 처신으로 그는 일부 유자들로부터 '나약한 유자'(懦儒)라니 '썩은 유자'(腐儒)라니 하는 비웃음을 감내해야만 했다.[29]

그러나 1919년 3·1운동 직후 곽종석이 이른바 '파리장서사건巴里長書事件'(일명 '제1차 유림단사건')[30]에 앞장서면서, 그가 단순히 나약하거나 썩은 유자가 아니었음을 보여 준다. 이 사건은 곽종석이 앞장서고 그의 제자 김창숙金昌淑(호 心山) 등이 주도한 것이다. "한국 유림대표 곽종석과 김복한 등 137인은 삼가 파리평화회의에 참여하신 여러 각하들에게 봉서하노라"라는 말로 시작하여 "우리는 차라리 자진하여 죽을지언정 일본의 노예는 되지 않을 것이다"라는 말로 끝을 맺는 파리장서는, 내용 속에 나타나 있듯이 제1차 세계대전 뒤 파리평화회의

---

[28] 劉秉憲, 『晚松遺稿』, 附錄, 「郭鍾錫疏」(유명종, 『한국철학사』, 389쪽 재인용)
[29] 최영성, 『한국유학사상사』 5(아세아문화사, 1997), 160~163쪽 참조.
[30] 최영성, 『한국유학사상사』 5(아세아문화사, 1997), 136~142쪽 참조.

▲ 곽종석 묘

에 참석한 각국 대표들에게 한국 유림들의 항일과 독립 의지를 전하기 위한 것이었다. 아울러 이것은 유림이 배제된 채 천도교와 불교·기독교 대표 33인의 명의로 선언된 「기미독립선언문」에 대한 화답과 지지의 의미를 가지고 있다. 곽종석은 이 사건으로 2년 형을 선고받은 뒤 병보석으로 풀려났다 여독으로 곧 세상을 떠났다.

위의 행적을 볼 때, 곽종석은 다소 '개명한' 도학자의 길을 걸었다고 볼 수 있다. 이것은 한주학파 후예들에게 나타나는 공통된 특징이기도 하다. 그는 이진상의 고제高弟로서 유교의 도를 지키는 것을 자기 임무로 삼았던 터여서 스승으로부터 물려받은 학문을 더욱 발전시키는 데 온 힘을 쏟은 결과 무려 2백 권 가까운 저술을 남겼다.[31]

---

[31] 그의 『俛宇集』은 原集 165권 63책, 續集12권으로 되어 있으며, 이 밖에 그의

이와 함께 그의 문하에는 많은 제자가 찾아들어 이들이 한주학파 재전제자의 중심을 이루었다. 대표적인 이로 하겸진河謙鎭(호 晦峯), 이인재李寅梓(호 省窩), 이병헌李炳憲(호 眞庵), 김창숙(호 心山), 김황金榥(호 重齋) 등이 있다.

2) 한주학의 계승

곽종석은 이진상의 적전嫡傳으로서 풍부한 저술을 남기고 있으며, 그 중심 내용은 성리설에 대한 것으로 이진상의 학설을 계승, 옹호하는 것이 많다. 먼저 그의 저술에 대해서 살펴보면, 그는 25세 때 이진상을 만나기 이전에 이미 「사단십정경위도四端十情經緯圖」를 지어 자신의 정리된 성리설을 가지고 있었다. 28세 때 그는 「심성잡기心性雜記」를 지어 심즉리설心卽理說을 중심으로 한 이진상의 심성설을 계승, 발전시키고 있으며, 32세 때 지은 「리결理訣」에서는 자신의 성리설을 완성시키고 있다. 여타 중요한 성리학 관련 저술로 26세 때 이상정李象靖(호 大山)의 「심동정도心動靜圖」에 의문을 가져 지은 자신의 「심동정도心動靜圖」, 한원진韓元震(호 南塘)의 인심도심설人心道心說을 비판하면서 지은 「서한남당인심도심설후書韓南塘人心道心說後」, 40세 때 주돈이周敦頤의 『태극도설』과 『통서』를 언해한 『태극도설통서언해太極圖說通書諺解』 등이 있다. 도학자로서 이렇게 언해본을 남긴 것도 무척 특이한 일이지

제자 朴雨喜가 편찬한 『茶田經義問答』(22권)이 있다.

만, 그는 일찍부터 서양의 신학문에도 관심을 가지고 있어서 1899년에 이미 독일인 블룬칠리(步倫冠魅)가 공법과 국제법에 대해 쓴 『공법회통公法會通』을 읽고서 발문을 쓴 적이 있으며, 그의 제자인 이인재가 서양 고대철학을 연구하여 「고대희랍철학고변古代希臘哲學攷辨」을 쓰자 역시 발문을 쓴 적도 있다. 여기에서는 그의 성리설 가운데서도 스승 이진상의 학설을 계승, 발전시킨 것을 중심으로 살펴보기로 한다.

먼저 이진상을 만나기 이전에 지은 「사단십정경위도」[32]의 내용을 보면, 우선 눈에 띄는 것이 칠정七情이 아닌 십정十情이라 한 것이다. 그는 기존의 칠정에다 락樂·우憂·분忿 셋을 더해 십정이라 하였다. 그런데 그는 이 십정을 애愛·희喜·락樂, 우憂·구懼·애哀, 오惡·노怒·분忿 셋으로 구분한 뒤 다시 이를 욕欲 하나로 합쳐 보았다. 이어 그는 사단을 경기經氣로, 십정(칠정)을 위기緯氣로 설명하면서, 성과 정을 각각 경과 위에 비유한 김창협金昌協(호 農巖)의 설과 리와 기를 각각 경과 위에 비유한 이현일李玄逸(호 葛庵)의 설은 잘못되었다고 비판하였다. 그는 기를 중심으로 사단과 십정을 각각 경기와 위기가 된다고 보았던 것이다. 이것은 곧 리와 기가 발할 때 리가 기를 타고 곧장 발하는 것이 경기요 바로 사단이며, 리가 기를 타고 옆으로 발하는 것이 위기요 십정이라는 것이다. 이처럼 사단은 리를 주로 하고 십정은 기를 주로 하지만, 사단과 십정이 모두 리가 기를 타는 것은 같다는 점에서 그는 '리발일도理發一途'임이 분명하다고 말하였다. 이것은 다름

---

[32] 郭鍾錫, 『俛宇集』, 「四端十情經緯圖」 참조.

아닌 이진상의 설이다. 이렇게 볼 때 그가 이진상을 만나기 전에 이미 두 사람은 같은 생각을 가지고 있었음을 알 수 있다.

곽종석은 32세 때 지은 「리결理訣」에서 "우리 유교에서 주리主理를 귀하게 여기는 것은 천지의 경상經常이요 고금의 통의通誼요 열성列聖의 심법心法이요 상전相傳하는 종지이다"고 말하였다. 우리는 여기에서 이진상의 『리학종요理學綜要』가 바로 그의 「리결」로 이어지고 있음을 볼 수 있다. 그는 이진상의 '리유동정설理有動靜說'을 이어받고 있으며,[33] 아울러 이진상의 수간竪看·횡간橫看·도간倒看의 설을 이어받아 이이의 기발일도설氣發一途說은 사물의 형적만 쫓아 도간한 것인 반면 이황의 리기호발설理氣互發說은 수간과 횡간을 겸한 것이고 이진상의 리발일도설은 수간한 것이라 하여 리발일도설을 옹호하였다.[34]

한주학통의 도맥道脈은 역시 심즉리설心卽理說이다. 곽종석은 이진상 문하에 나아간 지 3년 뒤 지은 「심성잡기心性雜記」에서 다음과 같이 말하고 있다.

> 한주 선생이 태어나서 맹자와 정자程子의 끊어진 실마리를 찾고, 주자와 퇴계의 올바른 학문전통을 살펴 심즉리를 제창하였다. 그래서 잘못된 견해와 세간 학자들의 근거 없는 비난을 논파하였으니, 그 공으로 논한다면 오늘날의 정자라 하여도 좋을 것이다.[35]

---

[33] 郭鍾錫, 『俛宇集』 3, 卷129, 「理訣續上」 참조.
[34] 郭鍾錫, 『俛宇集』 2, 卷112, 「答裵汝鷺」 乙亥 別紙 참조.
[35] 郭鍾錫, 『俛宇集』 3, 卷128, 「心性雜記」.

곽종석은 여기에서 심즉리설이 단순히 이진상 한 사람의 학설이 아닌 성현들께서 도통상전道統相傳한 바로 그 핵심 내용이라고 단언하면서, 이진상을 유교 도통의 한가운데에 위치시키고 있다. 그러면서 그도 심즉리설을 다음과 같이 주장하고 있다.

> 성性은 정靜에 속하고 정情은 동動에 속하지만 심은 동정動靜을 관통한다. 그러므로 성과 정을 합하여 심이라 이르는 것이다. 성은 미발未發의 리요 정은 이발已發의 리이니, 곧 심이 리됨은 또한 분명하지 않는가?[36]

곽종석은 '성은 미발未發의 리요 정은 이발已發의 리'이기 때문에 성과 정이 합해져 있는 심은 당연히 리라고 주장하였다. 이것은 이진상의 심즉리설을 그대로 옮겨 놓은 것이다. 그리고 그는 이황의 『성학십도聖學十圖』 중 제6도인 「심통성정도心統性情圖」에 대한 해석을 통해 자신의 심즉리설을 전개하면서 이 중에서 중도中圖를 심즉리설의 핵심적인 근거로 삼고 있는데,[37] 이 또한 이진상의 관점을 그대로 이어받은 것이다. 그러면서 그는 자신과 이진상이 말하는 심즉리설에서의 심은 '본심本心'이요, '진심眞心'이며, '주재지심主宰之心'이라고 말하였다.[38]

> 수평적(橫看)으로 심을 말할 때는 다만 '리와 기를 겸한다'고 말해야겠지만,

---

[36] 郭鍾錫, 『俛宇集』 2, 卷76, 「答李子明 別紙」.
[37] 郭鍾錫, 『俛宇集』 1, 卷36, 「答李子翼」.
[38] 郭鍾錫, 『俛宇集』 2, 卷47, 「答權舜人」.

수직적(竪看)으로 심을 말할 때는 심즉리라고 해도 무방하다.[39]

여기에서 곽종석은 '횡설로 심을 말할 때'(平說心)에는 '심합리기心合理氣'라 말해야겠지만, '수설로 심을 말할 때'(直說心)는 심즉리라고 할 수 있다는 것이다. 여기에서 '수설로 심을 말할 때'(直說心)란 바로 '본심'과 '진심'을 가리키는 것이다. 또한 그는 여기에서 심의 주재성主宰性에 특히 주목하고 있다.

> 심과 성이 비록 하나의 리이지만 성은 지극히 정靜하고 심은 운용運用할 수 있다. 그러므로 주재의 묘妙는 심에 있지 성에 있지 않다. 기는 심이지 성이 아니기 때문이다. 그러나 심 역시 리이니, 리의 지극히 영묘하고 지극히 선한 것이다.[40]

곽종석은 주재성이 심에만 있지 성에는 없다고 말하면서, 심이 주재성을 가지고 있기 때문에 '리의 지극히 영묘하고 지극히 선한 것'이라 하였다. 이러한 심의 주재성에 대한 논의는 '심통성정론心統性情論'과 직결되어 있다. 성은 리이며, 이진상과 그는 정 또한 '성발위정론性發爲情論'과 '칠정리발론七情理發論'에 따라 리라고 보기 보았기 때문에 그러한 성과 정을 '통합'하고 '통수'하는 심은 리일 수밖에 없게 된다. 그리고 여기에서 심의 주재성을 강조할 때는 '심통성정'에 있어서 '통'

---

[39] 郭鍾錫, 『俛宇集』 3, 卷128, 「心性雜記」.
[40] 郭鍾錫, 『俛宇集』 2, 卷97, 「答余仲陽」.

이 '통수'의 의미로 읽히게 된다.

이러한 심즉리설의 내용이 담긴 이진상의 문집이 발간되자 당장 퇴계학파 안에서 비판이 일어났다. 안동 지역 이만인李晩寅·이재기李載基 등이 심즉리설 등에 대해 비판을 해 오자 그는 적극적으로 답변에 나섰으며, 심즉리설에 회의적인 입장을 가진 이종기李種杞(호 晩求)[41]·조긍섭曺兢燮(호 深齋)[42] 등과 토론하며 설득해 나갔다.

영남 지방에서 심즉리설을 비판하는 이들은 모두 이황의 '심합리기설'의 입장에 서 있었다. 이에 곽종석은 이황이 '심합리기'를 말하자 그 후예들이 마치 심의 본체까지도 리와 기를 겸해 있는 것으로 보는 폐단이 생겨났다며, 이황이 심의 진면목은 '오직 리일 따름이다'(惟理而已)고 일찍이 말한 적이 있음을 상기시켰다.[43] 본체에서 본다면 심은 마땅히 리일 따름이라는 그의 관점이 관철되고 있다.

한편 곽종석은 기호학파의 심설 논쟁에 뛰어들어 '심시기心是氣'의 입장에 선 전우田愚(호 艮齋)의 '성사심제설性師心弟論'을 비판하였다.[44] 율곡 이이의 후예들은 '심시기설'이 이이의 정안이라고 생각해 왔다. 그런데 곽종석은 이이의 심시기설이 '한때의 치우친 말'(一時之偏言)일 뿐 정안은 『성학집요聖學輯要』에서 '심은 성과 정을 합한 것'이라고 말한

---

[41] 郭鍾錫, 『俛宇集』 1, 卷20, 「答李器汝」.
[42] 郭鍾錫, 『俛宇集』 2, 卷85, 「答曺仲謹」.
[43] 郭鍾錫, 『俛宇集』 2, 卷111, 「答洪成吉」.
[44] 이종우, 「한주학파와 간재학파의 심성논쟁 연구」(성균관대학교 박사학위논문, 2004) 참조.

것이라 하였다.[45] 또한 그는 화서학파華西學派 안의 심설 논쟁에도 뛰어들어 이항로李恒老(호 華西)의 심주리설心主理說을 적극 지지하면서 스승의 설을 고수하는 홍재구洪在龜와 유기일柳基一의 심주리설에 대해 조언을 하는 한편 스승의 설을 수정한 유중교柳重敎(호 省齋)의 심주기설心主氣說에 대해서는 「유성재심설변柳省齋心說辨」[46]이라는 비판의 글을 쓰기도 하였다.

3. 이승희와 한주학의 계승

1) 생애와 활동

이승희李承熙(호 韓溪)는 1847년 한주 이진상의 아들로 태어났으며, 1908년(62세) 블라디보스토크으로 망명길에 올랐다가 1916년 중국의 봉천奉川(현 瀋陽) 소북관小北關에서 향년 70세로 생을 마감하였다.

이승희의 생애와 활동은 크게 두 시기로 나누어 살펴볼 수 있는데, 바로 1908년 62세 때의 망명 이전과 이후 시기이다. 망명 이전 그는 한주학파의 일원으로서 스승이자 아버지인 이진상의 성리설을 이어받아 공부하고, 이진상 사후 곽종석郭鍾錫·허유許愈 등과 문집을 발간

---

[45] 郭鍾錫, 『俛宇集』 2, 卷93, 「答河聖權」.
[46] 郭鍾錫, 『俛宇集』 3, 卷130, 「柳省齋心說辨」 참조.

하며, 문집 발간 후 이진상의 성리설에 대한 비판이 쏟아지자 온힘을 다해 옹호하였다. 한편 그는 현실의 문제에 대해서도 적극적인 관심을 가져 일찍이 1867년 21세 때 대원군大院君에게 5개조의 시국대책문時局對策文을 올리고, 1881년(35세)에는 김홍집金弘集이 일본에 수신사로 다녀오면서 가져온 「조선책략朝鮮策略」으로 영남만인소嶺南萬人疏 사건이 일어나자 「조선책략」의 내용을 비판하는 척사소斥邪疏를, 을미사변乙未事變이 일어나자 1896년(50세)에는 곽종석 등과 함께 일본을 주토하는 통고문通告文을, 을사보호조약乙巳保護條約이 맺어지게 되자 1905년(59세)에는 두 차례에 걸쳐 조약에 동의한 대신을 주벌하고 조약을 파기할 것을 청하는 상소문을 승정원에 올렸다. 그리고 1907년(61세)에는 네덜란드 헤이그에서 열린 만국평화회의萬國平和會議에 서한을 보냈으며, 당시 국채보상운동國債報償運動의 성주지회장을 맡아 활동하기도 하였다. 이 시기 그는 한주학파의 일원으로서 충실하면서도 다소 '개명한' 도학자의 삶을 살아갔다고 정리할 수 있다.

　망명 후 이승희의 삶은 한인韓人 공동체를 통한 해외 독립운동의 기지 마련과 한인 공동체의 정신적 결속을 위한 공자교운동孔子敎運動[47]의 전개로 이어졌다. 그는 망명 다음해인 1909년 이상설李上卨 등과 함께 중국 길림성吉林省 밀산현密山府(현 흑룡강성 밀산시)에 한흥동韓興洞이

---

[47] 이승희의 공자교운동에 대해서는 홍원식의 「한국 공자교운동과 이승희」,(『공자학』 제3호, 한국공자학회, 1998) 참조.

라는 한인 정착촌을 개척하며, 4년 뒤 이 한흥동 개척사업이 어려움을 겪자 중원을 둘러보기 위해 나서는데 이때부터 공자교운동에 뛰어들었다. 그는 1913년 12월 북경공교회北京孔敎會의 주임 진환장陳煥章을 만나 공교회 한인지회의 설치 문제를 논의하였으며, 다음 달인 1914년 1월 공교회로부터 동삼성東三省 한인 공교회韓人孔敎會 지회의 승인을 받았다.⁴⁸

▲ 이승희

그런데 이승희의 공자교운동이 중국 공교회와 긴밀한 관계 속에 전개되었지만 막상 중국 공자교운동의 주창자인 강유위康有爲 사상과는 특별한 영향관계를 갖지 않는다. 그는 강유위에게 한두 차례 편지글을 보내기는 하였지만 영향을 받은 흔적이 없다. 특히 같은 공자교운동이지만 그의 공자교 사상은 강유위의 것과 판이하다. 강유위의 공자교 사상은 주자학을 비판하고 기독교를 모델로 하고 있는 반면 그는 반기독교反基督敎·비인격신非人格神의 주자학적 공자교 사상을 가

---

⁴⁸ 이 무렵 이승희는 山東 曲阜의 공자사당을 참배하게 되는데, 이때 이진상의 『理學綜要』와 『春秋集傳』, 『四禮輯要』을 기증하였다.

지고 있었다. 그의 이러한 공자교 사상은 그가 망명하기 이전에 이미 마련되어 있었던 것이다.

이승희는 망명 전인 56세(1902년) 때 영국인 알렉산더 윌리엄슨(韋廉臣)과 유교에서 말하는 '상제上帝'(神)가 '태극太極'(理)인가 아닌가의 문제로 논변한 적이 있다.[49] 윌리엄슨은 주자학에서 말하는 리가 지각함과 동정動靜함이 없고 주재主宰할 수도 없는 비인격적 존재인 반면 상제는 신령스런 지혜와 힘을 가지고 있으며 이 지혜와 힘을 가지고서 주재할 수도 있는 신묘한 존재라고 주장하였다. 이것은 원시 유교의 상제를 기독교적 신과 연결시켜 주자학적 무신관無神觀을 비판한 것이라 할 수 있겠다. 그는 태극(리)이 무형기無形氣의 존재로서 지각하고 동정하며 주재한다는 주자학적, 그것도 퇴계학통의 주자학적 입장에 서서 윌리엄슨의 주장을 비판하였으며, 주재의 리가 참다운 상제라는 결론을 이끌어 내었다.

나아가 이승희는 상제와 천天·태극太極·리理·심心의 근원적 일치성을 확보하고 리발설理發說을 통해 주재성을 설명하였다.

> 심이란 사람에게서의 태극으로, 정靜하면 성性이 되고 동動하면 정情이 된다. 나누면 인·의·예·지가 되고, 또한 혼백과 정신의 주재자가 된다.[50]

여기에서 이승희는 위에서 논의한 상제설을 리발설 및 심즉리설과

---

[49] 李承熙, 『韓溪遺稿』 6, 「韋君廉臣英人上帝非太極論辨」, 205~212쪽 참조.
[50] 李承熙, 『韓溪遺稿』 6, 「孔道會演說」.

연결 지우고 있다. 심은 성리학설 가운데에서도 종교적 성격을 가장 풍부하게 담고 있다. 유교의 천인합일관에 따르면 사람(人)은 하늘(天)의 명을 마음(心) 속에 성품(性)으로 간직하고 있다. 이러한 천인관은 유교의 종교성을 밝히는 데 더할 나위 없는 보고이다. 이때 천인합일의 실현이란 다름 아닌 천과 성, 천과 심의 일치이며, 일치의 과정에 주로 경敬과 성誠 공부가 동원된다. 그리고 양자간 일치의 가능근거로 성리학에 오면 성즉리性卽理나 심즉리가 설정된다. 이렇게 보면 성리학이 바로 종교적 교설이라는 생각마저 들게 한다. 그러나 역사적으로 보면 성리학은 두터운 도덕 교설의 겉옷을 입은 채 도리어 반종교적 특성을 드러내 보이곤 했다. 그런데 이러한 유교, 특히 주자학에 내재된 종교성을 현실로 드러낸 이가 바로 이승희이다. 그는 특히 이진상으로부터 물려받은 심즉리설을 중심으로 주자학에 내재된 종교성을 한껏 발현시켰다.

이처럼 이승희는 주자학을 종교의 길로 이끌어 가는 데 가장 중요한 징검다리로 심즉리설을 이용하였다. 이미 리와 등치되어 있던 천·상제·태극이 심즉리를 통해 나의 마음과 매개되고 내 속에 내재하게 된다. 근원적 일치성이 이를 통해 확보된 것이다. 이제 나는 내 마음 속에 우주의 보편적·궁극적 존재를 간직하고 있으므로 하잘것없는 한 존재에 불과한 것이 아니다. 나에게는 보편과 궁극으로의 길이 열려 있는 것이다. 만약 심을 기의 차원에만 가둬 둔다면 이 길은 막히고 말 것이다. 특히 이승희는 심의 주재적 측면을 집중적으로 강조함으로써 종교적 해석의 길을 널따랗게 터놓았다. 그가 말하는 상제는 형상을 지닌 인격적 존재가 아니다. 따라서 상제가 내리는 명命은 인격적 존재의 의지와 무관하다. 이렇듯 그는 주자학의 성리설로 공자교의 사상을 채우고 있다. 이러한 모습은 다른 어느 누구에게서도 찾을 수 없다. 비록 유학 혹은 성리학설 속에 종교적 특성이 풍부히 잠재되어 있다 할지라도 그것을 발현시킨 것은 그뿐이다. 따라서 그는 어찌 보면 유일한 주자학적 공교론자라고 할 수 있겠다.

2) 한주학의 계승

이진상의 대표적인 학설은 리발일도설理發一途說과 심즉리설心卽理說이다. 이진상의 문집이 발간된 이후 그의 학설에 대한 비판이 거세게 일어나자, 이승희는 앞장서 그에 대한 비판을 막고 옹호하였다. 그러면 이를 중심으로 그의 한주학 계승의 내용을 살펴보기로 한다.

먼저 이진상의 리발일도설에 대해 살펴보면, 그것이 이황의 리기호발설理氣互發說이 가지는 본뜻을 적극적으로 계승한 측면이 있는 것은 분명하지만 글자 그대로 '리기호발'을 따르고 고집하는 이황의 후예들 눈에는 그렇게 보이지 않을 수도 있다. 바로 여기에서 퇴계학파 안에서 격론이 일어난 것이다. 이만인李晚寅은 이진상의 설을 다음과 같이 비판하고 있다.

> 이 말도 잘못이 없을 수 없으니, 정情이 진실로 이발已發의 리를 가지고 있지만 이발已發의 기 또한 없겠는가? (이진상이) 리발理發만 있지 기발氣發

은 없다고 말한 것은 율곡이 기발만 있지 리발은 없다고 말한 것을 반대하려고 한 까닭에 그 굽은 것을 바로잡으려다 지나침을 면치 못한 것이다. 기가 과연 발하는 것이 없겠는가?⁵¹

여기에서 이승희는 이진상의 설을 다음과 같이 변론하고 있다.

성性은 미발의 리이고 정情은 이발의 리라고 말한 것은 대산大山의 설이고, 성과 정이 한 가지 리라고 말한 것은 퇴계의 설이다. 어느 설에 잘못이 있는지 알지 못하겠다. 미발에도 기가 없는 것은 아니나 성의 실상은 리이며, 이발에도 기가 없는 것은 아니나 정의 실상은 리이다. 그러므로 퇴계 선생이 성과 정은 한 가지 리이며, 또 리는 그 자신 속에 체體와 용用을 가지고 있다고 단정코 말했던 것이다.⁵²

일단 이승희는 이진상의 리발일도론적 리발설이 퇴계 이황과 대산 이상정에 연원이 있음을 밝힘으로써 비판의 표적을 벗어난다. 이러한 리발설의 연원을 대는 논의는 다른 곳에서도 이루어진다. 곧 그는 리발설을 정당화하면서 주희와 이황의 학통에 서 있는 정경세(호 愚伏)와 이익(호 星湖), 정종로(호 立齋) 등을 끌어들이고 있다.⁵³

그리고 위 인용문을 좀 더 자세히 보면, 기발 자체를 전적으로 부정하는 것이 아니다. 도리어 이발 때에만 아니라 미발 때에도 기발이

---

51 李承熙, 『韓溪遺稿』 6, 「宣錄條辨」, 179쪽.
52 李承熙, 『韓溪遺稿』 6, 「宣錄條辨」, 179쪽.
53 李承熙, 『韓溪遺稿』 6, 「道南通文條辨」, 205쪽 참조.

있음을 인정한다. 다만 미발의 성과 이발의 정 모두에 있어 그 실상은 리라는 것이다. 이러한 생각은 이미 앞에서 정리된 이진상의 설과 맥을 같이한다. 곧 이진상은 기발 자체를 인정하지 않은 것이 아니라 스스로에 의한 리발과 그렇지 못한 기발을 동질적으로 볼 수 없으며 기발이 리발로부터 말미암기 때문에 기발은 리발로 환원될 수 있다고 보았던 것이다.

마침내 이승희는 이황의 '리기호발'을 곧이곧대로 받아들이는 이들을 비판하고 나섰다. 일찍이 이진상이 리와 기가 서로 짝을 이루는 것을 부부와 자녀의 예를 들어 다음과 같이 설명한 적이 있었다. 곧 어머니가 자녀를 낳아 기르는 과정에 그 공이 두드러진 것을 보고 어머니가 낳는다고 말하는 것은 기발의 설이요, 남자아이가 아버지를 닮고 따르는 것을 보고 아버지가 낳는다고 하고 여자아이가 어머니를 닮고 따르는 것을 보고 어머니가 낳는다고 말하는 것은 리기호발의 설이요, 아버지가 낳았다고 말하고 반드시 아버지의 성을 따르는 것은 리발의 설이라는 것이다.

이승희는 이 비유를 이어 어머니가 낳는 것만 보고 바로 어머니의 성을 따르는 것은 근세 학자들이 사단과 칠정이 모두 기에서 발한다고 말하는 것과 같은 것이요, 어머니가 낳는다고만 말하는 것은 선배 유학자가 사단과 칠정이 모두 기에서 발한다고 말하는 것과 같은 것이요, 남자아이는 아버지가 낳고 여자아이는 어머니가 낳는다고 말하는 것은 근세의 리와 기를 대립시켜 각각 발을 말하는 것과 같다고 말하였다.[54] 여기에서 이진상과 이승희가 남자아이와 여자아이의 비유를 들어 비판한 것은 당시의 리기호발론자이다. 당시의 리기호발론자들은 이황의 리기호발론을 잘못 이해했다는 것이 그들의 생각이었다.

한편 이승희는 이진상의 사칠리기설四七理氣說이 '수간竪看'과 '횡간橫看'에 따라 달라짐을 말하기도 하였다. 곧 종적으로 보면 사단과 칠정이 모두 리가 발한 것이지만, 횡적으로 보면 사단은 리가 발한 것이고 칠정은 기가 발한 것이라고 말하면서, 이 모두 주희와 이황의 뜻을 드러내 밝힌 것이자 이진상이 「사칠원위설四七原委說」을 지은 까닭이라고 말하였다.[55] 이렇게 볼 때, 이진상에서 이승희 등으로 이어지는 한주학파에서 기발을 전혀 말하지 않은 것은 아니지만 그것은 주로 퇴계학통에서 벗어난다는 비판을 받을 때만 인정할 뿐 그들의 본뜻은 리발을 말하는 데 있다. 리발을 통해 리의 동정을 말하고, 리의 동정을 통해 리의 주재성을 확보하는 것이 그들이 목적한 바였다.

이어 한주학파의 도통 전수의 핵심적 내용이라고 할 수 있는 심즉리설은 어떻게 계승되고 있는지 살펴보기로 한다. 그런데 이 심즉리설은 양명학에서 주장하였기 때문에 율곡학파이든 퇴계학파이든 모두 이단으로 내몰았던 학설이다. 퇴계학파 안에서 문호지쟁을 불러일으켰던 주범도 바로 이 심즉리설이다. 이에 이승희는 이진상과 마찬가지로 양명학陽明學의 심즉리설은 주자학의 입장에서 보면 심즉기설心卽氣說에 지나지 않는다고 말하였다. 자신들이야말로 참다운 심즉리

---

54 李承熙, 『韓溪遺稿』 6, 「書先君四七原委說後」, 110~111쪽과 「宣錄條辨」, 180~188쪽, 그리고 「陶山通文條辨」, 197~198쪽 참조.
55 李承熙, 『韓溪遺稿』 6, 「書先君四七原委說後」, 110~111쪽 참조.

를 말한다는 주장이다. 이승희는 이진상의 심즉리설이 양명학의 심즉리설과 같다고 말하는 것은 '드러난 말(文)'만 본 것에 지나지 않고, '내용적'(意)으로 보면 도리어 주희와 이황의 본뜻에 뿌리를 두고 있다고 주장하였다.[56] 나아가 심즉리설은 주희와 이황뿐만 아니라 이전 성현들로부터 대대로 전해 온 진리이며, 그것은 퇴계학파의 도통을 따라 자신들에게 전해졌다고 생각하였다. 곧 이승희는 심즉리설을 변론하기 위해 공자와 맹자로부터 중국의 소옹, 정호·정이, 여조겸, 주희, 진덕수를, 그리고 조선의 김굉필, 정여창, 조광조와 이황을 거쳐 조식, 김우옹, 장현광 등을 끌어들였다.[57] 이 말은 결국 자신들이야말로 유교와 퇴계 도통의 한가운데에 서 있다는 주장이다. 그리고 심즉리설이 바로 도통상전道統相傳의 내용이라는 말이 된다.

그러나 심에 대한 이황의 정안定案은 아무튼 '심즉리'가 아니라 '심합리기心合理氣'이다. 그리고 이것은 율곡 이이와 그 후예들의 '심즉기설心卽氣說'과 대비되곤 했다. 그런데 이진상과 이승희는 심즉리가 이황은 물론 유학의 정통적인 견해라고 주장하고 나섰으므로 그에 대한 해명은 피할 수 없게 된 것이다. 이에 이승희는 이황이 심을 리와 기의 합으로 본 경우와 리로 본 경우를 들어 다음과 같이 변론하였다.

퇴계 선생께서 어찌해서 (心을) 이미 리와 기를 합한 것이라고 말해 놓고서

---

[56] 李承熙, 『韓溪遺稿』 6, 「宣錄條辨」, 185~186쪽 참조.
[57] 李承熙, 『韓溪遺稿』 6, 「道南通文條辨」, 204쪽 참조.

또 스스로 리일 따름이라고 말했는가? 여기에는 그 까닭이 있다. 무릇 리와 기를 합한 것이라고 말한 것은 주재의 본체와 작용의 바탕을 겸하여 말한 것이다. 그렇지만 심의 알맹이(實)가 되는 것은 주재의 본체에 있지 작용의 바탕에 있지 않다. (心이) 이발已發의 때에는…… 기를 섞어서 말할 수 있다. 그러나 미발未發의 때에는…… 오직 이 본체가 그 무엇도 섞이지 않은 채 본연의 모습으로 존재하는 까닭에 리일 따름이라고 단언했다.[58]

여기에서 이승희는 이황이 심의 알맹이라 할 수 있는 주재력을 지닌 본체와 미발 상태의 본체에 대해서는 리로 인식했다고 말하였다. 동시에 이황이 심을 기로 이해한 것은 심의 겉껍데기나 찌꺼기를 가리켜서 말한 것에 지나지 않는다고 그는 주장하였다. 이러한 생각을 바탕으로 그는 이진상이 모든 심을 리로 인식한 것은 아니며, 이진상도 심을 기로 말한 경우가 이루 헤아릴 수 없이 많다고 말하였다.[59]

4. 한주학파의 재전제자

곽종석郭鍾錫, 이승희李承熙 등 이진상李震相의 직전제자直傳弟子들은 대한제국大韓帝國 시기 전후에 주로 활동하는데, 그들은 스승 이진상의 학설을 굳게 지켜나가면서 현실에 대한 인식과 실천에 있어서는 차별

---

[58] 李承熙, 『韓溪遺稿』 6, 「宣錄條辨」, 178쪽.
[59] 李承熙, 『韓溪遺稿』 6, 「宣錄條辨」, 175쪽 참조.

성을 보였다. 이미 이진상에게서 심즉리설心卽理說, 리발일도설理發一途說 등 차별적인 이론이 제기되었으며, 그 제자들로 오면서 이제 현실에 대한 인식과 실천에서도 차별을 보이기 시작한 것이다. 이진상은 비록 성리학설에 있어서는 여타 영남 지방의 학자들과 차별성이 있었어도 현실의 인식과 실천에는 별반 차이가 없었기 때문에 영남만인소에 적극적으로 참여하였던 것이다. 그런데 그 제자들은 더 이상 재야 유생들이 주도하는 의병운동義兵運動에 참가하지 않았으며, 그 대신 만국공법萬國公法에 호소하는 등의 방법을 취하고 직접 서양 학문에 관심을 가지거나 애국계몽운동愛國啓蒙運動에 뛰어들었다. 여기에 이르면 우리는 영남 유학의 분화를 거론해도 무방할 것이다. 다시 이진상의 재전제자再傳弟子들에게 이르면 더욱 다양한 분화를 겪게 되며 더욱 활발한 활동을 보여 준다. 그러면서도 그들은 한주학통에서 전해져 내려오는 심즉리설을 손에서 놓지 않음으로써 학파적 특징이 더욱 부각된다. 재전제자들은 주로 곽종석의 문하에서 쏟아져 나오는데, 대표적인 이로 하겸진河謙鎭, 이인재李寅梓, 이병헌李炳憲, 김창숙金昌淑, 김황金榥 등이 있다.

1) 하겸진과 『동유학안』

하겸진河謙鎭(호 晦峰, 1870~1946)은 진주 출신이며, 진양晋陽 하씨 하재익河載翼의 아들로 태어났다. 그는 27세 때인 1896년 거창 다전茶田으로 가 곽종석의 문하에 나아갔지만, 이미 그 이전에 조긍섭曺兢燮 등과 조식曺植의 『남명문집南冥文集』을 교열한 적이 있으며, 안동의 김도화金道和와 칠곡의 장복추張福樞, 이진상 문하의 허유許愈·이승희李承熙에게도 문학問學하였다. 주요 저술로는 『어류절요語類節要』(39세)와 『주어절요朱語節要』(70세), 「심위자모설心爲子母說」(50세), 『국성론國性論』(52세), 『동유학안東儒學案』(74세) 등이 있다.

하겸진은 곽종석의 문하에 나아가 한주학통의 심학을 전수받은 뒤 일생토록 연구하였으나 그 끝을 맺지 못했음을 병석에 누워 "심이라는 한 글자는 유학의 종지이다. 그러나 우리나라 유학자들의 학설이 어지럽게 얽혀서 아직 귀결되지 못하고 있다. 내가 한편 쓸어내고 천성千聖이 이어 전해 온 참뜻을 드러내어 현재와 장래의 학자들에게 밝히려 하였으나 이제 못 이루고 끝나니 한스럽다"고 말하면서 못내 아쉬워하였다. 그는 한주학통의 입장에 서서 심은 본체本體와 발용發用의 양 측면이 있고, 발용은 다시 직수直遂와 횡출橫出 둘이 있는데, 본체나 직수의 발용으로 말하면 심은 리이며, 횡출의 발용으로 말하면 심은 기가 된다고 말했다. 또 그는 「심위자모설」에서 성이나 정은 심의 한 측면일 뿐 어디까지나 심이 모체임을 주장하면서,[60] 곽종석의 뒤를 이어 심과 성을 상대시킨다거나 심을 낮추고 성은 높이는 기호학파의 오희상吳熙常과 전우田愚의 '성사심제설性師心弟說'을 비판하기도 했다.[61]

한편 하겸진은 52세 때인 1921년에 지은 『국성론』에서 한 나라의

---

[60] 河謙鎭, 『晦峰集』, 「心爲子母說」 참조.
[61] 河謙鎭, 『晦峰集』, 「性師心弟辨」 참조.

존망은 '국성國性'을 가지고 있느냐 그렇지 못하느냐에 달려 있다며, 우리나라의 국성은 바로 '예의禮義'라고 다음과 같이 말하고 있다.

> 사람이 육신은 살아 있다 하더라도 그 마음이 죽으면 그것은 사람이 아니다. 나라도 이와 같다. 사직과 종묘가 있다 하더라도 국성이 쇠퇴하면 나라가 아닌 것이다. 요즘 세상의 학자들은 우리 국성은 비루하다 하면서, 우리가 숭상하는 것은 예의인데 예의 가지고는 나라를 다시 세울 수 없다고 주장한다.[62]

하겸진은 당시 신학문을 한다는 사람들이 국성인 예의는 잃어버린 채 인륜을 저버리고 외세에 아부나 하고 있음을 탄식하면서, 설사 그렇게 해서 강토가 회복된다 해도 노예가 되기는 마찬가지라고 하였다. 한 나라의 존망과 한 인간의 생사가 그 정신의 있고 없음에 달려 있다는 생각은 애국계몽사상의 여운을 느끼게 하기도 하고, 신채호나 박은식·정인보 등의 민족주의 역사관을 떠올리게 하기도 한다. 그리고 그 국성이 바로 예의라고 본 점에서는 사그라져가는 유교의 불씨를 다시 지펴보려는 그의 충정을 충분히 읽을 수 있다.

하겸진은 69세 무렵부터 경성도서관을 오르내리며 『동유학안』 저술에 매진하여 마침내 74세(1943) 때 완성을 보게 된다. 이 책은 일종의 철학사류의 저술로 우리나라 유학자들을 학설에 따라 분류하고 그 대표적인 이론을 옮겨 실은 뒤 자신은 견해를 덧붙여 저술한 것이다.

---

[62] 河謙鎭, 『晦峰集』, 卷25, 「國性論」 上 참조.

이 책의 저술 의도는 우리나라 유학의 연원을 밝히는 것이겠지만, 그 과정에서 자신이 속한 학파의 관점이 개입되는 것은 퍽 자연스러운 일일 것이다. 이렇게 본다면 한주학파의 후예로서 그가 이 책을 저술한 목적과 관점을 짐작할 수 있을 것이다.

이러한 학안류의 저술은 일찍이 박세채朴世采의 『동유사우록東儒師友錄』(1682)과 유신환兪莘煥의 『동유연원東儒淵源』(1820~1850년 경)이 있으며, 근현대에는 장지연張志淵의 『조선유교연원朝鮮儒敎淵源』(1922)을 위시하여 대성학원大聖學院(李炳觀 등)의 『동국명현언행록東國名賢言行錄』(1927), 이회금李會洤의 『도학연원록道學淵源錄』(1934년 경), 윤영선尹榮善의 『조선유현연원도朝鮮儒賢淵源圖』(1941) 등이 있다.[63] 『동유학안』을 이 가운데서도 특히 대표적인 것이라 할 수 있는 장지연의 『조선유교연원』과 한번 비교해서 연구해 볼 가치가 있다고 생각된다.

2) 이인재와 「고대희랍철학고변」

이인재李寅梓(호 省窩, 1870~1929)는 경북 고령 출신이며, 성산星山 이씨 이종발李鍾發의 아들로 태어났다. 그는 어린 시절 재종질이자 '주문팔현洲門八賢' 중의 한 사람인 이두훈李斗勳(호 弘窩)에게서 배우며, 20세 (1889) 때 형 이인표李寅杓와 함께 거창 다전에 거처하고 있던 곽종석의 문하에 나아가면서 한주학통을 계승하였다. 그는 이승희李承熙가 만주

---

[63] 윤사순, 「해제」, 『東儒師友錄』(불함문화사, 1977), 1~2쪽 참조.

로 망명하는 데 따라나서려 했으나 뜻을 이루지 못하였고, 고령군수 박광렬의 추천으로 참사관參事官에 천거되었으나 나아가지 않았으며, 고령군 자치민의회自治民議會 회장을 지내는 등 애국계몽운동에 참여하기도 했다. 일제강점 이후에는 하산정사霞山精舍를 짓고 후진을 양성하면서 은거하였다. 대표적인 저술로『태서신편泰西新編』(失傳), 『구경연의九經衍義』, 「고대희랍철학고변古代希臘哲學攷辨」등이 있다.

이인재는 리의 운동과 기의 운동에 질적 차별성을 두어 리유동정理有動靜을 적극적으로 인정한 이진상과 곽종석의 설을 이어받고 있으며, 이황 이래 이진상, 곽종석을 거쳐 내려온 '리유체용론理有體用論'을 한 걸음 더 발전시키고 있다.

> 리에는 소이연지고所以然之故와 소당연지칙所當然之則이 있다. 소이연지고는 바로 리의 본연한 체體요, 소당연지칙은 바로 지극히 신묘한 용用이다. 지금 사람들은 더러 발동하여 나타나는 용을 모두 기에 귀속시켜 소이연이라는 반조각만 겨우 리가 점유할 지위로 허락하니 체와 용이 어찌 단절되지 않겠는가?[64]

이인재는 여기에서 리에는 원래 체와 용이 있는데 사람들은 리의 체만 리라고 할 뿐 리의 용은 기에다 귀속시킨다면서 비판하고 있다. 이것은 이황 이래 리가 동정하고 리에 동정이 있음을 리의 용으로 설명해 온 것을 이어받은 것이다.

---

[64] 李寅梓, 『省窩集』, 卷3, 「太極動靜說考證」.

그리고 이인재가 "심은 리일理—(의 리)이고 성은 분수分殊(의 리)"라고 하여 심과 성을 모두 리로 본 점은 이진상의 학설을 계승한 것이지만, 리일의 리를 심에 연결시킨 것은 성 위에 심을 둔 것으로도 볼 수 있어 한주학통의 심즉리설을 한층 강화한 것이라고 말할 수 있다.

이인재가 한주학파와 나아가 한국철학사에서 중요한 자리를 차지하는 이유는 다름 아닌 서양철학 연구에 있다.[65] 그는 성리설 연구에 깊이 침잠하는 한편 서양철학 연구에도 힘을 쏟아 1912년에 「고대희랍철학고변」[66]과 같은 저술을 남기고 있다. 그가 서양철학에 관심을 가지게 된 동기에 대해서는 스승 곽종석에게 올린 편지글에 잘 나타나 있다. 그는 서양이 지금처럼 흥성하게 된 데에는 반드시 그 까닭이 있을 것이라 생각되어 그 근본을 궁구하였는데, 처음에는 정치만한 것이 없다고 생각되어 헌법이나 행정 등 분야의 책을 대충 연구해 보다가 마침내 그 원류가 모두 철학으로부터 왔음을 알게 되어 이를 제쳐놓고 철학책을 보게 되었다고 밝히고 있다. 아울러 서양의 철학은 동양의 유학과 서로 비슷한 점이 많으며, 그중에서도 아리스토텔레스의 학설이 유학과 가장 비슷하다고 말하였다.[67]

이인재는 한역서漢譯書인 『철학요령哲學要領』(일본인 井上圓了 저, 중국인

---

[65] 박종홍, 『한국사상사론고(유학편)』(서문당, 1977), 「사상적으로 본 인물론—이인재론」과 김종석, 「이인재의 사상과 역사적 의의」(『철학회지』, 제17집, 영남대 철학과) 등 참조.
[66] 李寅梓, 『省窩集』, 卷4, 雜著, 「古代希臘哲學攷辨」.
[67] 李寅梓, 『省窩集』, 卷2, 「上俛宇先生」 참조.

羅伯雅 역)과 『철학논강哲學論綱』(프랑스인 李奇若 저, 중국인 陳鵬 역) 및 양계초 梁啓超의 『음빙실문집飮氷室文集』에 실려 있는 여러 학설 등을 참고하여 「고대희랍철학고변」을 지었던 것이다. 이 책의 내용은 제목에 나타나 있는 것처럼 고대 희랍철학에 대한 소개와 비판이다. 이 책이 우리나라 최초의 서양철학 연구서인 만큼 풍부하고 정확한 서양 고대철학 소개를 기대한다는 것은 무리일 것이다. 언어의 장벽과 자료의 부족에서 오는 그 한계성이라는 것은 오히려 당연하다. 그리고 고대 희랍철학에 대한 비판의 입지점은 주자학이다. 그것도 한주학통으로부터 물려받은 주자학이다. 이러한 주자학적 호교론의 입장이 더욱 불충실한 소개를 가져왔겠지만, 그 나름대로 철학사적 의미가 있는 것이다.

이인재의 주자학적 호교론의 입장에 선 고대 희랍철학 이해의 특징은 그의 수차에 걸친 간곡한 부탁으로 쓰게 된 곽종석의 후서[68] 속에 잘 나타나 있다. 곽종석은 서양철학이 오로지 과학적 지식에만 매달려 인의덕성이나 인륜도덕에 대한 연구는 좋아하지 않으며 결국에는 공리功利의 사사로움만을 쫓을 것이라면서, 이인재는 서양철학의 이러한 잘못을 잘 분간하여 해명하고 있다고 말하였다.

3) 이병헌과 공자교운동

이병헌李炳憲(호 眞庵, 1870~1940)은 경남 함양 출신이며, 합천이씨陝

---

[68] 李寅梓, 『省窩集』, 卷4, 雜著, 「書李汝材古代希臘哲學攷辨後」 참조.

川李氏 이만화李晩華에게서 태어나 이정화李正華에게로 출계하였다. 그는 27세 때인 1896년에 곽종석의 문하에 나아간 뒤 장복추·이승희에게도 문학하였으며, 그리고 기호지방 기정진의 후예인 기우만奇宇萬과 이항로의 후예인 최익현崔益鉉을 만나기도 한다. 그는 34세 때인 1903년 이후 몇 차례 상경하여 박은식朴殷植·장지연張志淵·손병희孫秉熙 등과 같은 애국계몽사상가들을 만나면서 새로운 사상을 접하였고, 이후 45세 때인 1914년부터 1925년까지 모두 5차례에 걸쳐 중국을 방문하여 강유위康有爲를 만나 그의 지도를 받으면서 공자교운동에 뛰어들었다. 그의 공자교 운동은 1923년 한국 공교회 지부로 경남 산청에 배산서당培山書堂을 건립하면서 절정에 이른다. 그러나 성공을 하지 못하고 만년에는 주로 금문경학今文經學을 연구하는 데 힘을 쏟았다. 대표적인 저술로 『종교철학합일론宗敎哲學合一論』(45세, 1914년 북경에서 간행), 「유교복원론儒敎復原論」(50세), 『공경대의고孔經大義考』(55세), 『시경부주삼가설고詩經附注三家說考』(57세), 『예경금문설고禮經今文說考』(58세) 등이 있다.

공자교운동의 관점에서 보면 이병헌의 생애는 크게 3시기로 구분해 볼 수 있다. 첫 번째 시기는 아직 공자교운동을 전개하기 이전으로 그는 1914년 북경에서 『종교철학합일론宗敎哲學合一論』을 발간하였다. 그는 이 속에서 동서양의 종교와 철학을 비교하면서 서양은 종교와 철학이 미신과 진지眞知라는 점에서 구분되어 있지만 동양은 그것이 합일되어 있다고 말한다. 이때 진지로 합일되어 있는 동양의 종교와 철학이란 바로 유교이다. 동시에 서양의 기독교는 기본적으로 미신이라는 인식이 전제되어 있다.

두 번째 시기는 1914년 이후 중국에 여러 차례 드나들면서 직접적으로 강유위의 지도 아래 공자교운동을 전개하면서 한편으로 금문경학에 대한 연구를 시작한 시기로 1919년 저술한 「유교복원론」이 당시 그의 생각을 잘 담고 있다. 그는 이 책 속에서 당시 유교에 대한 입장을 수구설守舊說, 혁신설革新說, 통신구설通新舊說, 통동서설通東西說 넷으로 정리하면서 자신은 공자의 가르침이 순수지선하여 세계 어느 곳에서나 받아들여질 수 있다는 통동서설에 서 있음을 밝힌[69] 뒤 여타 입장을 비판하면서 유교 복원을 주장하였다. 그가 1923년 한국 공교회 지부로 배산서당을 세우면서 공자교운동이 절정에 이르게 되지만, 강유위는 그가 지은 「유교복원론」을 읽어본 뒤 금문경학적 기초가 빈약함을 충고하면서 그에 대한 연구를 권고한다. 이에 그는 금문경학을 연구하기 시작하였다.

마지막은 배산서당 건립을 통한 한국에서의 공자교운동이 실패로 끝나면서 여생을 바쳐 금문경학 연구에 전념한 시기이다. 1924년 동경의 일본제국도서관을 출입하며 『공경대의고』를 저술하고, 1926년 저술한 『시경부주삼가설고』는 강유위에게서 격찬을 받았으며, 이후 『예경금문설고』등 많은 금문경학 저술을 남겼다.

이병헌이 한창 국내에서 공자교운동을 시작할 무렵인 1917년 조선총독부는 종교령宗敎令을 내리고서 유교를 종교단체에서 제외시켜버렸다. 이러한 조치는 유교 종교화 운동을 전개하는 이들에게는 심대

---

[69] 李炳憲, 『李炳憲全集』 上, 「儒敎爲宗敎哲學集中論」 참조.

한 타격이 아닐 수 없었다. 이때 이병헌은 조선총독부에 장문의 항의 서한을 보냈다. 어떻게든 유교의 종교성을 선명히 드러내는 것이 무엇보다 급선무였기 때문이다. 이에 그는 『주역周易』의 "성인聖人께서 신도神道로써 가르침을 베풀자 천하 사람들이 복종했다"(「觀卦·彖傳」)라는 구절 속의 '신도로써 가르침을 베풀다'란 말을 통해 공자가 종교가이며 유교가 종교임을 애써 밝혔다.[70] 이에 따라 그는 『주역』을 공자교의 으뜸 경전이라 일컬었다.

그리고 이병헌은 유교가 종교임을 주장하면서 "하늘의 주재자는 상제上帝이고, 상제는 바로 신神을 일컬으며", "태극太極은 상제의 대명사이고, 상제는 태극의 주옹主翁이라"[71]고 말하였다. 이렇게 그는 태극(理)과 신神을 인격성의 상제와 연결시킨 뒤 다시 신과 심心의 관계를 밝히면서 "심은 곧 신이다.…… 신을 궁구한다는 것은 바로 심을 다함을 일컫는 것이다"[72]라고 말하였다. 여기에서 비로소 상제와 태극(理), 신神, 심心이 근원적 일치성을 가지게 되는데, 한주학파 후예로서의 모습이 어른거린다. 그는 이러한 이론을 바탕으로 자신의 공자교운동을 펼쳐 나갔다.

---

[70] 李炳憲, 『李炳憲全集』 上, 「敬告域內儒林同胞」 참조.
[71] 李炳憲, 『李炳憲全集』 上, 「天學·天之主宰」 참조.
[72] 李炳憲, 『李炳憲全集』 下, 「孔經大義考·繫辭下」 참조.

■■■ 맺음말—한주학파의 역사적 위치와 의의

영남 지방은 근대에 이르도록 유교의 영향이 그 어느 지방보다도 깊고 지속적이었다는 것이 우선 특징적이다. 개항에 이어 개화정책이 한창 추진될 때에도 영남 지방에서는 전래의 유교를 굳게 지키며, 유교의 입장에 서서 현실을 인식하고 대응해 나갔다. '심즉리설心卽理說' 등을 제기하여 새롭게 학파를 열어간 이진상의 한주학파나 실학의 여운을 이은 허전의 성재학파도 현실 인식과 대응에서는 별로 차이가 없었다. 영남 유학계가 현실 인식과 대응에서 차이를 보이며 나누어지기 시작한 것은 개항한 지 20여 년이 지난 1890년대 후반 무렵 대한제국 시기이다. 그러나 누구도 유학을 끝내 버리지는 않았다. 이러한 모습은 1910년 일제 강점 이후에도 한참 더 지속되었다.

돌아보면 영남지방은 16세기 퇴계 이황 이후 19세기 중엽 개항에 이르기까지 퇴계학의 절대적 영향을 받았다. 개항 무렵 낙동강 중류 지역과 하류 지역에서 각각 한주학파와 성재학파가 일어났는데, 그것이 퇴계학을 부정하거나 비판하면서 등장한 것은 아니었다. 한주학파가 제기한 '심즉리설'은 이황의 '심합리기설心合理氣說'을 적극적으로 계승한 것이며, '리발일도설理發一途說' 또한 이황의 '리기호발설理氣互發說'을 적극적으로 계승한 것이다. 성재학파도 성호 이익을 통해 퇴계학과의 연원을 강조하였으며, 퇴계학으로 돌아가는 모습을 보였다. 또한 그들은 이익에서 안정복으로 이어진 서학西學에 대한 비판 사상을 이황의 후예들에게 전해주기도 하였다. 이렇듯 퇴계학맥은 개항 무렵 크게 셋으로 나눠지지만, 그 뿌리는 퇴계학에 두고 있으며 현실 인식과 대응의 차이에서 비롯된 것도 아니었다.

이 점은 기호학파와 크게 대비된다. 기호학파는 율곡 이이 이후 많은 분화를 거쳐 왔으며, 특히 개항을 맞으면서 현실 인식과 대응에 따라 다양한 분화와 더불어 철학 이론 또한 많은 변모를 하였다. 기호학파의 후예들 가운데서 척사위정운동에 나선 이항로의 화서학파나 기정진의 노사학파는 철학적인 면에서 퇴계학으로 많이 기울고 있음을 볼 수 있다. 결국 개항기 척사위정운동의 철학적 기반은 퇴계학임을 알 수 있다.

퇴계학의 중심적인 내용은 '주리론主理論'적 '리기호발설'과 '심합리기설', 그리고 경敬을 통한 존덕성尊德性의 마음공부 강조와 같은 것이다. 퇴계학의 적통을 자임한 유치명의 정재학파에서는 이러한 퇴계학설을 묵수하였으며, 위에서 본 바와 같이 한주학파는 이를 계승하여 적극적으로 발전시켜 나갔으며, 성호 이익으로부터 내려온 실학의 전통을 이은 성재학파도 이러한 퇴계학으로 돌아가고 있었다. 뿐만 아니라 기호 율곡학통에 서 있는 화서학파도 기에 대한 리의 절대적 우위를 말하고 심의 주리적 측면을 중시하였으며, 노사학파에서는 리의 절대적 우위를 바탕으로 기를 리와 함께 논의하려 들지 않았다. 이러한 리와 기를 철저히 구분하여 리를 우위에 두려는 철학은 리는 곧 선善의 동양인 반면 기는 악惡의 서양이며, 어떻게든 동양이 서양을 눌러야 한다는 그들의 척사위정론적 사고와 짝을 이루고 있다. 그리고 심에 대한 주리적 해석은 객관적 조건이 절대적으로 불리한 상황을 타개하기 위해서는 오로지 마음에 의지하여 마음을 굳게 먹는 길밖에 없다는 그들의 생각을 잘 말해 주고 있다.

근대 영남유학에서 특히 우리의 눈을 끄는 것은 한주학파이다. 그들이 겉으로 보기에 퇴계학설과는 사뭇 다른 학설을 내놓은 때문이기도 하지만 운동과 노선에서도 중요한 차이를 보였으며, 아울러 그들 간에도 다양한 행보를 보였기 때문이다. 또한 그러면서도 그들은 학통 연원인 '심즉리설'과 '리발일도설'을 끝내 놓지 않는다는 점이 퍽 인상적이다. 이진상의 후예들은 '개명'한 유학자로 스스로 변모하여 애국계몽운동에 능동적이고도 적극적으로 참여하였고, 서양의 근대 학문이나 철학에도 적극적인 관심을 가지는 한편 국학 연구에도 힘을 쏟았으며, 국내외에서 공자교운동을 통해 구국운동에 나서는가 하면 지리멸렬해져 가는 유림 세력들을 앞장서 묶어내기도 하였다. 한주학파는 직전제자에서 재전제자로 넘어가면서 명실 공히 전국적으로 최대 학파의 면모를 보였으며, 한국 주자학 및 유학의 마지막 학파였다고 말할 수 있겠다. 단언하건대 영남유학에서뿐만 아니라 한국 근대철학사에서도 한주학파가 없었다면 그 내용의 다양성과 깊이가 훨씬 줄어들었을 것이다.

- 부록 -

옥사자인玉獅子印

『한주문집』의 「옥사자설」에 의하면 선조 때의 명신 김우옹의 손자 김전이 옥과 같은 인품을 가지고 있다 하여 선조 때의 명신 이수광의 증손 이형석이 김전에게 옥사자를 기증하였다고 한다. 그러나 김전의 종손 김창숙의 『심산유고心山遺稿』에 의하면 이형석의 조부요, 이수광의 아들인 인조 때의 영의정 이성구와 김전이 동년배이고 또 같이 인조 때에 입조하였으므로 이성구가 김전에게 기증한 것으로 보아야 하며, 김전과 이형석은 연령의 차이가 심하여 이형석의 기증으로 보기가 어렵다고 하였다.

여하튼 이 옥사자는 동강의 가계에 2백여 년 동안 전해오다가 동강의 외손인 한주 이진상이 주자가 외손에게 사자를 그려준 고사에 의하여 옥사자를 자기에게 달라고 요구하자 동강 종가에서 허락함으로써 옥사자는 한주의 손으로 들어오게 되었다.

이에 이진상은 옥사자에다 '조운헌도祖雲憲陶'라는 네 글자를 새겨 인장으로 사용하였는데 운곡雲谷(주희)을 조술하고 도산陶山(이황)을 헌장憲章한다는 뜻이었다. 이진상은 주희·이황·김우옹의 연원을 계승하여 주리사상主理思想을 제창하였다. 따라서 이 옥사자는 주리사상의 도통을 상징하는 인장으로 유명하다. 이진상의 문인인 송호언은 옥사자가玉獅子歌를 지어 도학연원道學淵源의 심원함을 노래하기도 하였다.

한주선생연보寒洲先生年譜

○ 1세(戊寅, 1818)

순조 18년 7월 29일 을축乙丑 미시未時에 성주星州 대포리大浦里(한개 마을)에서 태어났다.

○ 7세(甲申, 1824)

『십팔사략十八史略』을 배우다.

○ 8세(乙酉, 1825)

『통감절요通鑑節要』를 읽으며, 문리가 빠르게 깨치다.

○ 14세(辛卯, 1831)

부인 순천박씨順天朴氏를 맞이하다.

○ 15세(壬辰, 1832)

『주역』과 오행으로 점을 쳐서 점사를 뽑다.

○ 17세(甲午, 1834)

할아버지 참판공參判公의 상을 당하다. 겨울에 『성리대전性理大全』을 읽다.

○ 18세(乙未, 1835)

「성명도설性命圖說」을 짓다. 지금은 전하지 않는다.

○ 20세(丁酉, 1837)

겨울 예안의 도산서원을 찾아 퇴계선생退溪先生의 사당을 배알하다. 돌아오는 길에 안동 표곡瓢谷의 유정문柳鼎文(호 壽靜齋)을 배알하다.

○ 21세(戊戌, 1838)

겨울 숙부 정헌공定憲公 이원조李源祚(호 凝窩)의 지시로 정삼석鄭三錫, 장복추張福樞, 종형 이정상李鼎相과 마을 뒷산의 감응암感應菴에서 독서를 하다.

○ 22세(己亥, 1839)

장복추에게 『논어』의 '인능홍도人能弘道, 도비홍인道非弘人'의 뜻에 답하다. 「성학도설性學圖說」을 짓다. 「기삼백해朞三百解」를 짓다. 9월에 부인 박씨가 사망하다. 「인도설仁圖說」을 짓다.

○ 23세(庚子, 1840)

강릉으로 부임하는 숙부 이원조를 배종하면서 대관령, 경포대 등 관동關東의 명승지들을 두루 유람하다. 돌아오는 길에 단양의 구담

龜潭, 도담島潭 등의 명승지를 유람하다. 「유대관령踰大關嶺」 등 총 7수의 시를 남기다. 10월 부인 홍양이씨興陽李氏에게 장가를 들다. 본도(경상도)의 공도회公都會 복시覆試에 합격하다. 「심경도설心經圖說」을 짓고, 또 「야기잠夜氣箴」・「명성잠明誠箴」 두 잠을 지어 조석으로 자신을 살피고 반성하다. 또한 「이단설異端說」을 지어 주기설主氣說의 그름을 통렬히 비판하다.

○ 24세(辛丑, 1841)

인동仁同 신곡新谷에 사는 장석우張錫愚(호 新齋)를 배알하고 「경재잠집설敬齋箴集說」을 논하다. 「발정우담사칠변증跋丁愚潭四七辨證」을 짓다.

○ 27세(甲辰, 1844)

안의安義에서 치른 증광시增廣試에 '동당책東堂策'을 써서 장원을 하다. 「일원만수도一原萬殊圖」를 짓다.

○ 28세(乙巳, 1845)

「성정심설性情心說」을 짓다.

○ 29세(丙午, 1846)

가을에 자산慈山으로 부임하는 숙부 이원조를 배종하다. 황주 월파루月波樓와 연광정練光亭, 평양의 부벽루浮碧樓와 기자궁箕子宮, 관서・관북 일대를 유람하다. 「월파루」 등 총 9수의 시를 남기다.

○ 30세(丁未, 1847)

2월 아들 승희承熙가 태어나다.

○ 31세(戊申, 1848)

가을에 공도회公都會 복시覆試를 치르다.

○ 32세(己酉, 1849)

봄에 증광생원시增廣生員試에 합격하다. 가을에 「용구도用九圖」를 짓다.

○ 33세(庚戌, 1850)

증광시增廣試에 동당책東堂策으로 장원하여 남성시南省試에 응시했으나, 마침 경주부윤으로 재직하던 이원조에게 치대置對를 하라는 어명이 내려 대책對策을 올리지 않고 돌아오다.

○ 34세(辛亥, 1851)

봄에 문목공文穆公 정구鄭逑(호 寒岡)의 문묘배향을 청하는 상소에 배종하여 서울로 가다. 겨울에 「직자심결直字心訣」을 짓다.

○ 35세(壬子, 1852)

여름에 「사칠변四七辨」을 완성하다. 「주자언론동이고변朱子言論同異攷辨」을 짓다. 「남당집변南塘集辨」을 짓다. 가을에 「곤지기변困知記辨」를 지었다. 겨울에 예안으로 가 이만각李晩慤(호 愼菴)을 방문하다. 안동 대평大坪으로 가 정재定齋 유치명柳致明 선생을 배알하다. 유치명이 그를 만나본 뒤 사람들에게 "뛰어난 선비는 문왕을 기다리지 않고서도 일어난다더니만, 그 사람이 바로 이진상이로다"라고 칭찬하였으며, 강우江右 대유大儒를 꼽을 때는 반드시 그를 포함시켰다고 한다. 「대학차의大學箚義」를 짓다. 「중용차의中庸箚義」를 짓다. 「태극도차의太極圖箚義」를 짓다.

○ 36세(癸丑, 1853)

봄에 「심자고증心字考證」을 저술하였다. 신암 이만각과 편지로 '리기동정理氣動靜'을 논하다. 여름에 이원조를 모시고 정구鄭逑를 배향한 회연서원檜淵書院에서 『심경부주心經附註』(明 程敏政)를 강론하다. 여러 생도를 위하여 의심나는 것을 발문發問하고 강록講錄을 정리하다. 김기응金箕應이 편지로 논한 「심경의의心經疑義」와 '심무출입설心無出入說'에 답하다. 최영록崔永綠(호 海菴)이 '리무동정理無動靜'을 논한 편지에 답을 하다. 가을에 김기응과 정헌공을 모시고 만귀정晩歸亭에 가 『심경(부주)』을 읽다. 겨울에 「통서차의通書箚義」와 「근사록차의近思錄箚義」를 짓다. 「리기동정설理氣動靜說」과 「성정집설性情集說」을 짓다.

○ 37세(甲寅, 1854)

최영록의 「별지후론사단칠정두미지설別紙後論四端七情頭尾之說」에 답변하는 편지를 쓰다. 가을에 유치엄柳致儼(호 萬樵)과 「근사록차의近思

錄疑義」에 대해 편지로 논변하다.

○ 38세(乙卯, 1855)

봄에 반저泮邸에서 정헌공을 돌보았다. 정시庭試 초시初試에 책책策을 써서 합격하다. 유치명이 장헌세자莊獻世子를 왕으로 추증할 것을 청하는 상소를 올렸다가 지도智島로 유배를 가자 그가 편지로 시의時義를 논하였다. 김영규金泳奎(호 新塢)가 내방하여 '리기선후理氣先後'와 '심리기心理氣'의 설에 대해 토론하다. 다시 편지로 오가며 변증辨證하다. 김영규의 아들 김희진金希鎭이 처음으로 찾아와 배우다.

○ 39세(丙辰, 1856)

김영규가 「외암집의의巍巖集疑義」에 대해 편지로 논한 것에 답하다. 김희진의 「논주재서論主宰書」에 답하다. 「지동기동변志動氣動辨」을 짓다. 「주재도설主宰圖說」을 짓다.

○ 40세(丁巳, 1857)

봄에 안사按使 신석우申錫愚가 여러 읍들을 돌며 강회를 열자, 그는 정헌공을 모시고 본주 천곡서원川谷書院에서 『심경(부주)』을 강론하고, 「강록」을 지었다. 천곡서원 유생들의 「심경의의」에 답하다. 경과慶科 별시 초시에 장원을 하다. 겨울에 안동 금계金溪에 가서 김흥락金興洛(호 西山)을 방문하다. 유치명을 배알하다. 만우정晚愚亭을 유람하다. 도연설폭陶淵雪瀑을 보다. 표은사瓢隱祠를 배알하고 지동芝洞

의 김대진金岱鎭(호 訂窩)을 배알하다. 고천高川에 사는 유치호柳致皜를 방문하다. 유치엄柳致儼과 유기호柳基鎬를 방문하였는데, 기행이 있다. 「차주자어류의의箚朱子語類疑義」를 짓다. 「서감농암사칠론후書金農巖四七論後」를 짓다. 장곡은張谷隱의 「논중용비은서論中庸費隱書」에 답하다. 중국 산동지방에서 반란이 일어나 크게 혼란스러워져 함풍제咸豊帝가 심양瀋陽으로 피난을 간다는 소식을 접하고, 이번 기회에 청나라에 대한 사대事大를 폐지하여 지난날의 치욕을 씻자는 상소를 지었으나 올리지 않았다.

○ 41세(戊午, 1858)

봄에 정헌공을 모시고 청천서원晴川書院(김우옹 배향)에서 향음주례鄕飮酒禮를 행하다. 송인호宋寅濩(호 觀岳)의 「논문서論文書」에 답하다. 겨울에 유치명을 배알하고 소목昭穆과 존비尊卑에 대해 논하다. 「정사칠신편의의訂四七新編疑義」를 짓다.

○ 42세(己未, 1859)

유동림柳東林의 「논태극서論太極書」에 답하다. 강직姜稷(호 典菴)의 「논사칠서論四七書」에 답하다. 윤최식尹最植(호 道山)의 「논사칠서論四七書」에 답하다. 11월에 부친 한고공寒皐公이 졸하다.

○ 43세(庚申, 1860)

정월에 한고공을 주 동쪽 석현石峴에 장례 지내다. 「독례차의讀禮箚疑」

를 짓다. 이조현李祚鉉이 찾아와 배우다. 정오석鄭五錫(호 逸軒)이 어머니의 상이 끝나지 않았지만 아버지가 돌아가시면 당연히 합사해야 한다는 것을 편지로 논한 것에 대해 답하다. 권연하權璉夏(호 頤齋)와 편지로 「중용의의中庸疑義」를 논하다. 심규택沈奎澤(호 西湖)의 「논사칠리기서論四七理氣書」에 답하다.

○ 44세(辛酉, 1861)

「상례비고喪祭便攷」를 짓다. 이만각과 퇴계선생의 「심통성정도心統性情圖」 신구본에 대해 편지로 논하다. 「논어차의論語箚義」, 「주자대전차의朱子大全箚義」, 「퇴계집차의退溪集箚疑」를 짓다. 「임창계(영)집사칠변林滄溪(泳)集四七辨」과 「임녹문(성주)집고변任鹿門(聖周)集攷辨」을 짓다. 겨울에 칩거하면서 「심즉리설心卽理說」을 짓다. 「계몽차의啓蒙箚義」를 짓다.

○ 45세(壬戌, 1862)

여러 읍의 백성들이 분기에 차 크게 봉기하다. 조정에서는 삼정리정청三政釐政廳을 설치하여 초야에까지 삼정의 폐단을 구할 방책을 물으니, 그는 교지를 받들어 「응지대삼정책應旨對三政策」을 지었으나 올리지 않았다. 4월 아들 승희가 관례를 치렀다. 「맹자차의孟子箚義」를 짓다. 이재목李在穆(호 敬菴)의 「논달도서論達道書」에 답하다. 정재 유치명 선생의 한 돌 제사를 맞아 곡하다. 이종상李種祥(호 定軒)과 『역학계몽易學啓蒙』의 위수位數에 대해 논하다.

○ 47세(甲子, 1864)

『역학관규易學管窺』를 짓고, 또 「삼역고三易攷」를 짓다. 이만각의 「논대산집사칠의의서論大山集四七義疑書」에 답하다. 5월에 모친 김부인金夫人 돌아가시다. 7월에 주 북쪽 삼봉三峯에 장례를 지내다.

○ 48세(乙丑, 1865)

『사례집요四禮輯要』를 짓다. 김영규의 「예서의문禮書疑問」에 답하다.

○ 49세(丙寅, 1866)

『묘충록畝忠錄』을 짓다. 『묘충록』을 임금에게 올릴 생각으로 상소문(「擬陳時弊仍進畝忠錄疏」)을 지었으나 올리지 않았다.

○ 50세(丁卯, 1867)

정헌공을 모시고 회연서원에서 『대학』을 강론하고, 「강록」을 지은 뒤 발문을 쓰다. 안사按使 이삼현李參鉉이 「강록」에다 서문을 쓰고 쌀과 고기를 선물로 보내오다. 『주자어류차의朱子語類箚義』가 완성되다. 이종기李鍾杞(자 器汝, 호 晩求)의 「논미발서論未發書」에 답하다.

○ 51세(戊辰, 1868)

봄에 합천 홍류동紅流洞을 유람하다. 각리角里의 장인각張寅慤(호 遽菴), 관악觀岳의 두 송공宋公과 약속하여 선석암禪石菴에서 놀다. 경주 보문普門에서 이종상을 배알하고 역상易象에 대해 논하다. 가을에는 개

한주선생연보 199

녕開寧 지천芝泉의 허훈許薰(자 舜歌, 사돈 사이임)을 방문한 뒤 금오산金烏山을 유람하며 채미정採薇亭에 오르다.

○ 52세(己巳, 1869)

「역괘원상易卦原象」을 짓다. 송천당松川堂에서 향약鄕約을 수정하다. 이종기의 「논리기산후서論理氣先後書」에 답하다.

○ 53세(庚午, 1870)

봄에 허유許愈(자 退而, 호 后山)가 찾아와서 배움을 구하다. 가을에 각리의 장복추와 선석암에서 만나 장응일張應一의 문집을 교감하다. 허전許傳(호 性齋)과 허전이 지은 「사의법복편士儀法服篇」의 의의疑義에 대해 편지로 논하다. 겨울에 곽종석郭鍾錫(자 鳴遠, 호 俛宇)이 와서 학문에 대해 묻다.

○ 54세(辛未, 1871)

대원군이 서원철폐령을 내려 전국적으로 유생들이 이를 철회할 것을 요구하는 상소를 올릴 때, 그도 학봉鶴峯 김성일金誠一을 제향하는 호계서원虎溪書院의 복설을 청하는 만인소에 공사원公事員으로 참가하여 서울로 갔다가 병사들에 의해 한강 건너로 쫓겨나다. 8월에 정헌공이 돌아가시다. 행장을 쓰고, 겨울에 이돈후李敦禹(호 肯菴)에게 묘지명墓誌銘을 부탁하다. 곽종석이 「심역도心易圖」(이상정 지음)와 「기질지성서氣質之性書」를 개정하여 논한 것에 답하다. 11월 정헌공의 장례를 지내다.

○ 55세(壬申, 1872)

봄에 지천芝泉을 유람하다. 여름에 허유와 곽종석이 이정모李正模(자 聖養, 호 紫東)와 함께 찾아 와 뵙다.

○ 56세(癸酉, 1873)

이정모의 「논심즉리서論心卽理書」에 답하다. 허유의 「명덕달도서明德達道書」에 답하다. 족보를 교정하다. 족보譜系를 교정하다. 겨울에 의녕宜寧 유곡柳谷에 가서 이재형李載亨(호 松巖)의 연시례延諡禮에 참석하다. 현풍玄風 도동서원道東書院에 가 문목공 정구 선생의 문묘배향을 청하는 소의 일을 맡고 소장을 쓰다

○ 57세(甲戌, 1874)

회연서당(회연서원이 훼철되어 서당이 되었음)에서 강장이 되어 「사례의문四禮疑問」을 발표하다. 「주자서절요집해朱子書節要輯解」를 교정하다. 동당시에 책문으로 장원을 하다. 허전을 배알하다. 허전이 다시 찾아오다. 겨울에 책을 가지고 만귀정으로 들어가다.

○ 58세(乙亥, 1875)

봄에 선석암에서 장복추와 송인호를 만나 『응와집凝窩集』을 교정하다. 이덕후李德厚와 이두훈李斗勳(자 大衡, 호 弘窩)이 찾아와 배우다. 5

월에 창녕 강림재江林齋에서 향음주례를 행하고 『소학』을 강론하다. 유곡에 가 이정모를 조문하고, 고령의 종산재鍾山齋에서 향음주례를 행한 뒤 『대학』을 강론하다. 곽종석의 「사례발문의의四禮發問疑義」에 답하다. 겨울에 『춘추집전春秋集傳』을 짓다. 이정모에게 곡하다. 정헌공의 산소를 주 동쪽 적산赤山으로 이장하다.

○ 59세(丙子, 1876)

2월에 일본 군대가 강화로 들어와 조야의 선비들이 놀라할 때 향내 사우들을 모아 그들을 토벌하려는 계획을 세웠으나 이미 화의가 이루어졌다 하여 그만 두다. 여름에 합천의 이연재伊淵齋에 가 향음주례를 행하다. 윤주하尹胄夏(자 忠汝, 호 膠宇)가 집으로 찾아와 배우기 시작하다. 겨울에 허유가 찾아오다.

○ 60세(丁丑, 1877)

봄에 향우들과 약속하여 고반정사考槃精舍에서 계모임을 갖다. 점을 쳐서 증산甑山 무우동無憂洞에다 정사를 하나 세우려 하였으나 뜻을 이루지 못하다. 『춘추익전春秋翼傳』을 짓다. 가을에 이두훈과 안영배安永培가 찾아와 수십일 동안 모시면서 『근사록近思錄』 강의를 듣다. 남쪽으로 황계黃溪를 유람하다. 삼가의 오도동吾道洞에 사는 허유를 방문하니, 박치복朴致馥(호 晩醒)이 찾아와 뵙고는 함께 길을 떠났으며, 정재규鄭載圭(호 厚允)와 김진호金鎭祜(자 致受, 호 勿川)가 길에서 배알하다. 김인섭金麟燮(호 端磎)을 방문하다. 곽종석과 하용제河龍濟

가 찾아와 기다리고 있다가 모시고 함께 적벽강赤壁江을 건너다. 남사리南泗里에서 향음주례를 행하고 『태극도설太極圖說』을 강론하다. 덕산德山에 들어가 조남명曺南冥 선생의 사당에 배알하다. 두류산頭流山(지리산)에 올라 일출을 보고 남해의 금산錦山을 유람하다. 진주 중평中坪의 최정기崔正基(호 肅仲) 등과 모여 『중용』을 강론하다. 촉석루矗石樓를 유람하다. 함안의 합강정合江亭을 거쳐 창녕의 석동石洞을 들린 뒤 돌아오다. 이번 남행에서 총 52수의 시를 남기다.

○ 61세(戊寅, 1878)

2월에 종산재에서 『중용』을 강론하다. 윤3월에 『리학종요理學綜要』를 완성하다. 정재규의 「논지각설서論知覺說書」에 답하다. 「변기노사묘합설辨奇蘆沙妙合說」을 짓다. 여름에 강림재에서 여러 학생들에게 강론하다. 가을에 김진호와 곽종석이 찾아오다. 장복추, 허훈, 이종기와 약속해 선석사에서 열리는 강회에 참석하여 『소학』과 『중용』을 강론하면서 열흘 여 머문 뒤에 돌아오다. 곽세명郭世明과 이두훈이 찾아오다. 장석영張錫英(자 舜華, 호 晦堂)이 찾아와 배우기 시작하다. 여러 학생들에게 『태극도설』을 강론하다. 청도 운문산雲門山을 유람하다. 경주를 유람하면서 이우상李瑀祥(호 希菴)을 방문하여 정헌 이종상의 유서遺緖를 강론하다. 김진호의 「지경설知敬說」과 「제왕형제상계소목설帝王兄弟相繼昭穆說」에 답하다. 『주자어류차의朱子語類箚疑』를 다시 교감하다. 이재의李在懿(호 景徽)의 「역상의문易象疑問」에 답하다. 회연서당에서 향음주례를 행하고 『근사록』을 강론하다. 장석영의 편지 질문에 답하다.

○ 62세(己卯, 1879)

윤3월에 동쪽으로 유람하면서 지천 딸 집을 방문하다. 하회에 이르러 좌랑 유기영柳驥榮과 동행하기로 약속하다. 김홍락을 방문하다. 호군護軍 이휘철李彙徹과 같이 청량산淸凉山을 유람하다. 영양에서 영동 일곱 군을 두루 유람하고 마침내 금강산에 가서 비로봉을 오르다. 통천의 총석정을 유람하고 길을 되돌아오다. 오는 길에 영월 자규루子規樓에 오르다. 단양의 구담과 도담을 유람하다. 이번 여행에 「등금강산登金剛山」 등 총 70수의 시를 남겼다.

○ 63세(庚辰, 1880)

4월에 이연재에서 향음주례를 행하고 학생들에게 강학하다. 가을에 남쪽으로 유람하면서 석동으로 가 성규호成圭鎬·이근옥李根玉과 동행하기로 약속하다. 의령의 자암정紫巖亭에 가 강헌지姜獻之의 『退休集』을 교정하다. 조양재朝陽齋를 유람하다. 김해의 고도古都를 유람하고 명호鳴湖를 건너 부산의 일본관日本館으로 가 호시互市를 둘러보고 화륜선火輪船에도 올라보다. 온천에서 목욕을 한 뒤 삼랑포三郎浦를 거쳐 돌아오는 길에 칠탄정七灘亭, 반계정盤溪亭, 오연정鰲淵亭, 영남루嶺南樓를 두루 둘러보다. 이번 여행에서 「연자루차판상운燕子樓次板上韻」 등 총 31수의 시를 남겼다. 겨울 고령의 반룡사盤龍寺에서 『논어』를 강론하다. 11월 김홍집이 수신사修信使로 일본을 다녀오면서 황준헌이 지은『조선책략朝鮮策略』을 가져와 전국의 유생들이 들고 일어났는데, 이때 영남 지방에서도 도산서원의 척사통문이 돌면서 각지에서 이에 동참하게 되고, 이때 그는 향내 송천松川에서 모임을 열고 척사통문을 지어 돌렸으며, 다시 황난선·송인호 등과 선석암에서 모여 척사통문을 지어 돌리다. 12월에 개녕에서 열린 도회都會에 도청都廳이 되어 소청의 일을 주관하다.

○ 64세(辛巳, 1881)

영남 좌·우도의 유생들이 참가하는 도회가 산양에서 열리자 동생 이운상李雲相에게 참가하여 소청의 일을 돕도록 하고, 아들 승희에게는 척사소를 써서 참가하게 하다. 고령의 관동館洞에서 『중용』을 강론하다. 4월 정헌공의 연시례延諡禮號를 행하다. 갈천서당葛川書堂에서 향음주례를 행하다. 윤주하의 「어류차의의목語類箚疑疑目」에 답하다.

○ 65세(壬午, 1882)

이건창李建昌이 찾아오다. 현량과賢良科에 천거되었으나 나아가지 않다. 9월 각산覺山에서 향음주례를 행하고, 『중용』을 강론하다. 『주자대전고의朱子大全考疑』를 교감하다.

○ 66세(癸未, 1883)

『역학관규易學管窺』를 교감하다. 겨울에 허훈 등 향내 여러 원로들과 선석암에서 구로계九老契 모임을 갖고 한 달여 놀다 헤어지다.

○ 67세(甲申, 1884)

『리학종요』를 거듭 교감하다. 동생 이운상과 김산金山의 공자동孔子洞을 유람하고, 명승지를 두루 유람하다. 관동에서 강회를 열고 『대학』을 강론하다. 조정에서 변복령變服令을 내려 선비들에게 좁은 소매의 옷을 입도록 하자 그는 심의深衣를 입고서 「의제론衣制論」을 짓다. 9월 16일 의금부도사義禁府都事에 제수되었으나 나아가지 않다. 장복추 등 향우들과 선석암에서 모여 수십 일 동안 강학과 토론하며 지내다.

○ 68세(乙酉, 1885)

봄에 단산서원丹山書院에서 향음주례를 행하고 여러 생도들에게 강론하다. 마침내 향리의 사우들과 향약을 정하다. 4월 장손(基元)이 태어나다. 『사례집요』를 거듭 교감하다.

○ 69세(丙戌, 1886)

2월 장복추와 도동서원에서 향례享禮를 올리다. 「산거사경山居寫景」 등 여러 시를 짓다. 향리의 사우들과 무흘서당武屹書堂에서 계모임을 갖다. 황달증상에 걸리다. 10월 10일 발병하다. 11일 구토를 하다. 12일 잠시 정신이 들다. 13일 부인 홍양이씨가 죽자 상을 치르라 명한다. 15일 자시에 끝내 졸하다. 장석영, 이두훈과 이영훈 등이 상례를 맡았는데, 일체를 『사례집요』에 따르다. 11월 허유, 윤주하, 곽종석이 뒤이어 와서 장례를 치르다.

1887(丁亥年) 2월20일 사림장士林葬으로 그를 장례 지내고 대포리 동쪽 소통령小通嶺에 안장하다.
1895년 거창 源泉亭에서 『한주문집』을 발간하다.
1896년 고령 會輔契에서 『리학종요』를 발간하다.

한주선생행록寒洲先生行錄

이승희 지음(이상하 옮김, 고전번역연구소장)

○ 조부 진사부군進士府君은 문장이 해박하고 흉금이 넓었으며, 음덕陰德을 베풀기를 좋아하고 이익을 꾀하거나 명예를 얻는 데 뜻을 두지 않았다. 오직 문사文史와 산수山水 및 어진 사우士友를 매우 좋아할 뿐이었다. 조모 김부인金夫人은 성품이 방정하고 엄격하여 예법禮法이 있었고, 경사經史에도 밝아 자녀를 의방義方*으로 가르쳤다. 고모부 이공李公 휘철彙徹과 송공宋公 인호寅濩가 늘 말하기를, 선친의 성기性氣가 온화하고 평이平易한 곳은 왕고王考를 닮았고 방정하고 엄격한 곳은 조비祖妣를 닮았다고 하였다.

* 義方 : 춘추시대 석작石碏이 "신은 듣건대 자식을 사랑하되 의방으로 가르쳐 사특한 데 들어가지 않게 해야 한다고 했습니다."(臣聞愛子, 敎之以義方, 弗納於邪) 하였다. 의방은 의로운 일을 하는 방도이다.(『小學』, 「稽古」)

○ 김부인은 아들인 부군을 몹시 사랑하였으나 의복과 음식에 대해서는 반드시 통렬히 절제하였다. 그래서 부군은 어릴 때 왕왕 배고픔을 참으면서 감히 말하지 못하였다.

○ 내가 예전에 본 일이다. 점성가占星家가 괘운卦運으로 부군의 운명을

점치니 진괘震卦 구사九四의 '진수니震遂泥'*가 나왔다. 부군은 서글픈 기색으로 말하기를 "이는 주선생朱先生(주희)의 명운命運이다. 주선생이 남송南宋의 치우친 땅에서 태어나 강양剛陽한 덕으로 낮은 지위에 머무른 채 뜻을 이루지 못하고 도를 펼치지 못하여 천고千古의 한이 되고 말았다. 나 같은 말학비재末學非才가 어찌하여 다시 이러한 운명을 만났단 말인가" 하고 한참 동안 탄식하였다.

* 震遂泥:『주역』진괘 구사의 효사爻辭로 "진이 마침내 빠지는 것이다"라는 말이다. 이는 양효陽爻 하나가 음효陰爻 둘 사이에 빠져서 스스로 진동하여 분발하지 못함을 뜻한다. 주희가 "진괘 구사는, 예전에 안노자顔魯子가 납갑納甲으로 추산한 것으로 나의 운명이 이에 해당한다고 하였다" 했다.(『朱子大全』, 권36,「答陳同甫」)

○ 어릴 때부터 영특하고 위엄이 있어 함께 놀던 아이들이 대다수 두려워하였다. 그래서 부군이 오는 것을 보면 혹 눈물을 흘리며 용서해 달라고 애걸하는 아이도 있었다. 그러나 성품이 인자해 언제나 사람들을 불쌍히 여겼고 한 사람도 때려 다치게 한 적이 없고 한 물건도 때려 부순 적이 없었다.

○ 아이 때 뜻이 고매하고 기운이 드높아 천고를 뛰어넘는 기상이 있었고 일점一點도 소극적이고 위축되어 나약한 생각이 없었다. 헛되이 시일을 보내려 하지 않아 비록 장난을 치며 놀지언정 반드시 날마다 무언가 하는 일이 있었다.

○ 아이 때 때때로 이웃 마을 훈장에게 글을 배웠는데 반드시 무릎을

끓고 가르침을 받았으며 나태한 기색을 보이지 않았다. 어떤 사람이 혹 조롱하여 "저런 사람을 네가 이처럼 공경하느냐?" 하니, 부군은 "저 분이 비록 신분은 보잘 것 없지만 나에게 글을 가르친즉 스승이다. 어찌 공경하지 않을 수 있겠는가?" 하였다.

○ 종조숙부從祖叔父이신 침랑공寢郎公은 부군보다 열 살이 많아 부군을 이끌어 주고 가르쳤다. 하루는 부군이 지은 글을 보고 깜짝 놀라 말하기를 "네가 어떻게 이런 글과 이런 뜻을 아느냐?" 하니, 부군이 대답하기를 "우연히 중부仲父의 책문策文 중에 이것이 있는 것을 보았습니다" 하였다. 침랑공이 크게 놀라 말하기를 "네가 이제 나의 스승이다" 하였다.

○ 15·6세 때에는 천하 사물의 이치를 모두 망라하고 추측하여, 고원高遠한 것이라 하여 혹시라도 게을리 하지 않고 영쇄零瑣한 것이라 하여 혹시라도 빠뜨리지 않았다. 세속의 학자들이 간약簡約 쪽으로만 공부하다 스스로 비루해지고 편리한 것만 찾아서 스스로 좋아하는 것을 가장 싫어하였다. 늘 소자邵子의 "이목이 총명한 남자의 몸, 홍균이 부여한 바 가난하지 않아라*"(耳目聰明男子身, 洪勻賦與不爲貧)와 "일월성신은 높이 빛을 비추고 황왕제패*는 크게 정치를 폈도다"(日月星辰高照耀, 皇王帝覇大鋪舒)라는 시를 외며, 외진 나라에 태어나 천하를 두루 보지 못하는 것을 한스럽게 여겼다. 그래서 손수 승람도勝覽圖를 그려 복희씨伏羲氏·헌원씨軒轅氏·문왕文王·무왕武王·공자孔子·

맹자孟子·정자程子·주자朱子의 유적 및 시인詩人·도류道流 등 제가諸家들이 유람하고 서식棲息하던 곳들을 그려 놓고 문우文友들과 술을 마시며 그 사적을 시로 읊음으로써 흥을 달랬다.

* 이목이…… 않아라 : 북송의 학자 소옹邵雍의 「관물음觀物吟」에 보인다. 홍균은 하늘을 가리킨다. 하늘이 만물을 만들어 내는 것을 도공陶工이 질그릇을 굽는 데 비긴 것이다. 진晉나라 장화張華의 「답하소答何劭」에 "홍균은 만물을 빚어내고 대지는 뭇 생명을 받는다"(洪鈞陶萬類, 大塊稟羣生) 하였다.
* 皇王帝覇 : 삼황오제三皇五帝와 왕도王道·패도覇道의 왕들을 가리킨다.

○ 어릴 때부터 경서經書를 읽을 때는 반드시 먼저 본문의 대의大義를 파악하여, 핵심에 해당하는 곳부터 미루어 아래로 내려오며 의미를 이해하였다. 자잘한 글과 뜻도 반드시 그 곡절을 남김없이 이해한 뒤에야 그 경서에 주석을 단 제가諸家의 글을 보아서 참고하고 절충하였는데 대체로 정자程子·장횡거張橫渠·주자朱子·이퇴계李退溪의 설로써 귀결을 삼았다. 세상의 학자들이 거꾸로 후현後賢의 설을 가지고 지레 주장을 펴서 억지로 자기의 설에 끌어다 붙이고 둘러댐으로써 자기를 속이고 남을 속이는 것을 가장 싫어하였다.

○ 어릴 때부터 경서를 공부하며 문장을 아울러 익혔다. 『상서尙書』 읽기를 좋아하여 이 책을 술작述作의 조종祖宗으로 삼고 매우 익숙하게 송습誦習하여 만년에 이르러서 전편全篇을 다 외울 수 있었다. 문장을 지을 때에는 인류引類에 뛰어나 지은 글에 변화가 층출層出하였다. 또 난삽한 구절이나 글자를 많이 사용하였다. 그래서 지금 남아 있는 습작 원고 중 15·6세 때 지은 글을 사람들이 구두도 떼

지 못하는 경우가 많다. 20세 이후로는 "글은 뜻을 전달하면 그만이다" 하고 오로지 평순平順하고 이치에 맞는 것으로 법칙을 삼았다. 고모부 송공宋公 인호寅濩와 문장을 논한 서찰이 있는데 그 내용은 대체로 후세의 문장가들이 고행척립孤行隻立*하는 것을 단양무음單陽無陰*의 증거로 삼고 『주역』 「계사繫辭」 등을 지극한 문장으로 삼은 것이다.

* 孤行隻立 : 음陰과 양陽 혹은 홀수(奇數)와 짝수(偶數) 가운데 어느 하나만 홀로 있는 것이다. 세상의 만물은 음과 양, 홀수와 짝수의 조화에 의해 이루어진다. 따라서 음이나 짝수 혹은 양이나 홀수만 있어서는 만물의 조화가 이루어질 수 없는 것이다.(『周易象辭』, 권18)
* 單陽無陰 : 양만 있고 음은 없는 것으로, 원래는 학질의 일종인 단학痁瘧에 대한 말로 양기만 강하고 음기가 없음으로 해서 생기는 병이라는 뜻이다. 이진상이 송인호宋寅濩에게 답한 서찰에서 문장을 논하면서 고인의 글은 천지의 조화와 같이 음과 양, 기수奇數와 우수偶數의 조화가 잘 이루어졌으며, 그 대표적인 예가 『주역』 「계사」이고 육경六經과 사서四書도 대체로 그런데 전국시대 말엽부터 문장이 사람들의 이목을 놀라게 하는 기이함만 추구하여 대우對偶가 없어지고 말았다고 했다. 이것을 양만 있고 음은 없어서 생기는 병에 비긴 것이다.(『寒洲集』, 권14, 「答宋康叟」)

○ 일찍부터 세상에 나아갈 뜻을 가졌다. 그래서 15·6세 때부터 대과大科의 문자를 많이 지어 이미 세상에 명성이 알려졌기에 국내에서 책문가策文家를 헤아리는 사람은 반드시 부군을 엄지손가락으로 꼽았다. 그리고 소과小科의 문자도 곧잘 지어 그 글이 극히 정련精練하였다. 부군이 왕왕 등잔불 아래에서 수십 편의 글을 지으면 세상의 백발이 되도록 붓을 잡고 장옥場屋의 글을 지어 온 사람들도 모두 어깨를 겨룰 수가 없었다. 「동방공부책東方貢賦策」과 성균관成均館에 있을 때 지은 「경의經義」 1편은 당세의 공령가功令家(과거 공부를 하는

사람)들이 모두 전송傳誦하며 모방하였다.

○ 15세 때 기삼백朞三百의 수數를 추산推算했는데 옛사람들의 방법을 따르지 않고 자신의 방식대로 계산해 내었다. 정헌定軒 이공李公 종상鍾祥이 그 방법을 보고 "천하에 참된 재주가 있지 참된 법은 없다는 것을 이제야 알았다" 하였다.

○ 어릴 때 질환에 걸려 의약을 써도 효험이 없자 몸소 『소문素問』·『입문入門』 등의 책을 읽고 처방을 써 보니 효과가 좋았으며, 두루 써 보니 역시 대체로 즉시 효험이 있었다. 그래서 세상 사람들이 혹 의술에 밝다고들 했으나, 그 후에는 의술을 하지 않으며 말하기를 "정밀하지 못하면 사람을 해칠까 두렵다" 하였다. 또 일찍이 자미성법紫微星法으로 사람의 운명을 추산하여 정련精練한 경지에 이르자 부절符節을 합치듯 맞았으나, 만년에는 그것도 탐탁찮게 여겨 하지 않았다. 내가 일찍이 그 방법을 묻자 부군은 "정력을 허비할 것 없다" 하셨다.

○ 15·6세 때 산교汕嶠라 자호하였다. 이는 대개 산수汕水* 하나에서 천하의 물을 다 알 수 있고 교산嶠山* 하나에서 천하의 산을 다 알 수 있으니 천하의 사물도 이와 마찬가지라는 뜻으로, 뜻을 박학博學에 둔 것이다. 얼마 뒤에는 동교東嶠라 했다. 해동海東의 교남嶠南에 태어났기 때문에 땅이 협소하여 큰일을 할 수 없음을 한스럽게 여긴

것이다.

20세 이후에는 정와定窩라 했으니, 지지유정知止有定*의 뜻을 취하여 자신을 반성한 것이다.

30세 때에는 서재의 편액을 조운헌도祖雲憲陶라 걸었다. 이는 멀리로는 운곡雲谷(주희)을 조술祖述하고 가까이로는 도산陶山(이황)을 본받는다는 뜻이니, 위로는 전성前聖을 고찰하고 아래로는 후현後賢을 이어받아 비로소 스승을 얻은 것이다.

만년에는 한주寒洲라 하였으니, 표방標榜을 없애고자 한 것이다.

* 汕水 : 조선에 있는 물을 뜻한다. 『사기』 「조선전朝鮮傳」 주注에 "조선에 습수濕水와 열수洌水, 산수汕水가 있다" 하였다.
* 嶠山 : 경상북도 문경聞慶의 조령鳥嶺을 가리킨다.
* 知止有定 : 『대학』 경經 1장에 "그침을 안 뒤에 정해짐이 있다"(知止而后有定) 한 대목을 가리킨다. 이는 사람이 그쳐야 할 곳, 즉 지선至善이 무엇인지를 안 뒤에 마음속에 정향定向이 있게 된다는 뜻이다.

○ 천품이 이미 높고 입지立志가 원대했으며 일찍부터 가학家學의 영향을 받았다. 당시의 어진 사우師友들과 서로 강마講磨하고 질정質正하여 옛 성현의 심법心法을 찾았다. 그리하여 천하의 모든 사물이 단지 일리一理임을 보았으니, 몸으로 닦아서 덕행德行이 되고 입에서 나와 언사言辭가 된 것이 이 리理를 따른 것이 아님이 없다.

○ 어릴 때부터 산증疝症을 앓아 누차 위태한 지경에 이르렀기에 왕고王考가 혹 깊이 염려하셨다. 그 때문에 부군은 늘 애써 병을 참고 위로하며 마음을 풀어드려 병세가 위중하다는 것을 왕고는 알지

못하게 하였다.

○ 조부는 생업에 관심을 두지 않아 집안 형편이 극도로 기울었다. 이에 부군은 농사에 힘써 몸소 들일을 보살폈다. 당시 정헌공定憲公(李源祚)이 이미 이경貳卿의 지위에 오른 터라 혹자가 위로하며 "어찌 공의 집안 위신을 생각하지 않소?" 하면 부군은 "나는 일개 빈한한 선비일 뿐이오" 하였다. 조고祖考와 조비祖妣가 모두 세상을 떠나자 부군이 나에게 말씀하기를 "내가 이제 누구를 위해 농사를 하겠는가?" 하고는 마침내 농사를 돌아보지 않았다.

○ 조부는 빈객을 접대하는 것을 좋아하였다. 그래서 부군은 집안 형편이 군색해도 손님이 오면 반드시 음식을 넉넉하고 깨끗하게 대접했다.

○ 조부는 남에게 베풀기를 좋아하였다. 향리에 사는 최씨崔氏 어른이 와서 "냉질冷疾을 앓고 있는데 밤중에 요강이 없어 괴롭다"고 말하였는데, 당시 집안에는 요강이 하나밖에 없었는데 전비前妣인 박씨朴氏 집안에서 온 것으로 부군이 매우 아끼는 것이었다. 왕고가 "나는 질병이 없으니, 이 요강을 이분에게 주는 것이 좋겠다" 하니, 부군은 분부대로 요강을 그 어른에게 갖다 드리고 아까워하는 기색을 얼굴에 나타내지 않으셨다.

○ 소작농 이씨李氏란 사람이 비가 많이 올 때 자신이 제방을 터뜨려 놓고서 논이 복사伏沙에 덮였다는 핑계로 싼 값에 논 두 이랑을 왕고에게 샀다. 다른 사람이 그 간교한 짓에 분개하여 부군에게 제 값을 돌려받을 것을 권하자 부군은 그렇게 할 수 없다고 하니, 이씨가 그 말을 듣고 부끄러워하고 두려워하였다. 그 후에 그 논 근처에 왕고의 묘소가 들어가게 되자 이씨가 머리를 조아리며 3두락의 전답을 스스로 바쳐 묘전墓田으로 삼아줄 것을 청하니, 부군은 그 값을 쳐서 주었다.

○ 왕고가 나를 몹시 사랑하였기 때문에 내가 왕고 곁에 있으면 부군은 매를 때리거나 꾸짖은 적이 없었다.

○ 조부의 병세가 위중하실 때 중부仲父가 손가락에 피를 내어 조부의 입에 흘려 넣으려 하자 부군이 울며 말렸다.

○ 조부가 금산錦山에 유람하러 가셨다가 곤양昆陽의 조진사趙進士 집에서 병에 걸렸다. 조진사가 성심을 다해 조부를 간호하였다. 그래서 부군은 말씀 중에 조진사 얘기만 나오면 눈물을 흘리셨다.

○ 조부가 잉어국을 좋아하니, 부군은 잉어국을 감히 먹지 않으셨다. 조부가 세상을 떠난 뒤에도 잉어국을 차마 먹지 못하셨다.

○ 조모 김부인金夫人은 성품이 엄격하였다. 부군은 김부인이 노여운 기색을 보이면 곧바로 그 앞에 나아가 갖은 방법으로 웃으며 얘기하여 김부인의 안색이 누그러지시면 그제야 그만두었다. 혹 부군 때문에 노여워하면 부복俯伏하여 대죄待罪하고 노기가 풀리신 것을 보아야 감히 물러났다.

○ 김부인은 친가親家가 가난했기 때문에 그 친부모의 기일忌日 및 성묘省墓 때에는 반드시 제수를 갖추고 부군 형제를 시켜 번갈아 가서 일을 보살피게 하였다. 부군은 그 제수를 반드시 집안의 제사와 같이 장만하고 감히 소홀히 하지 않았다.
김부인이 임종하실 때 "내가 죽고 종손從孫도 조금 형편이 넉넉하니 명년부터는 제수를 보내지 말라" 하였다. 부군은 그래도 3년 동안을 김부인이 생존하실 때와 같이 제수를 보내고, 그 이듬해에 표종손表從孫에게 서찰을 보내 이제부터 스스로 힘써 제사를 모시라 하고는 이어 눈물을 비 오듯 흘렸다.

○ 중고仲姑 김씨부金氏婦가 일찍 과부가 되자 김부인은 하루라도 그 소식을 듣지 못하면 침식寢食이 편안치 않았다. 김씨부의 집은 우리 집과의 거리가 70리인데다가 배를 타고 물을 건너야 했다. 부군은 종을 보내면서 닭이 울면 출발하여 밤중까지 돌아오기로 약속했는데 종도 그 약속대로 시간을 지켰다. 몇 달이 지난 뒤에야 매일 종을 보내지 않고 간간이 종을 보냈다.

○ 김부인은 고사古史에 박통하였다. 그래서 만년에는 자질子姪들과 성현의 사적 및 전대 역사의 흥망성쇠를 얘기하기 좋아하였으니, 부군은 곁에 모시고 앉아 역사를 외워서 얘기해 드리는 것을 낙으로 삼았다. 부군이 일이 있어 곁에서 모실 수 없으면 부군의 아우나 아들을 시켜 대신 얘기하게 하였다. 김부인은 혹 언문 역사책을 널리 구해 직접 읽기도 했는데 밤이 깊어도 책 읽기에 지칠 줄 몰랐다.

○ 김부인은 냉증冷症을 앓았으며, 만년에는 위장이 허虛하여 육식肉食이 조금이라도 부족하면 음식을 편안히 들지 못하였다. 그래서 부군은 김부인을 봉양하기 위해 사흘에 한 마리씩 개를 잡았고 간간이 어육魚肉을 드렸다. 혹자가 "어버이를 섬기는 것도 집안 형편에 맞게 해야 한다"고 하면 부군은 쓸쓸한 기색으로 말을 하지 못하였다.

○ 조부모가 세상을 떠나신 뒤로 부군은 후생後生에게 『시경詩經』을 가르치시다가 「육아蓼莪」*편에 이르면 눈물을 흘리며 해설하지 못하셨다. 그래서 후배들이 『시경』을 읽다가 이 편에 이르는 것을 보면 내가 반드시 다른 편으로 바꾸고 감히 이 편을 부군 앞에 올리지 못하게 하였다.

매양 왕고비의 기일忌日이 오면 눈물을 흘리며 사모思慕하셨고 아무리 추운 겨울, 더운 여름일지라도 반드시 몸소 제때에 제사를 모셨으며, 병이 들어도 부축을 받아 몸소 제사를 모셨다.

* 「蓼莪」: 『시경』 「소아小雅」의 편명으로 부모님을 제대로 봉양하지 못한 자식이

부모님을 생각하며 슬퍼하는 마음을 읊고 있다. 진晉나라 무제武帝 때 왕부王裒는 아버지 왕의王儀가 억울하게 죽은 것을 슬퍼하여 『시경』을 가르치다가도 「육아」편에 이르면 언제나 슬피 울었기 때문에 제자들이 『시경』을 배울 때 「육아」편은 아예 없애고 배우지 않았다 한다.(『小學』,「善行」)

○ 경술년에 종조부 정헌공定憲公이 경주부윤慶州府尹으로 있다가 모종의 일로 어사御使의 논계論啓에 올라 치대置對에 나아가게 되었다. 당시 부군은 과거에 응시하러 한양에 가 있다가 그 소식을 듣고는 즉시 서둘러 고향으로 내려와서 '대감待勘할 때까지 지체하고 있을 수 없다'는 뜻을 정헌공께 말씀드렸다. 이에 정헌공이 즉시 사직하고 여장을 꾸려 향리로 돌아왔으며, 늘 의리를 봄이 명백하다고 부군을 칭찬하였다.

○ 만년에 중부仲父와 한방에서 기거하셨다. 중부가 형님인 부군을 두려워하여 혹 위축된 모습을 보이기도 하니, 부군은 온화한 안색을 보이며 온갖 방법으로 애써 중부를 편안하게 해 주셨다. 중부는 시를 읊기를 좋아하셨다. 부군은 평소 한가하게 시구를 짓는 것을 좋아하지 않았으나 때때로 짐짓 중부를 위해 시를 창수唱酬하고 논평하며 즐기셨다.

○ 특별한 음식이 있으면 반드시 중부와 함께 맛보았다. 흉년이 들어 온 집안이 모두 죽을 먹을 때에도 부군은 반드시 중부를 불러 함께 식사를 했으며 중부를 잊은 적이 없었다.

○ 부군이 임종하실 때 내가 슬피 울며 불러도 응답하지 못하였으나 중부가 형님이라 부르면 응답하였다.

○ 백고伯姑 이씨부李氏婦가 궁핍하게 살았다. 부군은 해마다 곡식과 무명을 수확하면 반드시 먼저 백고에게 보낼 것을 따로 떼어 놓았다. 그리하여 곡식과 무명이 다 바닥이 나도 감히 소홀하지 않았다.

○ 중고仲姑 김씨부金氏婦가 과부가 되자 부군은 누차 집으로 맞아들여 정성껏 잘 위로하였으며, 생질을 거두어 교육하여 성년이 된 뒤에야 집으로 돌려보냈다.

○ 부군은 종숙부從叔父 침랑공寢郎公을 부형처럼 섬겨 매사를 반드시 여쭈어 보고 크게 도리에 어긋나지 않으면 반드시 침랑공의 말씀을 따랐다.

○ 인의引儀 종숙부從叔父가 심한 병을 앓은 적이 있는데 부군은 하루에 서너 차례 문병을 갔으며, 밤에도 반드시 서둘러 일어나 문병하러 갔다. 여러 달이 되도록 그렇게 하였다.

○ 선비先妣 이씨李氏는 사리에 밝고 민첩하고 효성과 공경이 지극했으며 예의禮儀에 신중하였다. 그래서 부군은 선비를 공경하고 믿어 평소 집안이 마치 조정처럼 정숙整肅하였다. 그래서 세상에서 화목과

공경이 함께 지극한 훌륭한 부부를 일컫는 이들은 반드시 부군과 선비를 준칙으로 꼽았다.

○ 수숙嫂叔 사이의 분별에 엄격하여 비록 손자 항렬일지라도 여인을 대할 때는 반드시 용모를 엄숙히 가다듬고 간격을 두고 앉아서 공경하게 안부 인사만 나눌 뿐이었으며, 높은 항렬의 족숙모族叔母나 대모大母는 오직 세시歲時로 문을 열어 한 번 뵐 뿐이었다. 질부姪婦들이 알현할 때에도 반드시 용모를 가다듬고 단정히 앉아 쓸데없는 얘기는 하지 않았다. 자매들과 함께 있을 때에는 즐거운 분위기가 가득했으나 역시 간격을 두고 떨어져 앉았다. 내가 지각이 들고부터는 부군이 나를 아끼고 귀여워하는 기색으로 대해 주는 것을 본 적이 없다.

○ 내가 여덟 살 때 『강씨통감江氏通鑑』*을 배웠는데 태만하게 놀다가 간신히 외울 수 있었다. 당시 좌중에 손님이 있다가 과분하게 칭찬하기를 "글이 백 줄이나 되는데 네가 아직 동자로서 이렇게 외우다니……" 하기에 나는 자랑스러워했다. 부군이 천천히 말씀하기를 "비록 겨우 외기는 했으나 이처럼 입에 설게 외서야 무슨 소용이 있겠느냐?" 하고 즉시 나를 세우고는 회초리로 종아리를 쳤다. 이에 나는 몹시 부끄러워 조금 잘못을 고치게 되었다.

* 『江氏通鑑』: 『통감절요通鑑節要』를 가리킨다. 이 책은 송나라 때 강지江贄가 방대한 『자치통감資治通鑑』을 절략節略하여 만든 것으로 우리나라에서 교재로 널리 읽혔다. 『소미통감少微通鑑』이라고도 한다.

한주선생행록 221

○ 내가 처음 장가들어 경주慶州의 처가로 갈 때 부군이 단단히 당부하기를 "부부는 처음을 신중히 하고 붕우는 마침을 신중히 해야 하는 법이다. 너의 지금이 바로 너의 일생 과정의 출발이니, 유념하라" 하였다.

○ 내가 성년이 되어 고을의 강회講會에 갔는데 부군이 강회에서 문답한 말을 베껴서 보내라고 명하였다. 그래서 문답을 베껴서 보내니 부군이 서찰을 보내 꾸짖기를 "네가 답한 말을 보니 애초에 깊이 생각해 보지도 않고 임시변통의 말재주로 둘러댄 것일 뿐이다. 비록 그 말이 우연히 맞다 하더라도 공부에 무슨 도움이 되겠느냐. 너는 너의 아비가 네게 바라는 마음을 헤아리지 못하느냐?" 하였다. 이에 크게 두려워 조금 학문에 힘을 쓸 줄 알게 되었다.

○ 내가 약관 때 대청에서 다른 사람과 농담을 주고받고 있는데 부군이 외출하고 돌아와서 준엄히 꾸짖기를 "한가하게 쓸데없는 얘기를 하며 좋은 시절을 보내고 있으니, 학문에 뜻이 없음을 알겠다" 하였다.

○ 나는 집안일을 맡은 뒤로 집안이 가난하고 어버이가 연로한 것을 근심하여 잡무에 마음을 쏟다 보니 점차 마음과 용모가 황폐해졌다. 하루는 모시고 앉은 자리에서 부군이 조용히 말씀하기를 "내가 소루疏漏하여 너를 해치고 말았구나. 너는 생각해 보라. 고인古人이

말씀하신 '닭이 울면 일어나 부지런히 이익을 꾀하는 자'가 누구의 무리인가?*" 하니, 그 자리에서 온 몸에 땀이 나 오랫동안 감히 고개를 들지 못하였다.

* 고인이…… 무리인가 : 맹자가 "닭이 울면 일어나서 부지런히 선행을 하는 사람은 순임금의 무리이고 닭이 울면 일어나서 부지런히 잇속을 추구하는 사람은 도척의 무리이니, 순임금과 도척의 구분을 알고자 한다면 다른 것이 없고 잇속과 선행의 사이일 뿐이다"(『孟子』,「盡心上」, "雞鳴而起, 孶孶爲善者, 舜之徒也. 雞鳴而起, 孶孶爲利者, 跖之徒也. 欲知舜與跖之分, 無他, 利與善之間也") 하였다.

○ 나는 사소한 이해利害를 만나더라도 반드시 부군의 "이해를 따지면 반드시 기심機心이 생긴다"라는 말씀을 생각하였다.

○ 내가 매사에 계획만 세워 놓고 이루지 못하는 것이 많으니, 부군이 "그렇게 머뭇거려서야 무슨 일을 이루겠느냐?" 하였다.

○ 내가 집안에서 조급하여 노하는 일이 많으니, 매양 경계하시기를 "너무 일을 독찰督察하면 덕성을 해치게 된다" 하였다.

○ 내가 혹 어지럽게 마구 글씨를 쓰면 부군은 "나는 이러한 모양을 매우 싫어한다" 하셨다.

○ 불초가 과거에 누차 낙방할 즈음에 세도世道는 날로 땅에 떨어지고 있었다. 그래서 마음속으로 과거를 그만둘 것을 작심하고 있다가 하루는 은근히 말씀드리니, 부군은 "네 좋아하는 바대로 하거라. 영

광스러운 일이 꼭 과거뿐만은 아니다. 게다가 과거에 대해 마음이 풀어졌은즉 억지로 해도 이루지 못할 것이다" 하셨다.

어떤 사람이 과장科場에서 불초에게 서찰을 보내기를 "유사有司가 그대를 찾으니, 가면 손쉽게 급제할 수 있을 것이다" 하니, 집안사람들이 다투어 권하였다. 그러나 부군은 "거취去就는 자기 뜻에 따라 결정해야 한다. 어찌 남의 말에 따르리요" 하셨다. 그 후에 또 한 유사가 고을에 부임하는 원님 편에 서찰을 보내 과거 보러 나올 것을 권하였다. 내가 당시 외출하고 없었는데 부군이 답하기를 "아이가 밖에 있으니, 불러서 과장科場에 가게 하더라도 아마 시험 기간까지 갈 수 없을 듯합니다. 억지로 할 수 없습니다" 하였다.

○ 부군은 집안일을 나에게 넘긴 뒤로는 한 가지 일에도 관심을 두지 않았으며, 비록 시급하여 이해에 관계된 것이라도 돌아보지 않았다. 혹 일처리가 크게 잘못된 것을 보면 "내 생각에는 이럴 듯하구나. 네가 다시 생각해 보아라" 하실 뿐이었다.

○ 부군은 만년에 저술한 글들을 모두 목록으로 정리해 나에게 보여주며 말씀하기를 "이것이 내 일생의 조박糟粕이다" 하고, 이어 『직지심결直指心訣』을 가리키며 말씀하기를 "주자朱子께서 임종하실 때 문인門人에게 말씀하시기를 '천지天地가 만물을 생성하는 것과 성인聖人이 만사에 접응하는 것은 직直일 뿐이다' 하셨다. 이 한 글자는 요순堯舜이 전수傳授한 '중中'자*와 하나로 관통되어 내려오는 것이

니, 응당 천고의 성현들이 서로 전수한 심법心法으로 삼아야 할 것이다. 젊을 때 망령되이 전현의 말씀을 모아서 이 책을 만들었으나 도를 본 것이 분명하지 못해 그 뜻을 천발闡發하지 못했으니 아쉽다. 네가 후일에 벗들과 그 뜻을 밝혀라" 하셨다.

* 요순이……'중' 자: 요임금이 제위를 물려주면서 전하고 순임금이 받은 심결心訣이다. 요임금이 "아! 너 순아. 하늘의 역수가 너의 몸에 있으니, 진실로 그 중을 잡으라"(咨爾舜, 天之曆數在爾躬, 允執厥中) 하였다. 중中은 주희의 주註에서 지나침과 모자람, 즉 과過와 불급不及이 없는 것이라 하였다.(『論語集註』, 「堯曰」)

○ 을유년에 장손이 태어나니, 부군은 성동聖童이라 이름을 지었다. 그리고 겨우 귀가 뚫려 소리를 듣자 날마다 삼강三綱·오상五常·삼재三才·오행五行 등의 글자를 외워서 들려주었으니, 유아乳兒 때부터 교육을 받게 하고자 한 것이다. 아이가 좀 자라 말을 하려 할 때에 이르러서는 『소학小學』, 사서四書 등의 격언들을 날마다 들려주었으니, 묵묵히 감화되게 하고자 한 것이다. 부군은 병환이 위중할 때에도 손주를 안아 오게 하고는 웃는 낯빛을 지으며 연이어 몇 자를 외어 들려주고는 그만두었다.

○ 부군은 평상시 종족의 모임 및 잔치의 술자리에서는 사람들과 어울려 즐겁게 담소하며 조금도 격의를 두지 않았지만 교제하는 사람은 신중히 가렸다. 특히 시기심이 많고 음험하며 허랑하여 항심恒心이 없는 사람을 가장 싫어하였다. 그러나 마음이 마치 빈 배처럼 넓어, 함부로 대드는 사람이 있어도 그 일이 지나가면 이내 잊어버려서 다시 그 사람이 오면 반가워할 뿐 못 오게 막지 않았다.

○ 부군은 늘 말씀하기를 "사람의 집은 의리義理로써 종자를 삼고 근졸謹拙로써 혈맥을 삼아야 하니, 문화文華와 부귀 같은 것은 모두 말단이다. 예컨대 깨끗하게 마른 나무는 혹 다시 움이 돋기도 하지만 뿌리를 떠난 무성한 나무는 한 번 썩으면 반드시 죽고 마는 것과 같다" 하셨으며, 매양 족인族人들과 얘기할 때 "이 이치가 부절符節과 같이 틀림없이 맞다" 하시고 한숨을 쉬며 탄식하곤 하였다.

○ 부군은 종족을 거두어 보살피는 일에 매우 마음을 썼다. 그래서 정헌공定憲公이 생존해 계실 때 부군이 은밀히 일을 도운 것이 많았는데, 대개 종안宗案을 세워서 규모를 통일하고 월강月講을 하여 유술儒術을 진흥하는 한편 서파庶派에도 장방長房을 허용하고 해마다의 진휼賑恤은 반드시 궁핍한 족인族人을 가려서 줌으로써 종족을 화합하는 방도를 극진히 갖추었다.

한 족조族祖 부처夫妻가 모두 세상을 떠나고 딸 하나만 남아 의지할 데가 없으니, 부군이 거두어 10여 년 동안 양육하고 사족士族인 김씨金氏 집안의 사람을 가려서 혼인시키기를 마치 친누이처럼 하였다. 나에게 족고族姑가 되는 그 딸은 늘 부군의 은혜를 말할 때면 "죽어도 갚을 수 없다" 하였다.

○ 부군은 동당同堂 및 종족 자제들에 대해서는 현우賢愚를 막론하고 누구건 배우러 오면 거두어 가르쳤다. 그래서 매일 해가 뜨면 앉아서 글을 가르치기 시작하여 해가 기울 때에 이르면 기운이 부족해

말소리가 잘 나오지 않을 정도가 되는데도 사양하지 않았다. 밤에는 정좌靜坐하는 것을 좋아하였으나 남이 책을 읽고 싶어하면 옆방에서 글을 읽는 것을 싫어하지 않았다.

여름에는 날씨가 아무리 더워도 자제들이 공부를 하겠다고 하면 부군은 실내로 들어가고 마루를 내어 주었다. 자제들이 혹 미안해하면 부군은 "나는 책을 좋아하니, 더워도 괴롭지 않다" 하였다. 매월 초하루에는 친히 학생들의 학업 정도를 점검하고는 자상한 말씀으로 얘기해 주었다. 일찍이 문중의 돈 백금百金을 떼어 학계學契에 충당하여 후생들을 성취시킬 자본으로 삼게 하였다.

○ 부군은 일찍이 탄식하기를 "백불암百弗庵의 부인동夫仁洞 규약*은 '한 지방에 징험徵驗했다*'고 할 만한데 나는 뜻만 가졌고 성취하지 못했구나" 하였다. 그래서 내가 재종제再從弟 덕희德熙와 더불어 도사형都事兄에게 의논, 대포의사大浦義社를 세워 봉공奉公·휼빈恤貧의 자본으로 삼으니, 시행한 지 몇 해 만에 마을 사람들이 이에 힘입게 되었다.

* 百弗庵의 夫仁洞 규약 : 백불암은 최흥원崔興遠(1705~1786)의 호이다. 자는 태초太初, 본관은 경주慶州이며, 성호星湖 이익李翼, 대산大山 이상정李象靖 등과 교유했다. 최흥원은 35세 때 자신이 살던 대구大邱 부인동夫仁洞에 남전향약藍田鄕約을 바탕으로 한 동약洞約을 만들어 실행하였다. 『백불암문집百弗庵文集』 7권에 부인동동약이 실려 있는데 그 조목을 보면 강사절목講舍節目, 선공고절목先公庫節目, 휼빈고절목恤貧庫節目, 강회시신약講會時申約으로 되어 있다.
* 한 지방에 징험했다 : 이상적인 제도를 온 세상에 두루 시행하지는 못하고 자신이 사는 지역에만 시행했다는 뜻이다. 북송의 학자인 횡거橫渠 장재張載가 '인정仁政은 반드시 경계經界, 즉 정전법井田法에서 비롯한다'고 생각하여 "비록 이 법을 천하에 시행하지는 못할지라도 한 고을에 징험할 수는 있다"(縱不能行之天

下, 猶可驗之一鄕) 하고서 땅을 사서 정전을 구획하여 고대의 이상적인 사회를 만들어 보려 했으나 뜻을 이루지는 못했다.(『近思錄』, 권9)

○ 부군은 고을 안에서 오로지 화합하고 공경하는 마음으로 일관하였다. 그래서 평소에 부집父執에게 감히 자字를 부르거나 동배同輩에게 대뜸 자네(君)라 부르는 일이 없었으며, 고을의 모임이 있을 경우에는 병환 중이 아니면 반드시 가서 참석하셨다.

고을이 예전부터 남·북으로 나누어서 걸핏하면 분열하였다. 그래서 정헌공定憲公이 학계學契를 세워 선비들의 추향趨向을 합일하고 양로소養老所를 세워 봉양의 예禮를 합일하였는데, 이 일에 부군이 실로 그 규모를 도왔다. 이에 분열을 주도하는 사람들이 모두 부군을 비난하여 좋지 못한 여론이 무더기로 일어났으나, 부군은 간곡히 이들을 일깨우고 타일러 마침내 일을 이루었다.

만년에는 또 고을의 사우士友들과 약속, 온 고을이 함께 향음주례鄕飮酒禮를 행하는 한편, 향약을 세우고 손수 그 규례를 작성하되 여씨향약呂氏鄕約의 옛 법을 본받고 퇴계의 예안향약禮安鄕約 약조를 참조하여 장차 점차적으로 시행하려 하였다. 그 내용은 대체로 착한 풍속을 진흥하고 문화를 돈독하게 하는 것으로 근본을 삼되, 중요한 목적은 분열하는 고을 사람들을 모아서 화합을 보전하는 데 있었다.

○ 무흘서당武屹書堂은 한강寒岡 정선생鄭先生이 학문을 강론하던 곳이다. 그런데 중간에 서당이 본손本孫의 차지가 된 채 세월이 오래 흐

르자 규약規約이 해이해지고 건물이 퇴락하여 서당을 유지하기 어렵게 되었다. 그래서 고을의 도움을 받아 서당을 보호하고자 했는데 고을의 여론은 곤란하다는 것이었다. 이에 부군이 "이 어찌 본손의 행위를 보고 결정할 일이겠는가. 응당 선사先師를 존모하는 것으로 구경의 목적을 삼아야 할 것이다" 하니, 의론이 마침내 결정되었다. 부군이 그 일에 관해 서문을 썼는데 그 내용은 현인賢人을 존모하고 도道를 보위할 것을 깊이 바라는 뜻이었다.

○ 임술년壬戌年에 고을 백성들이 관리를 원망하여 무리 지어 소요를 일으키며 정헌공定憲公께 고을의 폐단을 바로잡아 줄 것을 청하였다. 그리하여 백성 수만 명이 밤중에 동네에 들어오니, 정헌공은 동네 밖에 나가 있으며 부군에게 명하여 집을 지키게 하였다. 완악한 자들이 집안으로 몰려와 소리치며 정헌공을 찾으니, 집안사람들이 모두 도망쳐 숨었으나 부군은 촛불을 밝히고 단정히 위좌危坐를 하고 앉아 동요하지 않았다. 집 안채 가까이로 들어오는 사람들이 있자 부군은 느릿한 음성으로 우두머리가 되는 사람에게 타이르기를 "공公 등은 폐단을 바로잡으려 하면서 이처럼 체례體禮를 모르시오?" 하였다. 이에 완악한 백성들이 물러가고 끝내 감히 함부로 움직이지 못하였다.

○ 신사년辛巳年에 고을 백성들이 또 크게 소요를 일으켜 목사牧使를 고을 밖으로 쫓아내고 이어 떼를 지어 마을 안으로 들어와 행패를 부

렸는데, 마을에 들어올 때 서로 당부하기를 "조심하여 독서讀書 이 진사李進士 댁에는 들어가지 말라" 하였다.

○ 정참판鄭參判 현덕顯德이 어릴 때 유락流落하여 몹시 곤궁하였다. 부군이 강릉江陵에 있을 때 그와 벗으로 사귀어 강해江海에서 시문詩文을 창수唱酬하는 등 서로 의기가 잘 맞았다. 부군이 그를 정헌공께 배알하게 하니, 정헌공이 누차 그를 구휼해 주셨다. 그러나 그가 현달하게 되자 부군은 한 번도 찾아가 만나지 않았다.

○ 후배나 제자들이 선善과 의義로 나아가는 것을 보면 자기 일보다 더 기뻐하며 칭찬하였다. 모르는 글이나 어려운 일을 질문하면 자상하게 가르쳐 주는 것이 자기의 의문을 풀 때보다 더했으며, 경서經書를 가지고 배우러 오는 사람이 있으면 기쁜 기색으로 설명해 주시는 것은 자신이 설명을 받는 것보다 더했다.

○ 김공金公 기진岐鎭은 호학湖學의 법문法門*을 평소에 익히 들어왔는데 경신년庚申年에 부군께 와서 주서朱書를 배웠다. 부군이 날마다 그에게 리기理氣의 대원大原을 설명해 주시니, 김공이 처음에는 자못 의심하였다. 그러나 세월이 오래 지나면서 김공이 마침내 구견舊見을 버리고 부군의 말씀을 받아들였다.

  * 湖學의 法門 : 율곡 이이의 학통을 계승한 기호학파畿湖學派의 학설을 가리킨다.

○ 김우근金佑根은 진잠鎭岑 사람으로 부군께 와서 과거 공부를 위해 책문策文을 배우고자 하였다. 부군이 공부 방법을 가르쳐 주시고는 말씀하시기를 "공은 농암農巖*의 가학家學이 있는데 어찌하여 내면을 향해 공부하지* 않는가?" 하시고 이어 농암의 견처見處를 매우 상세히 말하시니, 김우근이 무안하여 '물러가서 가학을 공부해 보겠다'고 하였다.

* 農巖 : 조선시대의 거유 김창협金昌協(1651~1708)의 호이다.
* 내면을 향해 공부하지 : 자신의 인격을 도야하는 진정한 학문인 위기지학爲己之學를 하라는 뜻이다.

○ 운봉雲峯 최씨崔氏 어른이 와서 학문의 가장 요긴한 지결旨訣을 묻기에 부군이 "리理 자이니, 치지致知하여 리를 밝히고 독행篤行하여 리를 따르는 것입니다" 하니, 최씨 어른이 시원히 의문이 풀려 "삼가 알겠습니다" 하였다.

○ 충주忠州 허모許某가 학문에 어느 것이 중요한지 물으니, 부군이 "우선 이 리理를 궁구하라" 하였다.

○ 제주濟州 장성규張性奎가 "어떻게 독행篤行합니까?" 하고 물으니, 부군이 "지知·행行은 병진竝進해야 한다. 만약 사람이 눈을 감는다면 어떻게 한 걸음인들 나아갈 수 있겠는가?" 하였다.

○ 금강산의 승려 기인琪印이 치지致知를 물으니, 부군이 "실리實理 상

에서 찾아야 한다. 아버지가 나와 어떠한 관계이며 임금이 나와 어떠한 관계인지 생각해 보라" 하였다.

○ 부군께 제자들을 많이 받아들여 문호를 세울 것을 청한 사람이 있었다. 부군이 "내가 받아들이고자 한들 누가 오겠는가" 하였다. 폐백을 가지고 제자가 되고자 찾아온 사람이 있으면 부군은 겸손한 말로 사양하기를 "나는 남의 스승이 될 만한 사람이 아니오" 하였다. 내가 "고인 가운데 폐백을 받아들인 이가 있는 것은 어째서입니까?" 하고 물으니, 부군이 "옛날에는 서로 만날 때 모두 폐백을 주게 되어 있으니, 의당 받아야 한다. 그런데 지금은 폐백을 스승을 뵙는 예로 삼으니, 스승이 이름에 있는 것인가?" 하였다.

○ 곽종석郭鍾錫과 김진호金鎭祜가 부군의 서사書舍에 계契를 하나 만들자고 하기에 내가 그렇게 하자고 하였다. 그래서 막 안본案本을 만들었는데, 부군이 아시고 "동지同知들이 서로 사귀는데 계를 만들 필요가 어디 있겠는가. 너는 허물을 나에게 전가시키려 하는구나" 하시며 준엄히 꾸짖었다.

○ 김공金公 태응台應, 여공呂公 영회英會 등 제공諸公이 부군 계신 곳에 계 하나를 만들어 의지하고 흠모하는 바탕을 삼기로 의논하였다. 이에 내가 말씀드리니, 부군이 준엄히 거절하며 말씀하시기를 "자주 찾아와 나를 만나면 박주薄酒라도 마시며 환담을 나누면 될 것이

다. 계를 만들 필요가 어디 있겠느냐. 그대들은 어찌하여 내 입장을 생각해 주지 않는가?" 하였다.

○ 부군은 가르치는 범위가 매우 넓어 도의道義로 가르칠 경우도 있고 경술經術로 가르칠 경우도 있고 문장으로 가르칠 경우도 있고 공령功令(科文)으로 가르칠 경우도 있었으며, 심지어 어린 아이가 배우는 자학字學이라도 가르침을 청하는 사람이 있으면 모두 싫어하지 않고 가르쳤다. 그리고 질문하는 사람이 단서를 들어서 말하면 부군은 첫머리부터 한바탕 죽 설명해 주셨다. 내가 일찍이 불분불계不憤不啓*의 뜻을 여쭈니, 부군은 "분비憤悱는 이미 공부의 경지가 좋은 것이다. 전혀 알고 깨달은 것이 없다면 분비가 어디로부터 생겨나 겠는가" 하였다.

* 不憤不啓 : 憤은 마음속으로 뜻을 알고 싶어하는 것이다. 공자가 학생을 가르치는 법을 말하기를 "분해하지 않으면 열어 주지 않으며 애태우지 않으면 틔워 주지 않되, 한 귀퉁이를 들어서 말해 주었는데 나머지 세 귀퉁이를 반증反證하지 못하면 다시 더 말해 주지 않는다"(『論語』, 「述而」, "不憤不啓, 不悱不發, 舉一隅不以三隅反, 則不復也") 하였다.

○ 부군은 평생을 포의布衣로 늙었지만 임금을 사랑하고 나라를 걱정하는 마음은 지성至誠에서 우러났다. 그래서 나라에 큰 경사가 있거나 어질고 뛰어난 인재가 등용되었다는 소문을 들으면 기쁨이 얼굴빛에 나타났고, 역병이나 권간權奸이 기세를 부린다는 소문을 들으면 근심하여 탄식해 마지않았다.

○ 일생 동안 1각刻도 쓸데없이 보낸 적이 없었고 한마디도 쓸데없는 얘기를 한 적이 없었다. 아침이 되면 반드시 세수하고 두건과 관을 쓰고 사당에 배알하였으며, 손님을 접대하는 경우가 아니면 반드시 잠시 선비先妣의 거실에 들른 뒤 곧바로 경서를 가르치거나 책을 보거나 글을 베끼는 일로 종일을 보냈다. 밤이면 눈을 감고 단정히 위좌危坐하였고 일이 없으면 촛불을 켜지 않았으며, 혹 촛불을 켜면 반드시 하는 일이 있었다.

○ 평소에 피곤하면 혹 어깨를 꼿꼿이 세운 채 잠시 동안 단정히 위좌危坐하다가 다시 책을 보거나 일을 하였다. 몹시 피곤하면 잠시 눕거나 조용히 잘 때도 있지만 역시 오랜 시간은 아니었고, 집 뒤로 걸어가 나무와 바위 사이를 거닐며 시를 읊조리기도 하였다. 그리고 잠시 뒤에는 다시 하던 일을 하였다.

○ 혹자가 "쓸데없고 잡된 생각들을 어떻게 몰아냅니까?" 하고 물으니, 부군이 "이미 쓸데없는 생각임을 알았으면 마땅히 생각해야 할 것을 생각하라. 그러면 쓸데없는 생각이 자연 물러갈 것이다. 억지로 쓸데없는 생각을 없애려 하면 도리어 그러한 생각을 붙잡을 수 없어 더욱 마음이 어지러워질 것이다" 하였다.

○ 부군은 일 없이 찾아오는 사람을 좋아하지 않았다. 그래서 아무리 친한 벗이라도 오래 머물러 있으면 반드시 일이건 공부건 무언가

하게 하였고, 하는 바가 없으면 머물러 있지 못하게 하였다. 동네 친구가 찾아오면 인사를 나누고는 하는 바와 의논할 일을 묻고는 반드시 하던 것을 다시 하였으며, 얘기를 하면 잠시 대답할 뿐이었다. 혹 남들이 거만하다고 지목해도 아랑곳하지 않았다.

○ 속된 세상사에 대한 생각은 한 번도 가슴 속에 둔 적이 없고 일을 만나면 평탄하게 응할 뿐이었다. 이 때문에 세상 사람들이 소루疏漏하고 오활迂闊하다고 지목하였다. 그러나 내가 찬찬히 살펴보건대 소루하고 오활한 게 아니라, 그러한 일에 억지로 마음을 쓰지 않는 것이다. 그래서 세상의 이해에 골몰하는 사람의 관점에서 보면 소루하고 오활한 점이 있는 것으로 보일 뿐이었다.

○ 교리校理 숙부가 일찍이 말씀하시기를 "형님은 일생 동안 남에게 돈을 빌려 달라 하신 적이 없었다. 일찍이 동당시東堂試에 장원하여 대과大科를 보러 가실 때 나에게 20민전緡錢을 빌려 가신 적이 있는데 즉시 땅을 팔아서 갚으셨다. 나와는 이 한 가지 일뿐이나, 나머지도 모두 미루어 알 수 있다" 하였다.

○ 공구恐懼와 우환憂患을 만나면 곧 그 일에서 그치고 나머지는 방임해 버렸다. 그리고 사생과 화복에 이르러서는 마치 산악과 같이 늠름하여 터럭만큼도 동요하지 않았다.

○ 평소에 비록 원하시는 것이 있어도 마음을 써서 이루지는 않았고 싫어하시는 것이 있어도 마음을 써서 없애지는 않았다. 희노喜怒를 크게 드러낸 적이 없었으며, 또한 가슴에 오래 남겨 둔 적도 없었다. 의리義理를 논변할 경우에는, 의견이 합치하면 마음을 열고 기뻐하셨고 의견이 어긋나면 혹 준엄한 말로 반박하기도 하였으나 그 때문에 의도적으로 상대방을 나쁘게 또는 좋게 대하지는 않았다.

○ 평소에는 엄연儼然하여 절로 사람을 두려워 복종하게 만들지만, 가까이 다가가 얘기해 보면 도리어 온화하여 친근감이 들었다. 평상시에 마음을 내어 용모를 꾸민 적이 없었으며 또한 방종하고 해이할 때가 없었다. 손님을 만나면 반드시 용모를 가다듬고 상대하다가 시간이 오래 흐르면 다시 온화하게 안색을 낮추었으며, 존장尊丈을 만나면 반드시 용모를 움츠리고 감히 방자한 모습을 보이지 않았다. 예사禮事가 있으면 시종 한결같이 공경스러웠고 그러한 모습을 바꾼 적이 없었으며, 상사喪事를 만나면 비록 친하지 않은 사람의 일일지라도 반드시 슬퍼하는 빛을 띠셨다. 제사에는 숨을 죽이고 기운을 조심하여 마치 마음이 향하는 바가 있는 듯했고, 친족이나 친구와 함께 있을 때는 편안한 모습을 보였다.

○ 부군은 예사禮事를 만나 빈좌賓座에 앉으시면 반드시 단정히 위좌危坐하여 어깨와 등이 꼿꼿하였으며, 평상시 거처할 때는 혹 책상다리를 하거나 피곤하면 조금 기대기도 하는 등 줄곧 위좌하지만, 고

요해지면 다시 빈객을 만날 때처럼 위좌하였다. 누울 때는 침의寢衣를 단단히 여미고 신체를 방만하게 두지 않았고 깊이 잠들었어도 조금만 기척을 내면 반드시 깼으며, 정해진 시간에 일어나야 할 일이 있으면 그 시간에 이르면 절로 깼다. 설 때는 반드시 반듯하게 서고 기울어진 자세를 보이지 않았다. 다닐 때는 곧은 자세로 앞을 향한 시선을 두고 천천히 걸었는데, 허리와 어깨가 꼿꼿하였으며 주위를 돌아보지 않고 애써 모습을 꾸미지도 않았다.

○ 배읍拜揖할 때는 반드시 공경을 다하였으며, 제사에서 절하실 때는 반드시 손을 모아 절하고 이마를 조아렸다.

○ 스스로 "말이 어눌하여 생각을 형용하지 못한다" 하였지만 문사文辭에 이르러서는 도리어 자유자재로 뜻을 곡진히 표현하였다. 일찍이 말씀하기를 "내 혀가 붓의 혀만 못하다" 하였다. 그러나 내가 매양 자세히 살펴보면, 부군은 대수롭지 않은 일에는 그다지 생각하시지 않기 때문에 말이 생삽生澁한 경우가 많지만 의리를 논변하고 경전의 뜻을 해석할 때에는 마치 구슬을 꿴 듯이 조리가 있고 대나무를 쪼개듯이 분명하여 막히거나 부족한 곳이 없었다.

○ 언어는 꾸며서 하지 않고 곧바로 나오는 대로 할 뿐이었다. 일생 동안 몰래 의논하거나 대화하신 적이 없었으며, 또한 남의 낯을 보아 말을 바꾼 적이 없었다. 그러나 남의 은밀한 일이나 부녀자의

과실 같은 것은 입에 올린 적이 없었다.

○ 부군은 음성이 크게 울리고 말의 끝은 반드시 높였다. 매양 불초에게 말씀하시기를 "말 꼬리가 낮은 것은 어른의 곁에서 하는 말로 마땅하지 않으니, 또한 이를 통해 심기心氣가 확고하지 못하다는 것을 볼 수 있다" 하였다.

○ 매양 맑은 가을에 달빛이 밝을 때나 여름 저녁에 서늘한 바람이 불어올 때면 예전에 읽으신 글을 한가히 외었는데, 그 소리가 맑고 높아 마치 허공에서 학이 우는 것처럼 음향이 멀리 울려 퍼졌다.

○ 희노喜怒가 모두 가슴 속에서 바로 나와 안팎이 없었으니, 진심을 그대로 드러내고 터럭만큼도 거짓으로 꾸민 적이 없었다.

○ 일생 동안 침을 뱉지 않았다. 불초가 그 까닭을 여쭈어 보니 말씀하기를 "소싯적에 가래가 많았지만 뱉지 않고 참았더니, 지금은 침을 뱉지 않게 되었다" 하였다.

○ 부군은 음식에 있어서는 반드시 잘 익힌 것과 푹 익힌 것을 먹고 조금이라도 덜 익은 것은 먹지 않았으며, 색깔과 맛이 조금이라도 이상하면 먹지 않았다. 굳이 맛이 좋은 것을 찾지 않았고 특별히 좋아하는 것도 적었다. 평소에 떡국(餠湯)과 가는 국수(細麵)를 좋아

하였으나, 역시 많이 들지는 않았다.

○ 성품이 술을 좋아하였으나 일생 동안 파는 술을 사서 마시지는 않았으며, 집에서 담근 술이라도 반드시 절제해 마셨다. 혹 약간 취하면 음성이 더욱 낭랑하였다.

○ 집에서 기르는 소, 염소, 개, 돼지는 먹지 않았다. 혹 집에서 기른 닭을 잡아 드릴 경우에는 그 닭이 죽을 때의 소리를 들었으면 먹지 않았고, 소는 비록 다른 집에서 기른 것일지라도 그 죽을 때의 소리를 들었으면 먹지 않았다.

○ 의복은 사치하고 화려한 것을 입지 않았다. 일찍이 유정재柳定齋*를 배알하셨는데 정재가 사람들에게 말씀하기를 "이경貳卿*의 조카가 속옷을 명주로 해 입지 않다니, 가상하다" 하였다. 만년에는 창의氅衣를 입었는데, 역시 무명으로 된 것이고 명주로 된 것이 아니었다. 다만 옷이 완전하고 깨끗하면 그만이었으며, 낡고 때가 묻으면 바꾸었다.

*柳定齋 : 퇴계학파를 대표하는 학자였던 유치명柳致明(1777~1861)을 가리킨다. 호는 정재定齋, 자는 성백誠伯이다.
*貳卿 : 옛날 중국에서 상서尚書를 경卿이라 불렀기 때문에 그 부관副官인 시랑侍郎을 이경이라 불렀다. 조선에서는 참관參判에 해당한다.

○ 부군은 개연慨然히 옛날 삼대三代의 의관을 상상했다. 그래서 만년에는 여러 전적에서 채집하고 참고하여 치관緇冠과 심의深衣를 만들

어 평상복으로 삼았는데, 치관은 무武를 이어서 달고 또 양쪽 가를 막아서 머리에 쓰기 편하게 하였다. 심의深衣는 『가례家禮』에 따라 액봉腋縫을 꿰맴으로써 고경古經(『儀禮』를 가리킴)에 준거準據하고 신체에 알맞게 하였다. 그리하여 평상시에는 엄연儼然한 모습이 마치 삼대三代의 인물을 보는 듯하였다. 이윽고 또 『예기禮記』「심의深衣」・「옥조玉藻」 등 편의 내용을 모아서 그에 따라 온 몸을 감싸서 아래로 내려오고 따로 아랫도리(裳)가 없는 옷, 즉 심의를 복원하였다. 이는 한당漢唐 이래 복원하지 못했던 심의를 다시 만든 것이었으나, 부군은 감히 마음대로 판단할 수 없다고 하여 직접 옷을 지어 입지는 않았다. 다만 나에게 심의를 입혀서 순후한 고대의 물색物色을 드러나게 했을 뿐이었다.

○ 부군은 세상 사람들이 입는 도포道袍와 대소 창의氅衣는 법도에 맞는 옷이 아니라 여겨 평소 좋아하지는 않았으나, 당시 사람들이 입는 것이었기 때문에 입으셨다. 두루마기는 비록 옛날의 갖옷(裘)을 본떠서 만든 것이지만 호복胡服과 비슷하기 때문에 입지 않았다. 배자背子는 혹 착용하였으나, 그 근본이 좋지 못한 것이기 때문에 좋아하지 않았다. 양포사洋布紗와 금단錦緞 같은 것은 입지 않았다.

○ 사미헌四未軒 장선생張先生*이 처음 작위爵位를 받을 때 부군께 무슨 옷을 입어야 할지를 물으셨다. 그리하여 평상복으로는 심의深衣를 입고 외출할 때는 시속時俗을 따라 탕건宕巾을 쓰고 창의氅衣를 입기

로 두 분이 결정하셨다. 부군이 제명除命을 받으셨을 때도 그와 같이 하셨고, 평소 탕건 위에 현관玄冠을 쓰셨다. 어떤 사람이 세상 사람들이 착용하는 갓의 갈고리 끈(銀鉤纓)을 드리니, 부군은 "국제國制에 제한이 있으니 감히 착용할 수 없다" 하셨다.

* 四未軒 張先生 : 이진상의 벗인 장복추張福樞의 호가 사미헌이다.

○ 갑신년에 조정이 의제衣制를 바꾸자, 부군은 평상시 치관緇冠을 쓰고 심의를 입었으나 이 차림으로는 절대로 문밖에 나가지 않았고, 조정의 금령이 조금 느슨해지자 그제야 외출하였다.

○ 부군은 의복에 있어 겨울에는 따스하고 몸에 맞는 것을 좋아하고 겹으로 많이 입는 것을 좋아하지 않았다. 여름에는 날씨가 더워도 홑옷을 입지 않았다. 관대冠帶는 단단히 여몄으나 그렇다고 하여 지나치게 단정하게 꾸며 모양을 내지는 않았다. 병이 들어도 관을 쓰지 않고는 문밖을 나가지 않았다. 병이 위중하시어 입은 말을 할 수 없는데도 문밖을 나갈 때는 반드시 한 손을 관을 잡고 한 손으로 옷을 잡으셨으니, 떨어뜨리거나 흘러내려 신체를 드러낼까 염려해서였다.

○ 부군은 평소 집안에서 거처하시는 곳이 일정하여 잠깐 사이도 바꾸지 않았으며, 혹 바꾸면 잠자리가 불편하였다. 배에 냉증冷症이 있어 따스한 방이 아니면 견디지 못했으나 병풍이나 휘장을 치거

나 요를 두껍게 깔지는 않았다.

○ 부군은 자리 근처에 화려한 물건을 두지 않았고 단지 예전부터 있어온 간지簡紙, 궤几, 연실硯室, 요강뿐이었다. 필묵筆墨은 편리하고 좋은 것만 가려 쓰지 않았고, 다 닳고 몽당붓이 되어야 버렸다. 오래된 벼루가 있었는데 너무 닳아서 홈이 깊이 패여 쓸 수가 없었고, 연적은 주둥이가 부서져 보기에 좋지 않았다. 그러나 부군은 늘 이 물건들을 아끼시며 "구물舊物이다" 하였으며, 아이들이 혹 가지고 가 버리면 반드시 놀라 찾고야 말았다.

○ 부군이 남쪽으로 가서 인가에 들어가게 되었는데 양洋・왜倭의 물건인 잡화雜花를 그린 그릇으로 술을 드리니 사양하고 마시지 않았다. 그래서 대접하던 사람이 처음에는 술을 마시고 싶은 마음이 없는 줄 알았다가 한참이 지나 자세히 살펴보니 그릇 때문임을 알고 그릇을 바꾸어 술을 올리자 비로소 술을 들었다.

○ 부군은 견여肩輿 타기를 좋아하지 않아 만년에 혈기가 쇠해서도 말을 탔으며, 시종하는 하인을 두 명 이상 데리고 다니지 않았다. 그래서 내가 매양 간諫하였으나 부군은 허락하지 않았다. 말을 탈 때는 반드시 반듯이 앉아서 고삐를 잡고 주위를 돌아보지 않았다.

○ 부군은 남의 집에 오래 머물지 않았고 자매나 딸의 집일지라도 까

닭 없이 오래 묵지 않았다. 주인이 성심으로 만류해도 좀처럼 듣지 않았고, 절친한 사이가 아니면 그 집에 들어가지 않았다. 남의 마을에 들어갈 때는 반드시 먼저 인사를 두루 갖춘 뒤에야 머물렀고, 매우 가까운 친척이 아니면 그 집의 안주인을 만나려 하지 않았다. 집에 돌아오시면 아무리 피곤해도 반드시 곧바로 가묘家廟에 배알하였다.

○ 부군은 책에 있어서는 한 번 읽으면 곧 대의를 다 알았으며, 중요하고 알기 어려운 곳에 이르면 반드시 손가락을 위아래로 몇 번 그어 보고 반드시 꼭 맞는 뜻을 알고야 말았다. 끝내 미심쩍은 곳이 있으면 손 가는 대로 차록箚錄하여 후일에 고찰해 보았고 한 구절도 무시하고 지나치지 않았다. 그러나 안력이 너무도 빨라 남들은 글의 반도 읽지 못했는데 부군은 이미 다 읽었다.

○ 부군이 말씀하기를 "나는 일생 동안 사서四書를 읽어도 부족한 바가 있다. 육경六經의 경우는 이미 대략 보았는데, 『주역』에 있어서는 만년의 정력을 모두 여기에 쏟았다. 제가諸家의 설들은 단지 참고했을 뿐이니, 송유宋儒의 설이라도 성인의 경전의 주각註脚일 뿐이며 그 후세의 설들은 주각의 주각일 뿐이다" 하였다.

○ 부군은 잡서雜書 보기를 좋아하지 않았다. 그러나 잡서도 만나면 한 번 훑어보아 대의大意를 파악하지 않은 적은 없었다. 패관稗官의 자

질구레한 글들은 두 번 읽지 않았다. 누가 불가佛家의 이서異書를 한번 보라고 권하자 부군은 "나는 이제 늙었다" 하였다. 부군은 만년에도 작은 글자를 틀림없이 잘 보았다. 도사형都事兄이 늘 안력이 줄지 않은 것을 축하하면 부군은 "어제 보던 것을 오늘 어찌 보지 못하겠는가. 조금 지나면 그렇지 못할 듯하다" 하였다.

○ 부군은 저술할 때 반드시 먼저 구상하여 큰 줄기와 주의主意를 세운 뒤 곧바로 써 내려가 뜻을 다 서술한 다음에야 그만두었고, 억지로 마음을 써서 글을 재단裁斷하지 않았다. 의리義理에 관한 글의 경우에는 곧바로 자연스럽게 나와 가는 곳마다 오묘하게 뜻을 전달하였으니, 마치 천생의 화목花木은 절로 가감하고 변개할 수 없는 것과 같았다.

○ 부군은 서序·기記·발跋 등의 글을 쓸 때 그다지 장단과 기결起結을 염두에 두지 않았으나, 반드시 글에 기복起伏과 변환이 있어 의론을 시원스레 펼쳤으며 적절한 비유를 사용하여 의태意態를 극진히 드러내었다. 그래서 혹자가 책문가策文家의 구기口氣가 있다고 헐뜯으면 부군은 사양하지 않으시며 말씀하기를 "예전에 익힌 기량이 혹 그대로 있는가 보다" 하였다. 서書·소疏나 저술과 같은 글은 담담히 뜻을 전달할 뿐이었다. 그래서 문장이 혹 주소가註疏家의 기미가 있다고 흠잡으면 부군은 역시 "나는 주소註疏를 많이 보았으니, 당연이 그러한 물이 들었을 것이다" 하였다.

○ 부군은 저술이 매우 많으나 일일이 손수 베껴 쓰고 자제들을 시켜 대신 베껴 쓰게 하지 않으며 말씀하기를 "글이란 볼수록 고칠 곳이 나오니, 손수 베껴 쓰지 않으면 불편하다" 하였다.

○ 남의 시문詩文에 응수할 경우에는 그 자리에서 지어 보내고 시일을 뒤로 미루지 않았다. 친구나 족척族戚에 대한 만사輓詞와 같이 응당 지어야 할 글은 부음을 들으면 즉시 지었다.

○ 부군은 시에 있어서는 성률聲律에 크게 구애되지 않았으며, 대상을 묘사하고 심회를 표현하는 것이 웅건하고 호방하였다. 만년에 한거閑居하면서 지은 잡영雜詠 및 여행하며 읊은 시들은 곧바로 천기天機를 드러내어 절로 곡조에 맞았다. 방산舫山 허공許公*이 부군의 「채미정采薇亭」 시를 읽어 보시고 "천고에 이러한 작품은 없다" 하였다. 만사輓詞로 지은 작품들은 더욱 핍진하여 여느 시인들이 미칠 바가 아니었다.

* 舫山 許公 : 이진상의 사돈이며 성재性齋 허전許傳의 퇴계학맥을 이은 학자인 허훈許薰(1836~1907)을 가리킨다. 그의 호가 방산이다.

○ 부군은 글씨를 쓸 때 별로 유의하지 않았으나 다 쓰고 나면 절로 필치가 힘차고 곧았다. 작은 글씨일수록 더욱 정밀하고 주경遒勁하였다. 이공李公 재교在嶠가 일찍이 말하기를 "공의 글씨는 글자마다 모두 심획心劃에서 나왔으니, 후세에 반드시 보배로 삼는 이가 있을 것이다" 하였다.

○ 부군은 글씨를 쓸 때 운필運筆이 나는 듯하였다. 혹자가 "어떻게 이 토록 신속한가?" 하고 물으니, 부군은 "기량이 익숙한 것일 뿐이다" 하였다. 늘 종일토록 글을 쓰기에 문인들이 많이들 간諫하여 "모년暮年의 정력을 아끼셔야 합니다" 하면 부군은 "나는 하는 일 없는 것이 도리어 정력을 해친다. 이것은 익숙한 기량이라 힘든 줄 모른다" 하였다.

○ 부군은 지구知舊에게 보내는 서찰이나 화답하는 시는 반드시 미리 베껴 써 두었다가 인편이 있으면 곧바로 부쳤고 일각도 지체하지 않았다.

○ 부군은 깊이 사색할 곳이 있으면 몇 식경 동안 소상塑像처럼 단정히 앉아 있었으며, 밤에는 정좌靜坐하여 마치 숨을 쉬지 않는 듯 고요하였다. 혹 자리에 누워서도 잠들지 않고 사색하다가 한참 뒤에 다시 옷을 입고 일어나 앉았으니, 때로 기침 소리가 들렸다. 때로는 새벽에 일찍 일어나 이불을 몸에 두른 채 고요히 앉아 창문이 밝지 않았는데 두 눈동자가 새벽별처럼 형형하였다. 일찍이 말씀하기를 "나는 평생에 사색을 많이 하였으니, 심기心氣를 해친 듯하다. 그러나 의리에 의심스러운 곳이 있으면 그대로 둘 수가 없었다" 하였다.

○ 부군은 천하 사물의 이치를 미루어 궁구하되 반드시 그 대원大原이 되는 곳을 찾아서 아래로 분석해 내려왔으므로 모든 이치가 저절

로 풀렸다. 게다가 공부에 지성스러운 자세가 젊을 때부터 노년에 이르기까지 한결같았기 때문에 학문에 깊이 젖어들어 모든 이치에 두루 통달하였다. 예컨대 리理·기氣의 분합分合과 천天·인人의 교제와 같은 이치에 환히 관통하여 오묘하고 무궁한 경지에 깊이 들어갔으니, 그 경지는 사람들이 형용할 수 없을 정도였다.

○ 부군은 사람들과 세상사의 옳고 그름을 가릴 때에는 누차 생각하고 좀처럼 쉽게 단정하지 않았으며, 혹 상대방의 말이 옳으면 흔쾌히 자신의 주장을 버리고 남의 견해를 따랐다. 경서經書나 사서史書 중의 작은 뜻, 긴요치 않은 부분들에 있어서도 마찬가지였다. 큰 의리義理를 논할 때에는 애초에 깊이 생각하지 않는 듯 보이지만 곧바로 이치를 분석하는 것이 마치 예리한 칼로 물건을 베는 듯하였고, 다시 논할 때는 첫머리부터 미루어 설명하는 것이 마치 강하江河가 흘러내리는 듯하였다. 남이 혹 꽉 막힌 소견을 고집하면 그럴수록 부군의 주장은 더욱 확고하여 만 마리의 소*가 당겨도 되돌릴 수 없었다. 끝내 의견이 서로 합치하지 않으면 혹 준절峻截한 말로 상대방을 꺾었으니, 은연중 백세불혹百世不惑*의 뜻이 있으셨다. 그러나 상대방의 말에 근리近理한 곳이 있는 듯하면 반드시 한참 생각해 보고 천천히 문답하여 상대방이 할 말을 다하게 한 뒤에 다시 논변하셨다.

세상 사람들이 혹 부군에 대해 '견해를 주장하는 것이 너무 강하다'고들 하기에 불초가 조용히 말씀드리기를 "사람들의 말이 혹 틀리는 곳이 있더라도 조금 관대한 포용력을 보이시길 바랍니다" 하니, 부군이 "나는 일생에 태양증太陽症이 있어 이러한 병통이 있다. 그러나 안으로는 그렇지 않다고 여기면서 겉으로는 모호한 태도를 취하여 스스로 겸손한 듯 처신하는 것을 병통으로 여긴다" 하였다.

* 만 마리의 소 : 두보杜甫의 「고백행古柏行」에 "큰 집이 무너지려면 들보가 필요한 법, 산처럼 무거워 만 마리 소가 고개 돌리누나"(大廈如傾要梁棟, 萬牛回首丘山重)라 하였다.
* 百世不惑 : 자신의 견해를 확고하게 믿는 것으로, 『중용』 29장에 "백세를 지나 성인을 기다려도 의혹이 없다"(百世以俟聖人而不惑) 하였다.

○ 부군은 선善을 좋아하고 악惡을 싫어하는 마음이 천성에서 우러나와, 좋아할 만한 일을 보면 결연히 하고 미워할 만한 일을 보면 결연히 버렸다. 작은 글이나 행실에는 그다지 마음을 쓰지 않았으나 법도에 맞지 않은 적이 없었으며, 큰 의리義理에 이르러서는 확고하여 조금도 뜻을 옮길 수 없었다. 예禮에 있어서는, 이치에 가까운 곳이면 비록 큰 것이라도 시속時俗을 따랐고 이치에 어긋나는 것이면 비록 작은 것이라도 반드시 고쳤다. 다만 세상 사람을 놀라게 하는 특이한 행동을 함으로써 자신을 높이지는 않았다.

○ 부군은 악惡을 두둔하는 사람을 매우 싫어하였으나 때로는 잘못을 너그러이 보아 넘기는 경우도 있었다. 부군이 젊을 때 인해人海 중에서 도둑이 몰래 부군이 차고 계신 안경을 훔치다가 부군이 돌아보자 안경을 버리고 달아났다. 마침 예전에 패도佩刀를 잃은 적이 있는 사람이 그 자리에 있었는데, 뒤쫓아 가서 도둑을 잡아서 힐문

하였다. 도둑이 당황하여 어쩔 줄 모르며 해명하지 못하고 있는데 부군이 돌아보며 그 도둑에게 말씀하기를 "어찌 이토록 장난이 심하시오?" 하니, 그 사람이 마침내 도둑을 놓아 주었다.

또 젊을 때 달밤에 후원을 돌아보는데 어떤 사람이 배나무 위에 올라가 배를 따고 있다가 부군이 오는 것을 보고 당황하여 다급한 나머지 뛰어내리려 하였다. 부군은 먼 곳으로 자리를 피하시고는 "천천히 내려오시오" 하시고 끝내 그 사람을 알지 못하는 것처럼 하였다. 이에 그 사람이 감격하고 부끄러워 스스로 사람들에게 그 사실을 말하였다.

○ 부군은 구차한 일을 하지 않았고 굳이 고절苦節을 지키지 않았으며, 어느 한쪽으로 치우쳐 얽매이지 않았고 고집하거나 기필期必하지 않았다.

○ 부군은 향원鄕愿*을 가장 미워하셨고, 지나치게 자신을 수식하여 외적인 면에 힘쓰는 것과 거짓으로 겸손한 척하여 명예를 얻는 것을 좋아하지 않았으며, 알지 못하면서 함부로 행동하는 자와 단점을 가려서 스스로 자신을 속이는 자를 싫어하였다.

* 鄕愿 : 근후謹厚한 듯 보이지만 실은 세상에 영합하는 것일 뿐인 향리의 명망가를 말한다. 『논어』「양화陽貨」에서 공자는 "향원은 덕을 해치는 자이다"(鄕原德之賊也) 하였다. 집주集註에서 따르면 원原은 원愿과 뜻이 같다.

○ 부군은 도를 보신 경지가 높았기 때문에 하나의 선善으로 명성을

이루려 하지 않았고, 이치를 분석하는 것이 날로 정밀하였기 때문에 덕德의 진전이 날로 새로웠다. 부군은 일찍이 말씀하기를 "나는 젊어서 성질이 거칠고 사나워 그 습기習氣를 억누를 수 없었는데 이자二慈의 내규內規* 덕분에 조금 변화시킬 수 있었으며, 젊어서 방일放逸하고 추솔麤率했던 것은 정헌공定憲公의 꾸짖음을 입어 조금 다스릴 수 있었다" 하셨다.

* 二慈의 內規 : 이자는 두 모친이란 뜻이다.

○ 부군은 영매英邁하고 발월發越한 기상이 언어와 용모에 드러났다. 내가 어릴 때 부군을 보면 안색은 많이 엄의嚴毅하고 언사는 많이 준정峻整하였는데, 만년에는 도리어 혼후渾厚하고 화이和易하며 언어가 더욱 침중해졌다.

곡은谷隱 장공張公이 찾아와서 부군을 보고는 말하기를 "젊을 때 공을 보니 단지 준위俊威한 사람이었을 뿐이었는데 이별한 뒤 몇 해 만에 안면에 덕기德氣가 충만하구려" 하였고, 예졸藝拙 강공姜公 내영來永이 부군을 보고는 "소년 시절 장옥場屋에서 이미 공의 걸출한 모습을 보고 우리와 다른 사람인 줄 알았는데, 지금에 와서 보니 경유의비經腴義肥*란 말이 참으로 사실임을 알겠소" 하였다.

* 經腴義肥 : 경전을 읽고 의리를 깊이 체득하여 덕성德性으로 드러난 것이다.

○ 부군은 어릴 때 파리하게 여위어 질병이 많다가 쉰 살 이후에 도리어 병이 적어졌다. 만년에는 신색神色이 윤택하고 신체는 느긋하면서 편안하여, 한 번 보면 앙수盎粹*의 기상임을 알 수 있었다. 혹자

가 묻기를 "노년에 와서 건강하신데 무슨 방법이 있습니까?" 하니 부군이 "조심스레 조섭한 덕분이다" 하였고, 또 "이천伊川의 과욕寡欲*의 효험이 아닌지요?" 하니 부군은 "감히 그렇다고 할 수는 없고 다만 근년 들어서 사사로운 생각이 적어짐을 느낀다" 하였다.

* 盎粹 : 수면앙배粹面盎背의 준말이다. 맹자가 "군자의 본성은 인의예지가 마음에 뿌리를 내려 그 빛에 나타나는 것이 순수하게 얼굴에 드러나며 등에 가득하다"(君子所性, 仁義禮智根於心. 其生色也, 睟然見於面, 盎於背) 한 데서 온 말로, 군자의 덕스러운 모습을 형용한 것이다.
* 伊川의 寡欲 : 정이천이 "앎을 기르는 것은 과욕 두 글자보다 나은 것이 없다"(『近思錄』, 권4, "養知莫過於寡欲二字") 하였다.

○ 부군은 만년에 좌우명으로 "경은 천 가지 사특함을 이기고 성은 만 가지 거짓을 없앤다"(敬敵千邪, 誠消萬僞)라 썼다.

○ 부군은 일생 동안 당세에 나가 뜻을 펴려는 뜻을 지녔고, 노년에 이르러서도 여전히 그러한 뜻을 지녔다. 27세에 남성南省에서 생원시生員試에 장원급제하여* 명성이 일국에 떠들썩했으며 그 이후로도 생원시에 일곱 차례나 장원급제하였지만 끝내 대과大科에 급제하지 못하였으니, 운명이로다.

* 실제로 헌종憲宗 15년(1849) 식년式年 생원시에서는 2등으로 급제했다.

○ 우상右相 김유연金有淵은 고故 상신相臣 재찬載瓚의 손자인데 부군을 크게 칭찬하며 유사有司에게 추천하였으며, 얼마 뒤에는 정헌공定憲公을 배알하고 부군과 친교를 맺게 해 달라고 청하였다. 정헌공이 "우리 조카는 고집이 있으니, 아마도 억지로 강요하기는 어려울 듯

하오" 하였다. 그래도 더욱 힘써 청하니, 부군이 그 말을 듣고는 자리를 옮겨 피하였다.

○ 판서判書 김학성金學性이 일찍이 정헌공이 머무는 관사館舍로 갔다가 부군을 청하여 만났는데, 우연히 호락湖洛의 뜻*을 듣고는 매우 부군에게 경도되었다. 그래서 그 이후로 영남의 선비들을 만나면 반드시 부군의 안부를 물었다. 공이 무진년戊辰年에 종숙부從叔父를 통하여 자신의 수연晬宴을 축하하는 시를 지어줄 것을 청하니, 부군은 "나는 포의布衣일 뿐이니, 감히 재상을 위해 축하시를 지을 수 없다" 하였다. 후일에 조정의 의론이 김공金公을 재상으로 삼아야 한다고 하니, 공이 사람들에게 말하기를 "내가 재상이 된다면 응당 먼저 이진사李進士 어른을 등용할 것을 연주筵奏*하리라" 하였는데 결국 재상이 되지 못하였다.

* 湖洛의 뜻 : 기호학파畿湖學派에서는 우암尤庵 송시열宋時烈 이후로 호론湖論과 낙론洛論으로 나뉘어 인물성동이人物性同異 문제를 놓고 논쟁을 벌였다.
* 筵奏 : 임금의 면전에서 주청奏請하는 것이다.

○ 기사년己巳年에 정헌공이 회방回榜*을 맞아 관례에 따라 입시入侍하게 하여 사패賜牌*하는 은전이 있었는데 자질子姪 중 배방陪榜*하는 사람은 응당 임자은任子恩*을 받게 되었다. 이에 부군이 가야 한다는 것이 중론이었는데 부군은 "나는 질병이 있어 갈 수 없다" 하였다.

* 回榜 : 과거에 급제한 지 60년이 되는 해를 가리킨다.
* 賜牌 : 임금이 공로가 있는 신하에게 노비나 토지 등을 하사하는 것이다.
* 陪榜 : 회방인回榜人을 배종陪從하는 것이다.

* 任子恩 : 배방인의 자질子姪에게 관직을 임명하는 것이다.

○ 판서判書 민승호閔升鎬가 부군의 이름을 듣고 재상이 된 뒤 암행어사 박이도朴履道에게 명하여 부군의 경학經學을 상주上奏하게 하였다. 박이도가 영남으로 내려가 사람들에게 부군의 이름을 물어보고는 탄식하기를 "이러한 사람을 임하林下에서 백수白首로 늙게 한단 말인가" 하고 장계狀啓를 올리려 하던 차에, 그가 갑자기 죽고 또 중간에 방해하는 사람이 있어 일이 이루어지지 못했다.

○ 보국輔國 민태호閔台鎬가 부군의 이름을 듣고 매우 공경하였다. 그리하여 명사名士들을 선발하여 관직을 제수할 때 맨 먼저 부군의 이름을 올리려고 생각했다. 그런데 한 영남 사람에게 부군을 물어보니 그 사람이 우연히 "아무개는 덕망이 높고 게다가 문장에 뛰어납니다" 하였다. 이에 민태호가 문장가로 생각하여 결국 부군의 이름을 올리지 않았다. 그래서 영남의 명망이 있는 이들은 모두 차례로 발탁되었는데 부군은 유독 이 때문에 발탁되지 못하고 말았다. 오래 뒤에 공론에서 이 일을 더욱 안타까워하자 민태호가 비로소 잘못이었음을 알았고, 갑신년甲申年 가을에 다시 재상이 되자 맨 먼저 부군을 임금께 말하여 의금부도사義禁府都事에 제수하였다.

○ 부군은 지론持論이 매우 공정하여 당의黨議 때문에 정견正見이 흔들리지 않았다. 국인國人을 보면, 선조宣祖·인조仁祖 이래로 붕당을

나누어 서로 대립하였으니 그 중 큰 것이 남인·북인·노론·소론
이다. 집안이 영남에 세거世居했고 학문적으로는 문목공文穆公*에
연원을 둔데다가 돈재공遯齋公*이 사문師門의 정도를 지켜 흔들리지
않았기 때문에 부군은 대대로 이어온 가학의 전통을 독실히 지켰
다. 그러나 부군은 젊을 때부터 남인·북인·노론·소론, 사가四家
의 저술들을 통독하여 학설들을 폭넓게 보고 공정하게 취사取捨하
였다. 그래서 학설은 어느 것이 옳고 어느 것이 잘못이며 학문은
어느 쪽이 바르고 어느 쪽이 그른지를 손바닥 안을 들여다보듯이
환히 아시어, 저쪽이라 하여 그르다 하지 않고 이쪽이라 하여 옳다
하지 않았다. 영남의 병호屛虎*와 향리의 청회晴檜* 분쟁에 이르러서
도 어느 한쪽을 편들지 않았다. 그러나 마음은 거울처럼 환하여 모
든 시비를 분명히 보았으니, 눈금 없는 저울이 경중을 전혀 가늠하
지 못하는 것과는 달랐다.

* 文穆公: 이황의 제자인 한강寒岡 정구鄭逑(1543~1620)의 시호이다.
* 遯齋公: 이진상의 고조인 돈재遯齋 이석문李碩文을 말한다.
* 屛虎: 서애西厓 유성룡柳成龍을 모신 병산서원屛山書院과 학봉鶴峯 김성일金誠一을 모신 호계서원虎溪書院의 알력을 가리킨다.
* 晴檜: 동강東岡 김우옹金宇顒을 모신 청천서원晴川書院과 한강寒岡 정구鄭逑를 모신 회연서원檜淵書院의 알력을 가리킨다.

○ 부군은 전성前聖에 대해서는 맹자를 말하기를 좋아하였고 송나라
현인에 대해서는 이천을 말하기를 좋아하였다. 이근수李根洙가 일
찍이 시좌侍坐하고 있다가 이천의 미진未盡한 곳을 말하니, 부군은
놀라 두려워하는 모습으로 한참만에 말씀하기를 "자네는 도리어

맹자를 알지 못하는구나" 하였다.

○ 부군은 자나 깨나 주자와 퇴계를 존숭하였다. 편언척어片言隻語도 모두 주자와 퇴계의 저술에 근거하고 의방依倣하였으며, 거처하는 서재에는 조운헌도祖雲憲陶란 편액을 걸었다.

김공金公 형직馨直은 동강선생東岡先生의 주손胄孫이며 부군의 표종형表從兄인데, 옥사자玉獅子 도서인圖書印*을 부군께 주며 말씀하기를 "자네는 우리 선조의 외손이며 우리 선조를 높일 수 있는 사람이니, 이것을 주어 사자 그림*에 비긴다" 하였다. 이에 부군은 공경히 받아 조운헌도 넉 자를 전서篆書로 새긴 다음 그 사실을 서문으로 써서 갱장羹墻의 마음을 담았으며, 일생 동안 이것을 공경히 간수하고 조금도 소홀히 다루지 않았다.

* 玉獅子 圖書印 : 사자를 아로새긴 옥으로 동강東岡 김우옹金宇顒의 손자인 사월당沙月堂 김욱金頊이 기증받은 것이다. 이진상의 외가인 의성김씨義城金氏 종가에 1백여 년 동안 전해 오던 것인데, 이것을 외손인 이진상이 기증받아서 조운헌도 넉 자를 새겨 인장으로 사용한 것이다.
* 사자 그림 : 주희의 사위는 황간黃幹이고 황간의 아들, 즉 주희의 외손은 로輅이다. 황로가 주희의 집에 왔을 때 벽에 걸린 사자 그림을 좋아하였다. 그래서 주희는 사자 그림을 황간에게 보내 주면서 외손인 로가 그림의 사자처럼 걸출한 인물이 되기를 기대하였다.(『朱子大全』 續集, 1권, 「答黃直卿」)

○ 계문溪門의 정맥正脈을 말씀할 때는 반드시 정선생鄭先生*을 말하였고, 후생後生과 리학理學을 말할 때에는 대산大山 이선생李先生*의 설을 많이 인용하였다. 후생들이 혹 양兩 문충공文忠公*의 고하를 말하면, 부군은 언성을 높여 "너희들이 어찌 감히 선배의 장단을 말하

는가" 하였다.

* 鄭先生 : 한강寒岡 정구鄭逑를 가리킨다.
* 大山 李先生 : 이황의 학통을 계승한 이상정李象靖(1710~1781)을 가리킨다.
* 兩 文忠公 : 학봉鶴峯 김성일金誠一과 서애西厓 유성룡柳成龍의 시호가 모두 문충文忠이다.

○ 신미년辛未年에 복설사원소復設祠院疏*를 올리는 일행으로 한양에 가서 경저京邸에 머무는데, 대원군이 군병을 시켜 관사管事를 포위하고 사람들을 강제로 끌어내게 하였다. 정탐한 자가 보고 부군이 그 중에서도 뜻이 매우 확고한 사람이라 여겨 맨 먼저 부군을 붙잡고 끌어내었다. 그러나 부군의 안색이 시종 동요하지 않는 것을 보고 말하기를 "우리들이 이제야 비로소 참된 선비를 보았으니 삼가 잘 모셔라" 하더니, 한강가에 이르러 부군을 보낼 때에는 나열하여 절하였다.

* 復設祠院疏 : 서원을 다시 설치할 것을 주청하는 소장疏章이다.

○ 영남 사람들은 회의하여 대궐에 상소하는 것을 상사常事로 삼았다. 그러나 부군은 그 논의에 참여하신 것이 단지 세 차례뿐이었으니, 한 번은 정문목공鄭文穆公을 문묘文廟에 배향할 것을 청할 때이고, 한 번은 서원을 훼철毁撤하는 것을 반대할 때이고, 한 번은 양이洋夷를 배척할 것을 청할 때이다. 일찍이 말씀하기를 "사도斯道를 높이고 이단異端을 물리치는 일이 아니면 포의布衣의 선비가 말해서는 안 된다" 하였다.

○ 부군은 불가佛家에 대한 글을 짓지 않았다. 선석사禪石寺*의 중이 왕세자를 위해 축원당祝願堂을 짓는다고 하면서 찾아와 그 기문記文을 지어 줄 것을 청하니, 부군은 거절하였다. 이에 중들이 유언비어를 퍼뜨려 위협하였으나 부군은 동요하지 않았다.

* 禪石寺 : 경상북도 성주군 월항면 인촌동 서진산棲鎭山에 있는 고찰로, 본래의 이름은 신광사神光寺였다.

○ 정헌공이 시호를 받아 잔치를 벌이게 되었을 때 고을의 관기官妓가 원님의 뜻을 받들고 와서 흥을 돋우려 하였다. 사람들은 모두 그렇게 하자고 하였으나 부군은 "우리 집안의 법도가 아니다" 하여 마침내 거절하였다.

○ 조趙 아무개가 사술邪術을 가지고 사류士類를 속이고 유혹했다. 그가 부군을 만나서는 자신은 유술儒術을 공부한다고 하면서 친교를 맺자고 하였으나 부군은 예우하지 않았다. 그 뒤에 그가 정헌공의 정자 근처에 와서 우거寓居하자 부군이 정헌공께 말씀드려 그를 타일러 돌려보내게 하였다. 조 아무개가 크게 유감을 품었으나 부군은 끝내 아랑곳하지 않았다.

○ 조정이 천주당天主堂을 설치하여 사류士類를 해치려 하였으며, 또 머리털을 깎고 오랑캐 옷을 입게 하려 했다. 부군이 말씀하기를 "어찌 이럴 리 있으리요" 하고, 이어 나에게 "과연 사실이라면 수옥절영수옥絶影*할 것이다" 하였다.

* 樹屋絶影: 숲 속에 집을 짓고서 종적을 끊고 사는 것을 말한다. 후한 때 사람 신도반申屠蟠의 자는 자룡子龍이다. 그는 은거하면서 학문에 열중하여 오경五經에 박통하고 참위설讖緯說에 밝았다. 당고黨錮가 일어나자 산속으로 들어가 살아 있는 뽕나무를 마룻대로 삼아 집을 짓고 살면서 하진何進, 동탁董卓 등이 불러도 끝내 벼슬에 나아가지 않았다.(『後漢書』, 권53)

○ 부군은 늘 산수 좋은 곳에 집 한 칸을 두고 싶어하였다. 그래서 가야산伽倻山이나 지리산 쌍계雙溪 등지에 들어가면 반드시 소요하며 유람하다 돌아오곤 하였다. 무우동無憂洞은 황항산黃項山 꼭대기에 있는데 일찍이 구역을 정해 두어 장차 이곳에 집을 짓고 은거하려 하였으며, 그러한 뜻을 담아 시를 짓기도 하였다. 고반동考槃洞, 고무동錮鉧洞, 노산사露山舍, 치동致洞 등지에도 모두 두루 다니시고 누차 은거하고 싶어하는 뜻을 나타내었다. 그러나 결국 재력財力이 부족해 뜻을 이루지 못하였다.

문인門人 이조현李祚鉉이 부군의 뜻을 알고 나와 조금의 자금을 합쳤다. 여러 해가 지나자 다소 이자가 붙었다. 한 족인族人의 정자가 현峴 서쪽 명산동鳴山洞 뒤에 있는데, 퍽 경치가 그윽하여 내가 그 정자를 사고 싶어하였다. 이에 부군이 "족숙族叔의 묘지가 그 곁에 있는데 그 집을 우리가 소유한들 마음에 편안하겠느냐?" 하니, 내가 "그 집 등을 보전하지 못해 족인의 힘을 빌려 보호하는 것이 타인의 손을 빌리는 편보다 낫습니다. 게다가 문서를 이미 교환했으니, 그만두기 어렵습니다" 하였다. 부군이 마지못해 승낙하였다. 불초가 조용할 때 부군께 "그 산의 모양이 고전古篆의 '심心' 자와 같으며 아버님의 주리主理의 학문이 우리 유가儒家의 심학心學의 근원을 밝혔으니, '심원心源'이라 이름하는 것이 좋을 듯합니다" 하니, 부군은 그저 웃기만 하고 말이 없었다. 그리고 오래지 않아 부군이 세상을 떠나셨으니, 하늘의 뜻인가! 어찌하리요.

○ 부군은 심즉리心卽理를 논할 때에는 주자의 "심心이란 천리天理가 사람에게 있는 전체이다"라는 설에 근거하였고, 지각知覺 역시 리理를 위주로 말한 것임을 말할 때는 주자의 "지각知覺은 지智의 일이다"라는 설에 근거하였으며, 사단四端과 칠정七情이 모두 리발理發임을 논할 때는 주자의 "『악기樂記』의 칠정*은 곧 리理가 발한 것이다"라는 설 및 이자李子(이황)의 중도中圖*의 "본성이 발한 것이다"라는 설에 근거하였다. 달도達道가 리발理發임을 논할 때는 기고봉奇高峯의 "달도는 리理에서 발하는 것이니 기발氣發이라 할 수 없다"고 한 설이 이자李子께 인정을 받은 것에 근거하였고, 명덕明德이 리理만을 가리킨 것임을 논할 때는 주자의 "천리가 사람에게 있는 전체이다"라는 설에 근거하였으며, 태극太極의 동정動靜을 논할 때는 주자의 "태극이 스스로 동정하니, 기氣와 무슨 상관이 있겠는가"라는 설에 근거하였다. 『중용』의 귀신鬼神 역시 실리實理를 가리킨 것임을 논할 때는 주자의 "리理의 실질"이라는 설에 근거하였고, 연어鳶魚*도 리발理發을 위주한 것임을 논할 때는 이자李子의 "기氣 중에 나아가 리理를 가리켜 낸 것이다"라는 설에 근거하였다.

부군의 일생에 걸친 주리主理의 뜻은 곳곳마다 환히 알아 모든 설에서 핵심이 되는 곳을 쪼개어 분명히 밝히셨으며, 또한 한마디도 주이朱李(주희와 이황)의 본지本旨에 근거하지 않은 것이 없었다.

* 「樂記」의 七情: '악기'는 『예기』의 편명이며, 칠정은 희노애락애오욕喜怒哀樂愛惡欲이다.
* 李子의 中圖: 퇴계 이황이 선조宣祖에게 올린 『성학십도聖學十圖』의 심통성정도心統性情圖 중 중도를 가리킨다.
* 鳶魚: 『중용』에 "『시경』에서 '솔개는 하늘 높이 날고 물고기는 못에서 뛰논다' 하였으니, 상하上下에 이치가 밝게 드러남을 말한 것이다"(詩云鳶飛戾天, 魚躍于淵, 言其上下察也) 한 것을 가리킨다.

○ 부군은 이미 사서四書·삼경三經·태극도太極圖·『통서通書』·『근사록近思錄』·『주자대전朱子大全』·『주자어류朱子語類』·『퇴계집退溪集』 등의 의의疑義를 두루 차록箚錄하고, 이것들을 모아서 『구지록求志錄』이라 이름하였다.

○ 부군은 일찍이 말씀하기를 "나의 일생의 정력은 『어류語類』 책에 있다*" 하였다. 이 책은 주자의 문인들이 때와 장소에 따라 기록한 것인데, 주자의 진도進道와 입언立言에 초년·중년·만년의 차이가 있고 기록한 사람에 따라서도 정오正誤와 상략詳略의 차이가 있으므로 자체로 모순이 되는 곳이 많으며 혹 정론定論이 적고 미정未定인 설이 많은 경우도 있다. 부군은 이 책을 끝까지 통독하고 의심스러운 곳들을 차록箚錄하여 『사서집주四書集註』 및 『주자대전』과 비교 검토함으로써 학설의 이동異同의 귀결을 궁구하였다. 서로 어긋난 학설은 문인이 주자의 말씀을 들은 세월의 선후로써 판단하였으니, 어떤 학설을 따르고 버리는 것에 모두 분명한 근거가 있었다. 그리하여 무려 11년이 지나서야 저술을 완성하였고, 또 12년에 걸쳐 거

듭 교감하였다. 그런 뒤에 주자의 깊고 은미한 뜻이 환히 드러나 볼 수 있게 되었고 부군의 평생의 리학理學 또한 이 책을 따라서 이루어졌으니, 아아, 정밀하고 지극하도다!

* 일생의…… 있다 : 주희가 "온공溫公(司馬光)이 『통감通鑑』을 짓고 말하기를 '평생의 정력이 모두 이 책에 있다' 했는데 내가 『대학』에 있어서도 그러하다" 하였다.(『大學集註』, 「讀大學法」)

○ 부군은 일찍이 여헌旅軒 장선생張先生*의 목사설木柶說에 따라 주역 점을 쳤는데 맞지 않은 적이 없었다.

* 旅軒 張先生 : 영남의 거유인 장현광張顯光(1544~1637)의 호가 여헌이다. 특히 역학易學에 조예가 깊었다.

○ 부군은 초년의 술작述作을 초록하여 '입두록入頭錄'이라 하고 이어 선비들과 왕복한 서한書翰들을 '만록漫錄'이라 하고 타인들과 응수應酬한 글 및 여타의 원고들을 '잡록雜錄'이라 하고 산수山水를 기행하며 지은 시문詩文들은 따로 '유록遊錄'으로 모아 두었는데, 이러한 원고들이 건연巾衍에 남아 있다. 아아! 평생의 일언일구一言一句가 모두 도리에 근본하고 실제 사무事務를 헤아린 것으로 지극한 이치가 깃들어 있지 않은 것이 없으니, 후세의 군자들이 보고 아는 이가 있을 것이다.

○ 부군은 갑술년, 만귀정晚歸亭 산방에 거처하면서 간간이 시를 읊어 회포를 달랬다. 이에 진학進學·수업修業의 방도를 차례로 읊으니, 선善을 실천하고 악惡을 제거하는 것으로부터 이단異端을 물리치고

도道를 밝히는* 것에 이르기까지 학문의 본말을 모두 갖추었다. 그리고 또 어버이를 사모하고 아우를 그리워하고 아내를 생각하고 자식을 면려하고 벗을 생각하고 임금을 사랑하고 백성을 근심하는 뜻을 서술, 심회를 극진하게 형용하였다.* 또 도道를 싣고 있는 성현의 경전의 뜻을 서술, 『소학』・『대학』으로부터 독법讀法에 의거하여 범례를 만들어서 주자와 이자의 저술에까지 미쳤다. 또 「효고시嘐古詩」*를 지어 이윤伊尹・부열傅說로부터 악비岳飛・문천상文天祥에 이르기까지 고인古人의 행적을 서술하였다. 아아! 여기서 부군의 일생의 대의大意를 볼 수 있으며, 그 학문의 정밀함과 윤강倫綱의 정대正大함, 도학道學 연원의 전수와 경륜經綸, 충의忠義의 뜻을 절로 개괄해 볼 수 있을 것이다.

* 진학…… 밝히는 : 제목은 '술학자경述學自警'이며 26수의 절구로 이루어져 있다. 그 소제목小題目을 보면 선소필위善小必爲・악소필거惡小必祛로 시작하여 벽이단闢異端・명성도明聖道로 마친다. 『한주집寒洲集』 1권에 실려 있다.
* 또…… 형용하셨다 : 『한주집』 1권에 「산재감흥山齋感興」 19수로 실려 있다.
* 「嘐古詩」 : 『한주집』 1권에 「효고이십이절嘐古二十二絶」로 실려 있다.

○ 정헌공은 자질子姪들을 좀처럼 칭찬하지 않았는데 일찍이 말씀하기를 "우리 종족 5백 년 만에 비로소 이 조카가 있다" 하였다.

○ 유정재柳定齋 선생이 강우江右의 대유大儒를 꼽을 때는 반드시 '이모李某'라 하였다.

○ 정헌定軒 이공李公이 역학易學을 논하며 말씀하기를 "나는 지금 세상

에서 이모李某 한 사람을 보았을 뿐이다" 하였다.

○ 정와訂窩 김공金公이 사람들에게 말씀하기를 "남쪽 지방에서 우뚝 일어나 사도斯道를 창도해 밝힐 이는 반드시 이 사람일 것이다" 하였다.

○ 곡암曲庵 강공姜公이 부군과 사칠설四七說을 논하고는 말씀하기를 "명세命世의 재주이다" 하였다.

○ 김판서金判書 학성學性이 부군을 논하기를 "기상이 영상英爽하고 학문이 연박淵博하니, 응당 남중南中 제일의 인물이라 하겠다" 하였다.

○ 중암重庵 김공金公이 －윤주하尹冑夏에게 보낸 편지에서－ "전현前賢이 밝히지 못한 뜻을 밝혀 정주程朱의 뜻에 꼭 부합하니, 지금 하늘 아래에서 심心 본체의 진면목이 이처럼 분명하게 환히 드러날 줄은 생각지도 못했다" 하였다.

○ 관악觀岳 송공宋公이 "지기志氣가 고원하고 범위가 홍대弘大하고 기상이 화수和粹하며, 언어와 용모는 태산암암泰山巖巖*의 높은 기상이 있다" 하였다.

* 泰山巖巖 : 태산이 높고 높다는 말로 본래는 『시경』「노송魯頌·비궁閟宮」에 있는 구절인데 맹자의 기상을 형용한 말로 쓰였다.(『近思錄』, 권14)

○ 주공朱公 명협命協 — 북청北靑 사람이다 — 이 부군의 심즉리설心卽理說을 보고 "2백 년 이래 이러한 작품은 없었다" 하였다.

조운헌도재기 祖雲憲陶齋記

이승희 지음

　재齋가 이루어지매 조운헌도祖雲憲陶라 하였으니, 나의 선군先君이신 한주선생이 명명하신 바이다. 선군의 일생심법은 "운곡(朱子)을 조술하고 도산(退溪)을 헌장하는"(祖述雲谷, 憲章陶山) 것이었다. 그 뜻은 다음과 같다.

　사람이 태어나니 도가 있고, 도가 있으니 이 법이 있다. 백성이 생겨난 이래로 몇 성인을 거치더니 요순의 때에 이르러 도심의 뜻이 드러났다. 그 도의 큰 것이 오전五典이니, 부자간에 친애하고 군신간에 의롭고 형제간에 차례가 있고 부부간에 분별이 있으며 붕우간에 믿음이 있는 것은 인도가 행해지는 것이다. 하와 은의 천여 년을 지나면서 혹 밝기도 하고 혹 어둡기도 하다가 주의 문왕, 무왕, 주공의 때에 이르러 일왕一王의 법을 제정하였으니, 그 드러난 것이 바로 주관周官의 육직六職이다. 예악의 교화와 형정의 전장이 갖추어진 것은 인법이 세워진 것이다. 오백 년을 지나자 공부자孔夫子가 나와 뭇 성현들이 크게 이룬 바를 모았다. 요순을 조술한 것은 그 근본을 높이는 것이니 근본이라 함은 멀면 멀수록 더욱 높은 것이요, 문왕과 무왕을 헌장한 것은 그 성취함을 지키는 것이니 성취함은 가까우면 가까울수록 징험하기 쉽다. 그 도가 되는 바는 곧 천지의 원형이정으로 이것을 얻어서 인의예지의 마음이 되고 이것이 발현하여 천하의 오달이 되며, 그 법이 되는 바는 곧 사무四毋, 사물四勿, 구용九容, 구사九思, 사과四科, 육예六藝, 팔조八條, 구경九經 같은 것들로서 이를 온축하여 한마음의 법이 되고 이를 닦아서 예악형정의 가르침이 된다. 그 큰 뜻이 『주역』, 『예기』, 『논어』, 『중용』, 『대학』에 흩어져 나타난다. 이는 모두 천지가 다하고 만고가 지나도 바뀌지 않는 것으로, 만세 도학의 마루가 되는 바이다. 안자, 증자, 자사, 맹자가 이어 나와 그것을 서로 주고받더니, 한 번 진의 재화를 겪으면서 이 학문이 거의 식게 되었다. 이천여 년이 지나 송대에 이르자 육현六賢이 일어나서 남은 경經을 얻어 성리의 비결을 강명하다가, 우리 운곡부자雲谷夫子에 이르러 이 리理가 크게 드러나게 되었다. 곧 천지의 도 되는 바를 이 마음의 주재로 삼아 인仁으로써 사랑하고 예禮로써 공경하고 의義로써 마땅함에 처하고 지智로써 알고 신信으로써 성실하게 되는 것들은 서책에 실려 있는데, 그 서책들은 한량없이 방대하지만 그 대요는 모두 이 리를 밝힌 것일 따름이다. 리의 학문이 밝아지자 이 도가 행해질 수 있었던 것이다. 다시 오백 년을 지나면서 선학禪學과 육학陸學 같은 기氣의 학문으로 인해 또다시 어두워졌다. 하늘이 우리 동방을 권애하여 문화를 크게 여니 유현이 서로 일어나서 삼가 주문朱門의 법을 따랐는데, 우리 도산이자陶山李子에 이르러 더욱 삼가고 엄정하게 되었다. 그 도를 논하는 대원은 『성학십도』에 있으며 그 실천의 규모는 『언행록』 등의 서책에 있으니, 밝고 밝도다. 심법이 서자 이 학문을 가히 따를 수 있게 되어, 후현이 이어 나와 삼백여 년을 종사宗師하니 전형典型이 의연하였다. 우리나라에 태어나서 공자의 학문에 뜻을 둔 선비들이 그 도를 구하여 본받고자 할진대 마치 하늘에 오르고자 하나 계단이 없는 듯 드높기만 하고 마치 바다에 떠 있으나 뗏목이 아득한 듯 드넓기만 할 때, 진실로 멀리 주자朱子가 밝힌 바를 마루하고 가까이 이자李子가 이룬 바를 지킬 수만 있다면 거의 의거하는 바가 있게 되어 어긋남이 없을 것이다. 드디어 단연히 이 여덟 자(祖述雲谷, 憲章陶山)로 심학의 대법을 삼으니, 그 도와 마음을 논하는 것이 반드시 리를 주로 함으로써 기를 주로 하여 두 가지 주인이 생기는 병을 깊이 분별하였으며, 그 말과 일에서 드러나는 것은 반드시 마음이 두 선생(운곡, 도산)에 근거하여 과감하게 하였다. 뭇 경전과 제자諸子의 대의를 역람하여 기록한 것이 두 선생의 글에서 극진하였으니, 여러 번 학자들과 논의한 끝에 그 글을 골라 운도雲陶의 정전正傳으로 삼고 분문입목分門立目하여 전한다. 일찍이 옥사자玉獅子의 인장을 외가의 김공(金馨直)께 얻었는데, 여기에 '조운헌도祖雲憲陶' 네 글자를 전각하여 보배처럼 간직하고 또 재齋의 편액을 써서 표시하였다. 또한 한 구역의 산수山水를 조성하여 장수처藏修處로 삼고 배우는 이들과 함께하고자 했으나, 궁핍하고 가난하여 다 이루지를 못하였다.

   내(承熙)가 일찍이 선군 문하의 제공과 함께 계를 설립하고 자금을 모아 재의 조성을 도모하였으나, 옮기고 머무르는 와중에 하늘이 우리 집안을 불쌍히 여기지 아니한데다가 덧붙여 덕이 엷고 명마저 어긋나서 나라의 화액을 만나고 말았다. 능히 스스로 힘이 없는 사이에도 이미 본집의 옆에 규확規矱을 계획해 세웠으니, 거듭 넘어지고 쓰러짐을 견디며 잠시도 쉴 틈을 갖지 못하였다. 생각건대 재가 이루어지지 못함은 지하에 고함이 없었기 때문인 듯한데, 맏이인 기원基元에게 맡기면 아마도 눈감기 전에는 이루어질 수 있을 것이다. 아, 주부자와 이부자의 도는 밝고 그 법은 바르니, 누구인들 조술하고 헌장하고자 하지 않겠는가? 그러므로 이 재의 이름은 비록 한 나라의 공변된 것이라도 가할 것이요, 크게는 천하의 공변된 것이라도 가할 것이다. 그러나 오직 나의 선군이 이 뜻을 발명하여 이름을 짓고 평생의 심법으로 삼았으며 또한 후손에 전하여 알렸으니, 이것이 바로 선군이 재명을 삼은 까닭이다. 내가 배움이 부족하여 비록 선군의 조술헌장하는 묘온妙蘊은 알지 못하지만, 오매음식寤寐飮食하는 가운데 늘 함께하였더니 정신과 몸이 통하면서 실상이 부촉한즉 글과 자취가 오히려 남아 있게 되었다. 뒤를 잇는 자, 능히 선군의 마음으로 재계하고 또 선군의 마음으로 휴식하고 수학하여, 이 마음의 본원을 강구하여 사도의 대종大綜을 추극하고 이 마음의 천칙을 다스려서 그 법의 바른 것을 확립한다면, 일지일행一知一行이 모두 두 선생을 조술하고 헌장하는 것 아님이 없게 될 것이니, 운도의 정전이 크고 심원해질수록 나의 선군이 남기신 심학의 법은 더욱더 이 세상에 빛나게 될 것이다. 대저 그런 뒤라야 선군이 재齋를 지은 뜻에 보탬이 될 수 있다. 아! 우리 후인은 능히 천하 후세로 하여금 알게 할지어다. 대한의 남쪽, 성산의 북쪽에, 영취산靈鷲山(靈橋山) 기슭, 한개(大浦)의 꼭대기에, 밝은 산언저리 바로 곁에 숱한 암석들이 늘어서 있는 곳, 여기에 옛날부터 한 작은 집이 있었으니, 가로세로 각 3가架로 된 정丁자형에 뒤쪽 좌편에 네모난 못을 두고 있는 집, 바로 나의 선군이 지으신 조운헌도재임을······.

선군 가신 지 22년 되는 무신년(1908) 4월 보름에, 불초 승희 삼가 적다.

祖雲憲陶齋記

齋而曰祖雲憲陶, 吾先君寒洲先生所命也. 先君一生心法, 祖述雲谷憲章陶山. 其意若曰; 人生有道, 有道斯有法. 生民以來歷幾聖, 至堯舜發道心之旨, 其道大者曰五典, 父子親君臣義兄弟序夫婦別朋友信而人道行. 歷夏殷千餘年, 或明或晦, 至周文武周公, 制定一王之法. 其著者在周官六職, 禮樂教化刑政典章備而人法立. 歷五百年, 孔夫子作集群賢之大成, 其祖述堯舜者, 宗其本也, 本焉者, 愈遠而彌尊, 憲章文武者, 守其成也, 成焉者, 愈近而易徵. 其所道者, 即天地之元亨利貞, 而得之, 爲仁義禮智之心發, 而爲天下之五達者. 其所法者, 即四毋四勿九容九思四科六藝八條九經之類, 蘊之, 爲一心之則, 修之, 爲禮樂刑政之敎者. 其大旨, 散見於易禮論語庸學. 是皆窮天地萬古而不易者, 此所以爲萬世道學之宗也. 顏曾思孟繼作, 以相授受, 一經秦禍, 此學幾熄. 二千餘年而宋氏, 六賢起得之遺經, 講明性理之訣, 至吾雲谷夫子, 而大著此理者, 即天地之所以道, 而爲此心之主宰, 以仁愛, 以禮敬, 以義宜, 以智知, 以信誠#者, 其書地負海涵, 而其大要皆所以明此理也. 理學明, 而斯道可行也. 更歷五百餘年, 禪陸氣學, 又駸駸焉. 天眷吾東, 丕闡文化, 儒賢迭興, 恪遵朱子門法, 至吾陶山李子, 尤謹嚴焉. 其論道大原, 在聖學十圖, 其踐履規模, 在言行錄等書, 曒如也. 心法立, 而斯學可遵也, 後賢繼作宗師三百餘年, 而典型依然. 士生吾邦, 志孔子之學者, 欲求其道而法之, 巍乎, 如升天而無階, 蕩乎, 如浮海而迷筏, 苟能遠宗朱子之所已明, 近守李子之所已成, 庶有據而

無差. 遂斷然, 以此八字, 爲心學大法, 其論道與心, 必主乎理, 深辨主氣兩主之病, 其發諸言與事者, 心根據二子, 乃敢焉. 歷箚羣經諸子大義, 二子之書而極焉, 屢與學者議, 類選其書爲雲陶正傳, 分門立目, 而授之. 嘗得玉獅子印章, 於外氏金公, 篆刻祖雲憲陶四字, 而寶藏之, 又寫齋扁, 而自標焉. 且築山水一區而藏修之, 與學者共之, 旣窮虆無以遂. 承熙嘗與及門諸公, 立契合貨謀之, 不肖遷稽而天不弔吾家矣, 重以德薄命舛, 遭値家國禍厄. 無能自力間, 旣占基于本第之傍, 劃立規矱, 而忍復顚巿, 不知歇泊. 念是之不齋, 無以告于地下, 托長子#基元, 庶及吾未暝而成也. 嗚乎, 朱李夫子之道明矣, 法正矣, 爲後學者, 孰不欲祖述而憲章之哉. 是齋也, 雖公諸一國可也, 大而公天下可也. 然惟吾先君發明此義, 而名言之, 以之爲平生心法, 又有以詔諸後, 此先君之所以齋也. 不肖寡學, 雖未知先君所以祖述憲章之妙蘊, 而其與之寤寐飮食, 神融體貼之實, 則有文與跡, 尙遺在矣. 嗣後者, 能以吾先君之心而齋之, 又能以其心而息焉修焉, 講究此心之本原, 推極斯道之大綜, 理此心之天則, 確立其法之正, 暨一知一行無不祖述而憲章之, 則雲陶正傳, 庶乎益大且遠, 而吾先君心學之法, 益光明于斯世夫. 然後補其爲先君之齋矣. 噫, 吾輩後人, 能使天下後世知, 大韓之陽, 星山之陰, 靈愶之趾, 大浦之頂, 岡麓明而正傍, 多巖石磅礴, 而古有一小屋, 橫竪各三架, 爲丁字形, 方塘于後左者, 爲吾先君祖雲憲陶之齋也耶. 先君下世後二十二年, 戊申四月望, 不肖承熙謹記.

한주선생묘지명寒洲先生墓志銘

장석영 지음

　한주寒洲 이선생께서 돌아가신 지 23년 만에 그 아들 승희承熙가, 옛날 문하에서 배운 사람인 까닭으로 나에게 말하기를 "선군께서 가심에 장례를 치렀으나 명銘을 짓지 못하였으니, 후손들에게 징험할 길이 없어 몹시 두렵다. 그대가 묘지명을 짓지 않을 수 없다" 하였다. 가만히 엎드려 생각건대, 선생과 같은 문장이 있고서야 선생의 묘에 명을 지을 수 있겠지만 선생은 세상에 다시 없을 훌륭한 분이시니 묘에 지誌가 없을 수 있겠는가? 비록 나의 어리석은 재주로도 감히 사양할 수 없었다.

　선생의 휘는 진상震相이고 자는 여뢰汝雷이며 한주寒洲는 그 호이다. 순조 무인년(1818) 7월 29일 생이다. 어릴 때부터 지극한 성품이 있어 장난하며 놀거나 입는 일, 먹는 일에서 일찍이 부모님의 뜻을 어긴 적이 없었고, 자라서는 일마다 부모님께 순종하여 그 뜻을 잘 받들었다. 부모님이 돌아가신 뒤로는 매번 「육아蓼莪」의 시를 읽을 때마다 눈물을 흘리며 말을 잇지 못하니, 가르침을 받는 문인들은 감히 이 시를 내어놓지 못하였다. 하나뿐인 아우와 우애가 있어 늘 화기로웠으니,

일찍이 화가 난 말이나 낯빛으로 대한 적이 없었으며 한 방에서 침식을 같이하였다. 남녀의 분별이 엄격하여, 수숙嫂叔간에 나이차가 많이 나더라도 반드시 떨어져 앉았고, 자매들과 거처할 때에도 친근히 함께 앉는 일이 없었다. 종족간에 처신함에도 힘써 은혜와 의리를 다하여, 부모가 없거나 가난하여 의지할 곳이 없는 자를 거두어 길러서 시집보내고 장가들였다. 이러한 것들이 가정에서 처신하신 대략이니, 집안에서의 행실의 순전하고 갖추어짐이 이와 같으셨다.

일곱 살에 배움에 나아가 여덟 살에 문리를 통하였고, 13·4세에 이미 많은 책들에 해박하였다. 깊은 못을 기울이고 바다를 뒤엎을 만한 성대한 기상이 있었으니, 마치 장차 일세를 능가하고 천고를 뛰어넘어 천하의 모든 일을 하지 못함이 없는 듯이 하였다. 경전과 역사로부터 천문, 산수, 의술, 점복 등에 이르기까지 일마다 배워서 각각 그 취지를 모두 추구하고자 하였다. 숙부 정헌공定憲公께서 "의리義理가 근본이다. 대개 성리性理의 학문을 오로지해야 한다"라고 일깨워 주셨다. 이로부터 발분 연구하여 지엽적인 것은 제거하여 없애니 학문이 순정해졌다. 20세에 도산서원의 사당에 배알하고 개연히 사숙私淑의 뜻을 두어, 드디어 주자와 퇴계의 책에 온 힘을 기울였다. 30세가 된 뒤에 문미에 '조운헌도祖雲憲陶'라고 편액하였으니, 대개 주자의 도를 서술하여 밝히고 퇴계의 가르침을 본받는다는 뜻이다. 위로는 앞 시대의 성현을 우러르고 아래로는 우리나라의 어진 이를 따르고자 한 것이니, 비로소 스승을 얻었던 것이다.

평소의 거처함에는 새벽에 일어나 세수하고 빗질하며 의관을 정제

한 뒤 사당에 배알하고, 물러나와 학도들을 가르치거나 경전과 책을 빈번히 손으로 쓰고 입으로 외었는데, 숙여서 살피고 우러러 생각함에 있어 종일토록 게으름이 없었다. 밤이면 고요히 생각하다 밤이 깊어지면 잠들었는데, 때때로 혹 옷을 고쳐 입고 조각처럼 앉아서 새벽이 이르도록 환히 깨어 있었다. 일이 있지 않으면 혹 출입에 비록 한 시각이라 하더라도 일찍이 한가로이 시간을 허비하는 일이 없었다. 자리 오른쪽에 "성誠으로 온갖 허위를 없애고, 경敬으로 모든 사악함을 대적한다"(誠消百僞, 敬敵千邪)는 여덟 글자를 써 두고는 항상 눈으로 보고 직접 실천하였다. 대개 내면에 간직한 것은 지성측달至誠惻怛이요 밖으로 드러난 것은 평이백직平易白直이어서 터럭만큼도 거짓된 뜻이 없었으니, 마음의 올바름을 지키고 행동의 방정함을 제재하는 데 이르러서는 그 확고함을 뽑아낼 수 없고 그 굳셈을 범할 수 없었다. 학문은 넓고 정밀하여 알지 못함이 없었고 또 그 앎은 명백하지 않음이 없었다. 묻는 자가 있으면 반드시 근본과 지엽을 아울러 거침없이 설명하니, 듣는 자들이 이로 인해 시원해했다. 비록 혹 많은 문장이나 서신 따위가 책상 위에 쌓여 있더라도 손이 가는 대로 재량하여 답하였는데, 마치 생각을 하지 않은 듯하나 명쾌하게 조리가 통하여 각각 그 이치에 맞았다. 비유하자면 큰 종이 있어 두드리면 곧 소리가 응해 오는 것과 같았고, 또 긴 강과 큰 바다가 깊고도 넓어 다함이 없는 것과 같았으며, 높은 산의 움직임을 볼 수는 없지만 그 산이 주는 공리功利는 헤아릴 수도 없이 많은 것과 같았다.

 중년 이후로 배우는 자들이 모여들어 협탁을 두드리는 소리가 문안에 가득하되, 무리지어 마시더라도 모두 배를 채우듯이 넉넉히 배우니 마음으로 기뻐하며 진심으로 복종하지 않는 이가 없었다. 젊은 날에는 과거를 위한 문장을 배워 이름이 과거 시험장에서 드러났다. 특히 책문에 뛰어나 대책문對策文에서 일곱 번 장원을 하였으니, 시험관이 무릎을 치고 감탄하며 '세상을 경륜할 인재'라고 하였고 배우는 자들은 그 글을 전하여 외웠다. 기유년(1849)에 증광사마시增廣司馬試에 합격하였다. 갑신년(1884)에 의금부도사義禁府都事에 제수되었는데, 정리政吏가 글을 보내어 부임하기를 재촉하였으나 나아가지 않았다. 병술년(1886) 10월에 병에 걸렸는데, 병이 위독해지자 "일전에 듣기를 (오랑캐의 문명인) 전보가 바다를 건너 들어왔다고 하니, 살아도 무엇이 즐겁겠는가? 지금 땅속에 묻히더라도 족할 뿐이다"라고 하였다. 15일에 돌아가셨다. 정해년(1887) 2월에 소통령小通嶺의 계방癸方을 등진 언덕에 장사지냈다.

선생의 윗대 조상 능일能一은 고려 시조를 도운 공으로 성산星山에 봉해졌는데, 후세에 이로써 관향을 삼았다. 고려 말에 좌정언左正言 여량汝良은 왕의 무도함을 간한 뒤 초야로 물러났다가, 조선이 일어나자 나아가지 않았다. 6세世를 지나 정자正字 정현廷賢에 이르니, 그 호는 월봉月峯으로 문목공文穆公 정구鄭逑 선생을 스승으로 모셨다. 또 3세를 지나 훈련원주부訓鍊院主簿 석문碩文에 이르니, 참판參判에 증직된 그는 사도세자께서 임오년(영조 38, 1762)의 화를 당하실 때 선전관宣傳官으로 있으면서 당시 간하는 신하를 인도하여 궐문을 열고 의義로써 항거하였다. 세상에서 북비옹北扉翁이라고 하는 분이 바로 이분이시다. 증조부 민검敏儉은 승지承旨에 증직되었고, 조부 형진亨鎭은 성균생원成均生員으로 참판參判에 증직되었는데 정입재鄭立齋(鄭宗魯)에게 배웠다. 부친 원호源祜는 진사進士인데 호가 한고寒皐이다. 모친은 풍산인豊山人 류응조柳應祚의 따님과 의성인義城人 김종옥金宗沃의 따님인데, 선생은 의성김씨 소생이다. 배필은 순천인順天人 박기진朴基晉의 따님이고 계실은 호군護軍 벼슬을 지낸 홍양인興陽人 이기항李起恒의 따님이었는데, 부녀의 법도가 있었다. 슬하에 1남 5녀를 두었으니, 아들은 곧 참봉參奉 승희承熙이고 딸들은 각기 류인영柳仁榮, 최성우崔性宇, 허숙許壔, 성우영成瑀永, 송진형宋鎭炯에게로 시집갔다. 승희의 아들은 기원基元, 기인基仁이고, 딸은 장시원張是遠에게 시집갔다. 류인영의 아들은 형우馨佑와 성우聲佑이고, 최성우의 아들은 우곤旴坤이며, 허숙의 아들은 종진鍾鎭이고, 성우영의 아들은 낙성樂聖이며, 송진형의 아들은 두호斗浩이다.

  선생의 논저는 매우 많다. 벗과 문인 사이에 오고간 시문詩文 및 잡저雜著가 문집에 실려 있다. 또 『역학관규易學管窺』, 『춘추집전春秋集傳』, 『춘추익전春秋翼傳』, 『구지록求志錄』, 『변지록辨志錄』, 『묘충록畝忠錄』, 『사례집요四禮輯要』, 『리학종요理學綜要』 등 수백 권은 대개 성현의 경전을 돕고 드러내었으니, 평생 동안 고심하여 앞 시대 사람들이 밝히지 못한 바를 밝히고 무궁토록 후학을 인도한 것으로, 그 취지를 요약하면 바로 심心과 리理이다. 요순堯舜으로부터 수많은 성인들이 서로 전한 것은 단지 마음과 이치일 뿐이니, 이것이 주자에 이르러 크게 밝아졌고 퇴계 이자李子에 이르러 주자의 본지가 더욱 드러났다. 그러나 시대가 내려오고 도가 피폐해지면서 기氣의 기틀이 더욱 성대해지자 주리主理의 뜻이 거의 사라지게 되었다. 선생이 수백 년 뒤에 태어나서 실로 이 리理의 전함을 얻었으니, 주자와 이자의 글을 독실하게 믿어서 그 뜻을 밝히고 드러내었다. 이는 실로 성현의 문하에 공을 세움이니, 백세의 뒤에 살펴보더라도 의심할 것이 없을 것이다.

  나는 늦게 태어났지만 깨우쳐 주심을 받들 수 있어서, 외람되이 불에 쬐이듯 물에 적시듯 함양하고 더하여 주신 은혜를 입었다. 나이가 들도록 이룬 것이 없음은 평생의 가르침을 저버린 것이겠으나, 오히려 스스로 좋아하는 것이 큰 악에 이르지 않았음을 아니 이는 선생께서 주신 것이다. 지금 징군徵君 곽종석郭鍾錫의 행장에 근거하여 한두 가지를 가려 뽑되 평소에 보았던 것을 헤아려서, 차례대로 적어 글을 이루어서 삼가 묘소 아래에 바친다. 미묘한 말씀과 자세한 행적은 모두 기록할 수 없었으니, 뒷날의 군자는 징군의 글에서 징험해 보기 바란다. 감히 명銘을 지어 이르노라.

    밝고 밝으신 상제上帝께서 백성의 떳떳함을 내려 주시니,
    태극이 허명하여 만 가지 변화 미루어 가네.
    태호복희씨太昊伏羲氏는 하늘의 뜻을 이어 하도河圖를 살피시고,
    순임금은 요임금을 이어 도심과 인심의 뜻 더하셨네.
    삼왕三王은 이 말씀을 마음 닦는 법으로 간직하셨고,
    주공周公은 부지런히 아침이 될 때까지 생각하셨도다.
    공자와 주자께서 앞서시고 뒤서시니,
    크신 밝음 하늘을 꿰뚫고 영원토록 드리워라.
    아아! 기氣의 설이 들쑥날쑥 함부로 들끓으니,

천자는 정鄭나라로 출분出奔하고 왕망王莽과 조조曹操가 치달리네.
선생께서 떨쳐 일어나 누에가 실을 뽑듯 궁구해 내시매,
뭇 성인의 미묘한 말씀 환하게 알 수 있었도다.
두루 통하고 꿰뚫어 온갖 의심 끊어 버리심은,
운곡과 도산, 시귀蓍龜처럼 믿음일세.
먼저 깨달으신 이 계시지 않다면 누가 나를 열어 주랴,
사방의 학자들이 이르러 스승으로 섬기네.
산이 무너지고 들보가 꺾일 제 그 언제이던가,
묘소를 우러러 바라보며 후인은 슬퍼하네.
천지는 장구한데 묘지명 바치오니,
성대한 덕, 높으신 이름은 산이 평지가 되어도 변치 않으리.

寒洲公諱震相墓志銘

寒洲李先生沒二十有三年, 其子承熙, 爲故學者張錫英言, 先君之隧, 葬不及銘, 大懼無以徵諸後, 子不可以不誌也. 錫英竊伏原念, 有先生之文而後, 可以銘先生之墓, 而先生不世出, 墓可以不誌乎. 雖以錫英之愚, 而固不敢辭也.

謹按, 先生諱震相, 字汝雷, 寒洲其號也. 純廟戊寅七月二十九日生. 自幼有至性, 遊嬉服食, 未嘗咈親之意, 及長逐事承順, 以養其志. 親歿之後, 每讀蓼莪詩, 輒涕泣不能語, 門人受讀者, 不敢以是詩進焉. 友一弟怡怡也, 未嘗以慍語色相加, 寢處一室, 飢飽共之. 閨門之內肅如也, 嫂叔雖幼少必絶席, 姊妹相處亦不同席而狎坐. 處宗族務盡恩義, 而孤貧無歸者, 收育而嫁娶之. 此其處家之疏節, 而內行之純備類此也. 七歲上學, 八歲通文理, 十三四歲, 已淹博羣籍. 沛然有傾秋倒海之氣, 若將凌駕一世, 跨越千古, 而以爲天下之事, 無不可爲. 自經史以外, 星曆算數醫卜等, 事事要學, 各極其趣. 叔父定憲公誨之曰, 義理本領也, 蓋專性理之學. 自是發憤研精, 刊落其支葉粹如也. 年二十謁陶山廟, 慨然有私淑艾之志, 遂肆力於朱子退陶之書. 三十而後扁其楣曰, 祖雲憲陶, 蓋欲其祖述雲谷憲章陶山, 而上溯前聖下沿東賢, 始得師也. 平居黎明而起, 盥櫛冠帶謁于廟, 退授學徒經籍, 輒手寫口讀. 俯察仰思, 終日不倦. 夜則靜以思之, 夜久就寢, 時或更衣塑坐, 達曙惺惺. 非有事, 或出入雖一時辰, 未嘗閒費光陰. 座右書誠消百僞敬敵千邪八字, 常目而體驗之. 蓋其存諸中者, 至誠惻怛, 而施於外者, 平易白直, 自無一毫虛僞假借之意, 而至若持心之正制行之方, 則確乎

其不可拔, 而毅然乎其不可犯也. 其爲學也, 泛博精切, 無所不知, 知無不明. 人有問者, 必連根帶枝, 滾滾說將去, 聽者爲之灑然. 雖或連編累牘, 積滯几案, 信手裁答, 若不敬思, 而亦皆痛快條暢, 各當其理. 譬如洪鍾大呂, 叩之則應, 又如長江鉅海, 汪汪而不窮, 泰山喬嶽, 不見其運動, 而功利之及, 不可以數計也. 中歲以後, 學者坌集, 鼓篋盈門, 而羣飮各充, 莫不心悅而誠服之. 少時學功令文, 擅名場屋, 而尤長於策, 凡七魁對策, 而考官每擊節歎賞曰, 經濟才也, 學者皆傳誦之. 己酉中增廣司馬, 甲申除義禁府都事, 政吏馳書促就仕不赴. 丙戌十月得疾, 疾將革曰, 俄聞電線渡海, 生亦何樂, 及今埋於地下足矣. 十五日皐復. 丁亥二月, 葬小通嶺負癸之原.

先生上祖能一, 佐麗祖策功封星山, 後世爲氏. 麗季左正言汝良, 諫王無道, 退耕于野, 聖祖興罔僕. 六傳, 至正字廷賢, 號月峯, 師事鄭文穆先生. 又三傳, 而訓練主簿贈參判碩文, 當隆陵壬午之禍, 以宣傳官引諫臣排閤抗義, 世稱北扉翁是也. 曾大父敏儉, 贈承旨. 大父亨鎭, 成均生員贈參判, 從鄭立齋學. 父源祜, 進士號寒臯. 母豊山柳應祚女, 義城金宗沃女, 先生金出也. 配順天朴基晉女, 繼興陽李護軍起恒女, 有壼範. 生一男五女, 南則承熙參奉, 女適柳仁榮, 崔性宇, 許墉), 成瑀永, 宋鎭炯. 承熙男基元基仁, 女適張是遠. 柳男馨佑聲佑, 崔男旴坤, 許男鍾鎭, 成男樂聖, 宋男斗浩.

先生論著甚富. 朋友門人往復詩文雜著載元集, 易學管窺春秋集傳翼傳求

志錄辨志錄猷忠錄四禮輯要理學宗要並數百卷, 皆其羽翼聖經, 發揮賢傳, 而平生苦心, 發前人之未發, 牖後學於無窮者, 要其歸則, 心與理也. 自堯舜授受, 千聖相傳, 只是心理而耳, 至朱夫子而大明, 至退陶李子而朱子之旨益著矣. 世降道廢, 氣機益熾, 而主理之旨, 或幾乎熄矣. 先生生數百年之後, 實見得此理之傳, 而篤信朱李之書, 發明而闡揮之, 是誠有功於聖賢之門, 而質之百世而可以無疑也.

錫英生晚, 晚而承誨, 謬蒙煦濡涵盎之恩. 年老無成, 辜負平生之訓, 而尙知自好, 庶不至於大惡, 此先生賜也. 今因郭徵君鍾錫之狀, 略最一二, 質以平日之所睹記, 序次成文, 奉納于宰下, 而微言細行, 無以盡錄, 後之君子庶有徵於徵君之狀矣. 敢爲銘曰;

皇皇后帝降民彛, 一理虛明萬化推.
昊羲繼天馬圖窺, 帝俊紹堯益微危.
三王以是心法持, 元聖孜孜待朝思.
尼父晦父前後之, 大明中天萬古垂.
噫嘻氣說謾參差, 天王出鄭莽操馳.
先生奮挺繹蠶絲, 千聖微言煥可知.
融通貫穿折羣疑, 雲谷陶山是蓍龜.
不有先覺孰開台, 四方學者來宗師.
山頹樑折今幾時, 瞻望斧堂後人悲.
天長地久納隧辭, 盛德高名山可夷.

■■■ 참고문헌 ■■■

周敦頤, 『太極圖說』.
朱熹, 『朱子大全』.
朱熹, 『朱子語類』.
程敏政, 『心經附註』.
李滉, 『退溪文集』.
鄭逑, 『心經發揮』.
鄭經世, 『愚伏集』.
李玄逸, 『葛庵集』.
丁時翰, 『愚潭集』.
李象靖, 『大山文集』.
鄭宗魯, 『立齋集』.
柳致明, 『定齋文集』.
柳厚祚, 『洛坡先生文集』.
李源祚, 『凝窩全集』.
李鍾祥, 『定軒文集』.
許傳, 『省齋集』.
張福樞, 『四未軒集』.
李震相, 『寒洲全書』.
申錫祜, 『可軒文集』.
李彙濬, 『復齋文集』.
朴周大, 『羅巖隧錄』.

姜晉奎, 『櫟菴集』.

金碩奎, 『恥庵文集』.

李鍾杞, 『晩求文集』.

李承熙, 『韓溪遺稿』.

宋寅濩, 『蓮觀聯芳集』.

朴致馥, 『晩醒文集』.

許薰, 『舫山先生文集』.

李晩寅, 『龍山文集』.

郭鍾錫, 『俛宇文集』.

尹冑夏, 『膠宇文集』.

金平默, 『重菴集』.

許愈, 『后山文集』.

李正模, 『紫東文集』.

張錫英, 『晦堂集』.

河謙鎭, 『晦峰集』.

李寅梓, 『省窩集』.

李炳憲, 『李炳憲全集』.

『高宗實錄』.

금장태・고광직, 『속유학근백년』, 여강출판사, 1989.

최영성, 『한국유학사상사4』(조선후기편하), 아세아문화사, 1995.

한국사상사연구회 편저, 『조선유학의 학파들』, 예문서원, 1996.

최영성, 『한국유학사상사5』(근현대편), 아세아문화사, 1997.

권오영, 『조선 후기 유림의 사상과 활동』, 돌베개, 2003.

한국국학진흥원, 『한국유학사상대계3』(철학사상편하), 2005.
경북대학교 퇴계연구소 편, 『응와 이원조의 삶과 학문』, 역락, 2006.
경북대학교 퇴계연구소 편, 『한주 이진상 연구』, 경북대학교 퇴계연구소 편, 역락, 2006.
홍원식 외, 『조선시대 심경부주 주석서 해제』, 예문서원, 2007.

권대웅, 「한말 영남유학계의 의병활동」, 『한말 영남유학계의 동향』, 영남대학교 민족문화연구소, 1998.
권오봉, 「응와 이원조 선생의 가학연원과 전수」, 『응와 이원조의 삶과 학문』, 경북대학교 퇴계연구소 편, 역락, 2006.
권오영, 「한주 이학의 전통과 사상사적 의의」, 『한주 이진상 연구』, 경북대학교 퇴계연구소 편, 역락, 2006.
금장태, 「응와 이원조의 도학사상과 시대의식」, 『응와 이원조의 삶과 학문』, 경북대학교 퇴계연구소 편, 역락, 2006.
김종석, 「이인재의 사상과 역사적 의의」, 『철학회지』, 제17집, 영남대 철학과.
김종석, 「한말 영남 유학계의 동향과 지역별 특징」, 『국학연구』, 제4집.
김희곤, 「안동의병장 척암 김도화의 항일투쟁」, 『민족 위해 살다간 안동의 근대 인물』, 안동청년유도회.
內山弘一, 「이진상의 심즉리설과 영남학파」, 『벽사이우성교수정년퇴직기념, 민족사의 전개와 그 문화』, 창작과 비평사, 1990.
박종홍, 「사상적으로 본 인물론-이인재론」, 『한국사상사론고(유학편)』, 서문당, 1977.
우인수, 「묘충록에 나타난 한주의 국정개혁론」, 『한주 이진상 연구』, 경북대학교 퇴계연구소 편, 역락, 2006.
유명종, 「응와선생 이원조의 주리철학」, 『응와 이원조의 삶과 학문』, 경북대학교 퇴계연구소 편, 역락, 2006.

이상하, 「한주 이진상 성리설의 입론 근거 연구」, 고려대학교 박사학위논문, 2003.

이상하, 「한국 성리학 칠정리발설의 계보상에서의 응와 이원조」,『응와 이원조의 삶과 학문』, 경북대학교 퇴계연구소 편, 역락, 2006.

이세동, 「응와 이원조 선생의 사람됨」,『응와 이원조의 삶과 학문』, 경북대학교 퇴계연구소 편, 역락, 2006.

이세동, 「한주의 삶과 그 의미」,『한주 이진상 연구』, 경북대학교 퇴계연구소 편, 역락, 2006.

이영호, 「한주 경학의 특징과 경학사적 위상」,『한주 이진상 연구』, 경북대학교 퇴계연구소 편, 역락, 2006.

이종우, 「한주학파와 간재학파의 심성논쟁 연구」, 성균관대학교 박사학위논문, 2004.

이형성, 「한주 이진상의 성리학 연구」, 성균관대학교 박사학위논문, 2001.

이형성, 「주재성의 중시와 그 의의」,『한주 이진상 연구』, 경북대학교 퇴계연구소 편, 역락, 2006.

정우락, 「한주의 산수흥취와 그 문학사상의 기저」,『한주 이진상 연구』, 경북대학교 퇴계연구소 편, 역락, 2006.

허권수, 「응와 이원조의 학문과 한주에 대한 영향」,『응와 이원조의 삶과 학문』, 경북대학교 퇴계연구소 편, 역락, 2006.

홍원식, 「주자학적 세계관의 선택-척사위정파의 사상과 운동」,『시대와 철학』, 제10호.

홍원식, 「한국 공자교운동과 이승희」,『공자학』 제3호, 한국공자학회, 1998.

홍원식, 「한주의 성리설과 그 계승」,『한주 이진상 연구』, 경북대학교 퇴계연구소 편, 역락, 2006.

---- 저자 소개 ----

홍원식 洪元植

고려대학교 철학과를 졸업하고 같은 대학교 대학원에서 박사학위를 받았다.

현재 계명대학교 철학과 교수 및 『오늘의 동양사상』 발행인 겸 공동편집주간으로 있다.

저서로는 『실학사상과 근대성』(공저), 『조선시대 심경부주 주석서 해제』(공저) 등이 있고, 역서로는 『중국철학사』 등이 있다. 주요 논문으로 「정주학의 거경궁리설 연구」(박사학위논문), 「주륙화회론과 퇴계학의 심학화」 등이 있다.

예문서원의 책들

원전총서
박세당의 노자 (新註道德經) 박세당 지음, 김학목 옮김, 312쪽, 13,000원
율곡 이이의 노자 (醇言) 이이 지음, 김학목 옮김, 152쪽, 8,000원
홍석주의 노자 (訂老) 홍석주 지음, 김학목 옮김, 320쪽, 14,000원
북계자의 (北溪字義) 陳淳 지음, 김충열 감수, 김영민 옮김, 295쪽, 12,000원
주자가례 (朱子家禮) 朱熹 지음, 임민혁 옮김, 496쪽, 20,000원
서경잡기 (西京雜記) 劉歆 지음, 葛洪 엮음, 김장환 옮김, 416쪽, 18,000원
고사전 (高士傳) 皇甫謐 지음, 김장환 옮김, 368쪽, 16,000원
열선전 (列仙傳) 劉向 지음, 김장환 옮김, 392쪽, 15,000원
열녀전 (列女傳) 劉向 지음, 이숙인 옮김, 447쪽, 16,000원
선가귀감 (禪家龜鑑) 청허휴정 지음, 박재양·배규범 옮김, 584쪽, 23,000원
공자성적도 (孔子聖蹟圖) 김기주·황지원·이기훈 역주, 254쪽, 10,000원
공자세가·중니제자열전 (孔子世家·仲尼弟子列傳) 司馬遷 지음, 김기주·황지원·이기훈 역주, 224쪽, 12,000원
천지서상지 (天地瑞祥志) 김용천·최현화 역주, 384쪽, 20,000원
도덕지귀 (道德指歸) 徐命庸 지음, 조민환·장원목·김경수 역주, 544쪽, 27,000원

성리총서
범주로 보는 주자학 (朱子の哲學) 오하마 아키라 지음, 이형성 옮김, 546쪽, 17,000원
송명성리학 (宋明理學) 陳來 지음, 안재호 옮김, 590쪽, 17,000원
주희의 철학 (朱熹哲學研究) 陳來 지음, 이종란 외 옮김, 544쪽, 22,000원
양명 철학 (有無之境—王陽明哲學的精神) 陳來 지음, 전병욱 옮김, 752쪽, 30,000원
주자와 기 그리고 몸 (朱子と氣と身體) 미우라 구니오 지음, 이승연 옮김, 416쪽, 20,000원
정명도의 철학 (程明道思想研究) 張德麟 지음, 박상리·이경남·정성희 옮김, 272쪽, 15,000원
주희의 자연철학 김영식 지음, 576쪽, 29,000원
송명유학사상사 (宋明時代儒學思想の研究) 구스모토 마사쓰구(楠本正繼) 지음, 김병화·이혜경 옮김, 602쪽, 30,000원
북송도학사 (道學の形成) 쓰치다 겐지로(土田健次郎) 지음, 성현창 옮김, 640쪽, 3,2000원

불교(카르마)총서
파란눈 스님의 한국 선 수행기 Robert E. Buswell·Jr. 지음, 김종명 옮김, 376쪽, 10,000원
학파로 보는 인도 사상 S. C. Chatterjee·D. M. Datta 지음, 김형준 옮김, 424쪽, 13,000원
불교와 유교 — 성리학, 유교의 옷을 입은 불교 아라키 겐고 지음, 심경호 옮김, 526쪽, 18,000원
유식무경, 유식 불교에서의 인식과 존재 한자경 지음, 208쪽, 7,000원
박성배 교수의 불교철학강의: 깨침과 깨달음 박성배 지음, 윤원철 옮김, 313쪽, 9,800원
불교 철학의 전개, 인도에서 한국까지 한자경 지음, 252쪽, 9,000원
인물로 보는 한국의 불교사상 한국불교원전연구회 지음, 388쪽, 20,000원
한국 비구니의 수행과 삶 전국비구니회 엮음, 400쪽, 18,000원
은정희 교수의 대승기신론 강의 은정희 지음, 184쪽, 10,000원

노장총서
도가를 찾아가는 과학자들 — 현대신도가의 사상과 세계 (當代新道家) 董光璧 지음, 이석명 옮김, 184쪽, 5,800원
유학자들이 보는 노장 철학 조민환 지음, 407쪽, 12,000원
노자에서 데리다까지 — 도가 철학과 서양 철학의 만남 한국도가철학회 엮음, 440쪽, 15,000원
이강수 교수의 노장철학이해 이강수 지음, 462쪽, 23,000원
不二 사상으로 읽는 노자 — 서양철학자의 노자 읽기 이찬훈 지음, 304쪽, 12,000원
김항배 교수의 노자철학 이해 김항배 지음, 280쪽, 15,000원

강의총서
김충열교수의 노자강의 김충열 지음, 434쪽, 20,000원
김충열교수의 중용대학강의 김충열 지음, 448쪽, 23,000원

퇴계원전총서
고경중마방古鏡重磨方 — 퇴계 선생의 마음공부 이황 편저, 박상주 역해, 204쪽, 12,000원
활인심방活人心方 — 퇴계 선생의 마음으로 하는 몸공부 이황 편저, 이윤희 역해, 308쪽, 16,000원

한국철학총서

조선 유학의 학파들 한국사상사연구회 편저, 688쪽, 24,000원
실학의 철학 한국사상사연구회 편저, 576쪽, 17,000원
윤사순 교수의 한국유학사상론 윤사순 지음, 528쪽, 15,000원
한국유학사 1 김충열 지음, 372쪽, 15,000원
퇴계의 생애와 학문 이상은 지음, 248쪽, 7,800원
율곡학의 선구와 후예 황의동 지음, 480쪽, 16,000원
다카하시 도루의 조선유학사 ― 일제 황국사관의 빛과 그림자 다카하시 도루 지음, 이형성 편역, 416쪽, 15,000원
퇴계 이황, 예 잇고 뒤를 열어 고금을 꿰뚫으셨소 ― 어느 서양철학자의 퇴계연구 30년 신귀현 지음, 328쪽, 12,000원
조선유학의 개념들 한국사상사연구회 지음, 648쪽, 26,000원
성리학자 기대승, 프로이트를 만나다 김용신 지음, 188쪽, 7,000원
유교개혁사상과 이병헌 금장태 지음, 336쪽, 17,000원
남명학파와 영남우도의 사림 박병련 외 지음, 464쪽, 23,000원
쉽게 읽는 퇴계의 성학십도 최제목 지음, 152쪽, 7,000원
홍대용의 실학과 18세기 북학사상 김문용 지음, 288쪽, 12,000원
남명 조식의 학문과 선비정신 김충열 지음, 512쪽, 26,000원
명재 윤증의 학문연원과 가학 충남대학교 유학연구소 편, 320쪽, 17,000원
조선유학의 주역사상 금장태 지음, 320쪽, 16,000원
율곡학과 한국유학 충남대학교 유학연구소 편, 464쪽, 23,000원
한국유학의 악론 금장태 지음, 240쪽, 13,000원

연구총서

논쟁으로 보는 중국철학 중국철학연구회 지음, 352쪽, 8,000원
김충열 교수의 중국철학사 1 ― 중국철학의 원류 김충열 지음, 360쪽, 9,000원
논쟁으로 보는 한국철학 한국철학사상연구회 지음, 326쪽, 10,000원
반논어(論難語) 趙紀彬 지음, 조남호·신정근 옮김, 768쪽, 25,000원
논쟁으로 보는 불교철학 이효걸·김형준 외 지음, 320쪽, 10,000원
중국철학과 인식의 문제(中國古代哲學問題發展史) 方立天 지음, 이기훈 옮김, 208쪽, 6,000원
문제로 보는 중국철학 ― 우주, 본체의 문제(中國古代哲學問題發展史) 方立天 지음, 이기훈·황지원 옮김, 232쪽, 6,800원
중국철학과 인성의 문제(中國古代哲學問題發展史) 方立天 지음, 박경환 옮김, 191쪽, 6,800원
중국철학과 지행의 문제(中國古代哲學問題發展史) 方立天 지음, 김학재 옮김, 208쪽, 7,200원
현대의 위기 동양 철학의 모색 중국철학회 지음, 340쪽, 10,000원
역사 속의 중국철학 중국철학회 지음, 448쪽, 15,000원
일곱 주제로 만나는 동서비교철학(中西哲學比較面面觀) 陳衛平 편저, 고재욱·김철운·유성선 옮김, 320쪽, 11,000원
중국철학의 이단자들 중국철학회 지음, 240쪽, 8,200원
공자의 철학(孔孟荀哲學) 蔡仁厚 지음, 천병돈 옮김, 240쪽, 8,500원
맹자의 철학(孔孟荀哲學) 蔡仁厚 지음, 천병돈 옮김, 224쪽, 8,000원
순자의 철학(孔孟荀哲學) 蔡仁厚 지음, 천병돈 옮김, 272쪽, 10,000원
서양문학에 비친 동양의 사상 한림대학교 인문학연구소 엮음, 360쪽, 12,000원
유학은 어떻게 현실과 만났는가 ― 선진 유학과 한대 경학 박원재 지음, 218쪽, 7,500원
유교와 현대의 대화 황의동 지음, 236쪽, 7,500원
동아시아의 사상 오이환 지음, 200쪽, 7,000원
역사 속에 살아있는 중국 사상(中國歷史に生きる思想) 시게자와 도시로 지음, 이혜경 옮김, 272쪽, 10,000원
덕치, 인치, 법치 ― 노자, 공자, 한비자의 정치 사상 신동준 지음, 488쪽, 20,000원
육경과 공자 인학 남상호 지음, 312쪽, 15,000원
리의 철학(中國哲學範疇精髓叢書 ― 理) 張立文 주편, 안유경 옮김, 524쪽, 25,000원
기의 철학(中國哲學範疇精髓叢書 ― 氣) 張立文 주편, 김교빈 외 옮김, 572쪽, 27,000원
동양 천문사상, 하늘의 역사 김일권 지음, 480쪽, 24,000원
동양 천문사상, 인간의 역사 김일권 지음, 544쪽, 27,000원
공부론 임수무 외 지음, 544쪽, 27,000원

역학총서

주역철학사(周易研究史) 廖名春·康學偉·梁韋弦 지음, 심경호 옮김, 944쪽, 30,000원
주역, 유가의 사상인가 도가의 사상인가(易傳與道家思想) 陳鼓應 지음, 최진석·김갑수·이석명 옮김, 366쪽, 10,000원
송재국 교수의 주역 풀이 송재국 지음, 380쪽, 10,000원

일본사상총서

일본 신도사(神道史) 무라오카 츠네츠구 지음, 박규태 옮김, 312쪽, 10,000원
도쿠가와 시대의 철학사상(德川思想小史) 미나모토 료엔 지음, 박규태·이용수 옮김, 260쪽, 8,500원
일본인은 왜 종교가 없다고 말하는가(日本人はなぜ 無宗教のか) 아마 도시마로 지음, 정형 옮김, 208쪽, 6,500원
일본사상이야기 40(日本がわかる思想入門) 나가오 다케시 지음, 박규태 옮김, 312쪽, 9,500원
사상으로 보는 일본문화사(日本文化の歷史) 비토 마사히데 지음, 엄석인 옮김, 252쪽, 10,000원
일본도덕사상사(日本道德思想史) 이에나가 사부로 지음, 세키네 히데유키·윤종갑 옮김, 328쪽, 13,000원
천황의 나라 일본 — 일본의 역사와 천황제(天皇制と民衆) 고토 야스시 지음, 이남희 옮김, 312쪽, 13,000원
주자학과 근세일본사회(近世日本社會と宋學) 와타나베 히로시 지음, 박홍규 옮김, 304쪽, 16,000원

예술철학총서

중국철학과 예술정신 조민환 지음, 464쪽, 17,000원
풍류정신으로 보는 중국문학사 최병규 지음, 400쪽, 15,000원
율려와 동양사상 김병훈 지음, 272쪽, 15,000원
한국 고대 음악사상 한흥섭 지음, 392쪽, 20,000원

동양문화산책

공자와 노자, 그들은 물에서 무엇을 보았는가 사라 알란 지음, 오만종 옮김, 248쪽, 8,000원
주역산책(易學漫步) 朱伯崑 외 지음, 김학권 옮김, 260쪽, 7,800원
공자의 이름으로 죽은 여인들 田汝康 지음, 이재정 옮김, 248쪽, 7,500원
동양을 위하여, 동양을 넘어서 홍원식 외 지음, 264쪽, 8,000원
서원, 한국사상의 숨결을 찾아서 안동대학교 안동문화연구소 지음, 344쪽, 10,000원
녹차문화 홍차문화 츠노야마 사가에 지음, 서은미 옮김, 232쪽, 7,000원
거북의 비밀, 중국인의 우주와 신화 사라 알란 지음, 오만종 옮김, 296쪽, 9,000원
문학과 철학으로 떠나는 중국 문화 기행 양회석 지음, 256쪽, 8,000원
류짜이푸의 얼굴 찌푸리게 하는 25가지 인간유형 류짜이푸(劉再復) 지음, 이기면·문성자 옮김, 320쪽, 10,000원
안동 금계마을 — 천년불패의 땅 안동대학교 안동문화연구소 지음, 272쪽, 8,500원
안동 풍수 기행, 와혈의 땅과 인물 이완규 지음, 256쪽, 7,500원
안동 풍수 기행, 돌혈의 땅과 인물 이완규 지음, 328쪽, 9,500원
영양 주실마을 안동대학교 안동문화연구소 지음, 332쪽, 9,800원
예천 금당실·맛질 마을 — 정감록이 꼽은 길지 안동대학교 안동문화연구소 지음, 284쪽, 10,000원
터를 안고 仁을 펴다 — 퇴계가 굽어보는 하계마을 안동대학교 안동문화연구소 지음, 360쪽, 13,000원
안동 가일 마을 — 풍산들기에 의연히 서다 안동대학교 안동문화연구소 지음, 344쪽, 13,000원
중국 속에 일떠서는 한민족 — 한겨레신문 차한필 기자의 중국 동포사회 리포트 차한필 지음, 336쪽, 15,000원
고려시대의 안동 안동시·안동대학교 안동문화연구소 편, 448쪽, 17,000원
신간도견문록 박진관 글·사진, 504쪽, 20,000원
안동 무실 마을 — 문헌의 향기로 남다 안동대학교 안동문화연구소 지음, 464쪽, 18,000원

민연총서 — 한국사상

자료와 해설, 한국의 철학사상 고려대 민족문화연구원 한국사상연구소 편, 880쪽, 34,000원
여헌 장현광의 학문 세계, 우주와 인간 고려대 민족문화연구원 한국사상연구소 편, 424쪽, 20,000원
퇴옹 성철의 깨달음과 수행 — 성철의 선사상과 불교사적 위치 조성택 편, 432쪽, 23,000원
여헌 장현광의 학문 세계 2, 자연과 인간 고려대 민족문화연구원 한국사상연구소 편, 432쪽, 25,000원

예문동양사상연구원총서

한국의 사상가 10人 — 원효 예문동양사상연구원/고영섭 편저, 572쪽, 23,000원
한국의 사상가 10人 — 의천 예문동양사상연구원/이병욱 편저, 464쪽, 20,000원
한국의 사상가 10人 — 지눌 예문동양사상연구원/이덕진 편저, 644쪽, 26,000원
한국의 사상가 10人 — 퇴계 이황 예문동양사상연구원/윤사순 편저, 464쪽, 20,000원
한국의 사상가 10人 — 남명 조식 예문동양사상연구원/오이환 편저, 576쪽, 23,000원
한국의 사상가 10人 — 율곡 이이 예문동양사상연구원/황의동 편저, 600쪽, 25,000원
한국의 사상가 10人 — 하곡 정제두 예문동양사상연구원/김교빈 편저, 432쪽, 22,000원
한국의 사상가 10人 — 다산 정약용 예문동양사상연구원/박홍식 편저, 572쪽, 29,000원
한국의 사상가 10人 — 혜강 최한기 예문동양사상연구원/김용헌 편저, 520쪽, 26,000원
한국의 사상가 10人 — 수운 최제우 예문동양사상연구원/오문환 편저, 464쪽, 23,000원